So
Easy !

make things

simple and enjoyable

太雅

生活技能 312

開始到美國國家公園自助旅行

作者◎沈正柔

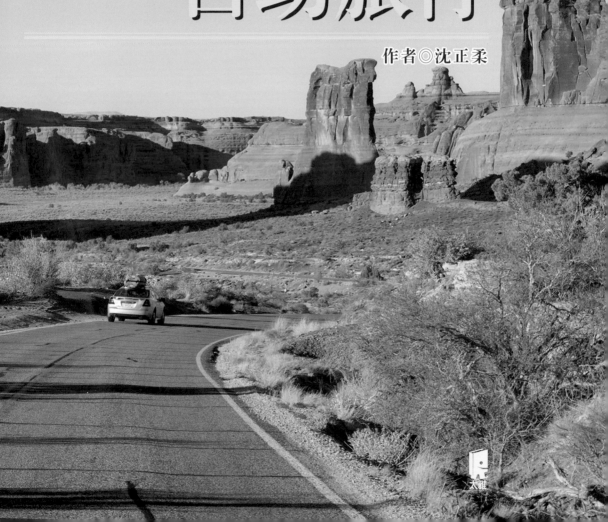

太雅

「遊美國國家公園鐵則」

☑選擇適宜旅行季節

理由：多數國家公園全年開放，但是礙於地理位置，有些公園內道路並非全年暢通，因此也無法遊覽全境。譬如優勝美地國家公園Glacier Point Road和Tioga Road，每年開通時間要看積雪多寡及剷雪進度而定；位於太平洋西北的瑞尼爾山和火山口湖，與洛磯山的冰川國家公園，道路都要7月才能完全開放。除了道路因素，季節變化也得考慮。例如，瀑布是優勝美地的重點景觀之一，春天融雪時水量豐沛，到了夏末逐漸乾枯，此時就難看到飛瀑美景。

☑壯麗美國年票划算

理由：國家公園年票有多種，對於非美國居民而言，「壯麗美國」(America the Beautiful)年票最划算。僅適用於大峽谷或黃石公園的年票，一年就要$70，「壯麗美國」年票售價$80，卻可以進出所有國家公園，甚至還包含聯邦土地管理局屬下逾2,000休閒場地，例如野生動物保護區。年票持有人之外，同車出入的親友也不用付費；若公園以人頭計費，持有人至少還能帶三人。月初購買年票又更划算，因為年票有效期到次年同月底，例如2019年1月1日購票，可用到2020年1月31日；1月20日買票，同樣是次年1月31日失效。

☑行前再次查詢相關資訊

理由：所謂「人算不如天算」，即使公園已公布道路或穿梭車開通時間，異常氣候仍有可能改變情況。譬如2019年，優勝美地的美麗波沙紅杉林穿梭車原訂3/15運營，卻因降雪過多而延至4月中。因此，出發前最好登入國家公園官網，瀏覽基本資訊(Basic Information)欄下的即時訊息(Current Conditions)及氣候(Weather)，或是警告(Alert)欄目內容。

☑掌握公園旅館訂房祕技

理由：國家公園內的旅館有限，通常一開放即秒殺，提早搶位是訂房基本動作。若出手不利，之後記得再搜尋被釋出的訂房。以黃石公園為例，訂位就必須付費，而實際入住日期可能在數月後，屆時若因故不能前往，想要訂金全數退還，必須在預定入住的30天前取消訂位；若未取消，不僅訂金不退，還不得轉讓。因此，在預定走訪公園的一個月前，即可試著每天上網查看；當然出發日期彈性越大，越有可能訂到房間。

☑弄清楚時區避免誤事

理由：書中提及的國家公園，大抵分布於太平洋及山區時區，兩區相差1小時。大峽谷所在的亞歷桑那州，雖在山區時區，卻不實施日光節約時間，因此在日光節約時間期間，會與太平洋時區時間相同。若要參加公園內固定時間的活動，例如走訪綠台國家公園的崖居，搞清楚時間才不會錯過。

✓善用公園免費穿梭車

理由：少數國家公園設有免費穿梭車，於指定期間(如3～11月)，搭載遊客穿梭於景點間。部分國家公園，如大峽谷南緣西線或錫安公園景觀道，穿梭車行駛期間，私人轎車不得通行。優勝美地和布萊斯峽谷並未強制搭乘穿梭車，但因景點停車位不足，搭乘穿梭車反而方便安全，又能節能減碳。

✓觀察動物切記保持距離

理由：國家公園是野生動物的家，黃石公園會遇到成群野牛阻路，大峽谷偶見馬鹿逛街，冰川國家公園常見黑熊出沒。觀賞野生動物是遊客走訪國家公園的目的之一，與野生動物相遇難免興奮，甚至想接近拍照留念，但很可能會不知不覺侵入牠們的領域，而遭到傷害。國家公園管理員指出，不管外表多馴良，野生動物多少具有野性，觀賞野生動物最好保持距離，尤其不能招惹發情的雄性，也不可置身於動物母子之間。

行家祕技 與熊不期而遇怎麼辦？

又愛又怕受傷害！走訪國家公園，多數遊客希望邂逅熊，卻又怕遭到熊的攻擊。

公園管理員說，熊不會故意找人麻煩，行走於國家公園步道，可以儘量出聲，讓熊有機會離開，避免正面接觸。

若與熊不期而遇，最忌諱的便是轉身逃跑，熊會以為是野生獵物，本能地展開追逐，但人的速度一定快不過熊；也不要想爬到樹上，因為熊也很會爬樹。正確的做法是：

Step 1 面對熊，將身體伸展到最大，一面發聲一面後退，讓熊認知人不同於獵物。

Step 2 若備有驅熊噴劑(Bear Spray)，可在與熊距離6～9公尺時使用。否則就面朝下，靜止不動裝死，雙手向後護頸，雙肘護臉，降低緊張感。

Step 3 若熊仍不善罷干休並展開攻擊，那就只能奮起反擊，儘量打擊熊的口鼻。

黃石、優勝美地、冰川國家公園最易遇到熊，因此公園管理處也最注重防範發生熊攻擊人的事件。黃石公園可租用驅熊噴劑，優勝美地則隨處可見防熊鐵櫃，遊客若不按規定儲糧，會受到處罰。

作者序

1981年到美國芝加哥進修，暑假搭乘朋友搬家順風車西行，第一次進入黃石國家公園。記得那天是7月4日美國國慶，我們想省錢，更想學美國人露營，半夜卻凍得輾轉難眠，清早起來趕緊入住旅館，洗了熱水澡才還魂。

從黃石，我和友人搭了巴士，一路走訪大峽谷再回到芝加哥。路途很長，當時才30歲根本不當回事，倒是騎騾下到峽谷時，被老想探頭懸崖邊吃草的騾嚇到，下到峽谷時又因華氏105度(攝氏40.5度)高溫中暑。

第一次走訪美國國家公園明顯是菜鳥，但是感受到黃石及大峽谷的震撼，促使我一次次重訪；旅居美國的20多年間，更走遍美國西岸國家公園，也是一再造訪，樂此不疲。

美國國家公園共有60處，扣除阿拉斯加州、夏威夷州及屬地薩摩亞、維吉尼亞島的12處，本土共有48處國家公園，其中30處在西岸。雖然國家公園各有特色，這本書只挑選其中位於美西的19處與兩處保護區，一因美西靠近亞洲國家的地利，二因篇幅有限只能分給最精采的國家公園。

我沒有將位於同一州的國家公園寫在一起，一方面因為有些國家公園跨州，譬如黃石公園範圍跨了懷俄明、蒙大拿及愛達荷三州；另一方面考慮地理和地質的相關性，譬如亞歷桑那州的大峽谷及猶他州的錫安、布萊斯峽谷，岩層有差異並透露不同時期地球的滄桑，但都在科羅拉多高原上，故將它們安排在同一單元裡。

書中提到最適旅遊季節，是因每個地方的氣候不同，例如太平洋西北的瑞尼爾山、火山口湖和洛磯山的冰川國家公園，道路幾乎在7月才開通；而西南沙漠地區，夏季易有高於體溫的高溫也要避免。此外，國家公園附近的特殊景點，如優勝美地後山、科羅拉多高原峽谷間的羚羊峽谷，也納入順道遊，提供讀者更多遊覽資訊。

US National Parks · 美國國家公園

關於作者　**沈正柔**

如果要選擇我最愛的5處國家公園，黃石公園當然是首選。不但地熱的展現方式和數量全球無以倫比，峽谷、瀑布、湖泊之外，野生動物也為公園增彩。大峽谷居次，層層交錯的岩石間，記載了地球20億年的歷史。優勝美地的瀑布、湖光、溪流、紅杉都耐看，巨石也留下冰川走過的痕跡，排名第三。名列第四的是死亡谷。雖然名稱遭人忌諱，夏季高溫還真能熱死人，死亡谷的沙丘、鹽地蒼蒼茫茫；乾涸的古老湖床已被舉起成山丘，卻印記曾經盪漾的波紋；富含礦物質的岩石是上帝遺落在人間的調色盤。第五名是奧林匹克國家公園，有山，有海還有濃密的溫帶雨林。如果喜歡野花，7～8月的冰川和瑞尼爾山國家公園，準能讓人眼花撩亂。

輔仁大學歷史系畢業後，沒有像班上多數同學一樣去教書，而是到工廠學印刷。獲得台大歷史研究所碩士後，還是不想步父母後塵當老師，選擇進入新聞界。從中國時報、聯合報到美國洛杉磯世界日報，自比是不生苔的滾石。直到1999年，決定退出職場，專業旅行寫作。

旅遊文章在海峽兩岸報紙、雜誌刊登不夠滿足，開始寫書分享經驗。《開始在加拿大自助旅行》、《開始在北京自助旅行》、《瑪雅金字塔的祕密》、《百變北京》、《加州》……從城市到州，再擴大到國家。或許在書中沒有找到黃金屋，但是海角天涯遊歷近20年，我找到了自己，也親身體驗「行萬里路勝讀萬卷書」的意義。

編輯室提醒

出發前，請記得利用書上提供的Data再一次確認

　　每一個城市都是有生命的，會隨著時間不斷成長，「改變」於是成為不可避免的常態，雖然本書的作者與編輯已經盡力，讓書中呈現最新最完整的資訊，但是，我們仍要提醒本書的讀者，必要的時候，請多利用書中的電話，再次確認相關訊息。

資訊不代表對服務品質的背書

　　本書作者所提供的飯店、餐廳、商店等等資訊，是作者個人經歷或採訪獲得的資訊，本書作者盡力介紹有特色與價值的旅遊資訊，但是過去有讀者因為店家或機構服務態度不佳，而產生對作者的誤解。敝社申明，「服務」是一種「人為」，作者無法為所有服務生或任何機構的職員背書他們的品行，甚或是費用與服務內容也會隨時間調動，所以，因時因地因人，可能會與作者的體會不同，這也是旅行的特質。

新版與舊版

　　太雅旅遊書中銷售穩定的書籍，會不斷再版，並利用再版時做修訂工作。通常修訂時，還會新增餐廳、店家，重新製作專題，所以舊版的經典之作，可能會縮小版面，或是僅以情報簡短附錄。不論我們作何改變，一定考量讀者的利益。

票價震盪現象

　　越受歡迎的觀光城市，參觀門票和交通票券的價格，越容易調漲，但是調幅不大(例如倫敦)，若出現跟書中的價格有微小差距，請以平常心接受。

謝謝眾多讀者的來信

　　過去太雅旅遊書，透過非常多讀者的來信，得知更多的資訊，甚至幫忙修訂，非常感謝你們幫忙的熱心與愛好旅遊的熱情。歡迎讀者將你所知道的變動後訊息，善用我們提供的「線上回函」或是直接寫信來taiya@morningstar.com.tw，讓華文旅遊者在世界各地成為彼此的幫助。

太雅旅行作家俱樂部

So Easy 312

開始到美國國家公園自助旅行

作　　者　　沈正柔

總 編 輯　　張芳玲
發想企劃　　taiya旅遊研究室
編輯部主任　張焙宜
企畫編輯　　林孟儒
主責編輯　　林云也
封面設計　　許志忠
美術設計　　許志忠
地圖繪製　　許志忠

太雅出版社
TEL：(02)2882-0755　　FAX：(02)2882-1500
E-mail：taiya@morningstar.com.tw
郵政信箱：台北市郵政53-1291號信箱
太雅網址：http://taiya.morningstar.com.tw
購書網址：http://www.morningstar.com.tw
讀者專線：(04)2359-5819 分機230

出 版 者　　太雅出版有限公司
　　　　　　11167台北市劍潭路13號2樓
　　　　　　行政院新聞局局版台業字第五○○四號

總 經 銷　　知己圖書股份有限公司
　　　　　　106台北市辛亥路一段30號9樓
　　　　　　TEL：(02)2367-2044／2367-2047　FAX：(02)2363-5741
　　　　　　407台中市西屯區工業30路1號
　　　　　　TEL：(04)2359-5819 FAX：(04)2359-5493
　　　　　　E-mail：service@morningstar.com.tw
　　　　　　網路書店：http://www.morningstar.com.tw
　　　　　　郵政劃撥：15060393 (知己圖書股份有限公司)

法律顧問　　陳思成律師

印　　刷　　上好印刷股份有限公司　TEL：(04)2315-0280
裝　　訂　　大和精緻製訂股份有限公司　TEL：(04)2311-0221

初　　版　　西元2019年06月01日
定　　價　　430元

(本書如有破損或缺頁，退換書請寄至：台中市西屯區工業30路1號 太雅出版倉儲部收)

ISBN　978-986-336-315-6
Published by TAIYA Publishing Co.,Ltd.
Printed in Taiwan

國家圖書館出版品預行編目(CIP)資料

開始到美國國家公園自助旅行／沈正柔作，
——初版，——臺北市：太雅，2019.06
面；　公分．——（So easy；312）
ISBN　978-986-336-315-6　（平裝）

1.國家公園　2.自助旅行　3.美國

752.9　　　　　　　　　　　　　108002778

編輯室：本書內容為作者實地採訪資料，書本
發行後，開放時間、服務內容、票價費用、餐
廳、旅館、營地營業狀況等，均有變動的可
能，建議讀者多利用書中網址查詢最新的資
訊，也歡迎實地旅行或居住的讀者，不吝提供
最新資訊，以幫助我們下一次的增修。
聯絡信箱：taiya@morningstar.com.tw

目 錄

16

關於美國國家公園

24

行前準備

34

機場篇

44

交通篇

56

住宿篇

64

玩樂篇

67

太平洋西北

101

內華達山脈

278
通訊與應變篇

順道遊

主題之旅

地圖索引

奧林匹克國家公園
Olympic NP

西雅圖
WA

瑞尼爾山國家公園
Mount Rainier NP

加拿大

冰川國家公園
Glacier NP

MT

OR

火山口湖國家公園
Crater Lake NP

ID

黃石國家公園
Yellowstone NP

大堤頓國家公園
Grand Teton NP

海紅杉國家公園
Redwood NP

太平洋時區

WY

鹽湖城

山區時區

CA

NV

布萊斯峽谷國家公園
Bryce Canyon NP

優勝美地國家公園
Yosemite NP

舊金山

國王峽谷國家公園
Kings Canyon NP

UT

石拱國家公園
Arches NP

CO

錫安國家公園
Zion NP

綠台國家公園
Mesa Verde NP

紅杉國家公園
Sequoia NP

拉斯維加斯

洛杉磯

死亡谷國家公園
Death Valley NP

大峽谷國家公園
Grand Canyon NP

AZ

石化森林國家公園
Petrified Forest NP

約書亞樹國家公園
Joshua Tree NP

鳳凰城

不採用日光節約
時間的地區

NM

卡爾斯巴德岩洞
國家公園
Carlsbad Caverns NP

巨柱仙人掌國家公園
Saguaro NP

太平洋

墨西哥

玩樂篇各美國國家公園分布圖

如何使用本書

- **作者旅遊經驗不藏私**：本書對於美國國家公園的介紹、旅遊規畫、證件準備、交通購票、航班、機場設施、自駕需知、住宿選擇、通訊與緊急應變，都有說明。
- **實用交通指引**：以自駕最為便利！本書從各國家公園鄰近機場的租車資訊，到前往國家公園的道路銜接，以及園區內景點路線串連，都逐一囊括。
- **重要園區資訊**：各國家公的開放時間、門票、所在位置與時區、遊客中心、設施、每月均溫、最適旅遊季節、生活機能、通訊狀況等，讓你掌握基本資訊，安心出遊。

資訊符號解說

http 官方網站	➡ 交通方式
⏰ 開放、營業時間	ℹ 重要資訊

Step by Step圖文解說

申請美簽、快速通關計畫、入出境、交通工具預訂、機場免費Wi-Fi等，Step by Step圖解化，清楚說明流程。

路上觀察

美國國家公園的圖樣設計、雪鏈使用等，專欄解說。

資訊表格化 ▼

公園特色、訂房網站、餐廳、旅館和露營地等，重要資訊表格化，一目了然。

行家祕技

內行人才知道的各種撇步、應變措施。◀

◀貼心小提醒

作者的玩樂提示、旅遊叮嚀，重要事項不錯過。

必遊景點
從如何通往公園入口開始，接著依公園地區或特色分類一一介紹景點特色。

步道與車道提示
列出該景點的步道或車道、路程和地勢落差。

豆知識 ▶
旅行中必知的小常識。

◀ **行程規畫**
精實的行程規畫，詳列景點中英名、行經道路、方向、行車距離，方便使用。舉例「Kinney Road NW，21英里」，表示Kinney Road朝西北開21英里。(N北 / W西 / S南 / E東)

玩家充電站
延伸的旅遊景點與相關資訊。

國家公園資訊
基本重要資訊一次列出，讓你不用辛苦查詢。

國家公園地圖 ▶
透過手機或平板電腦的「QR Code掃描器App」，掃描書中個別公園地圖QR Code，會出現國家公園官方地圖。在左上角的選項中選擇Brochure Map，即可了解路徑、景點、遊客中心、住宿等位置。可儲存或列印使用。

關於美國國家公園
About
US National Parks

美國國家公園概況

美國國家公園是怎麼成立的？它們有哪些特殊景觀？何時是旅遊旺季？
還有交通方式、門票價格等，都在開篇先讓你知道！

認識國家公園

青山綠水、歷史名勝，如今成為旅遊美國的重點

國家公園的設置

設置緣起

1872年3月1日，美國國會通過《黃石公園法案》(Yellowstone National Park Act)，設置美國第一處國家公園，也訂定全球保護自然的典範。

1906年6月8日，立意保護原住民社區及崖居(Cliff Dwellings)的《古蹟法案》(Antiquities Act)，允許總統通過行政命令，將人文遺址列入國家保護，設置國家保護區(National Monument)。

這兩個法案，確定保護「特殊自然與人文環境」的目標，並由內政部(Department of the Interior)負責。此後國家公園、國家保護區陸續設置，卻因內政部無專責管理，每個國家公園和國家保護區各吹各的號；直到1916年8月25日，國家公園管理局(National Park Service)成立，體制才確定。

國家公園管理局管轄範圍

目前國家公園管理局轄下，不僅有60處國家公園及87處國家保護區，還包括國家歷史古蹟、戰場、休閒娛樂區、國家海岸、湖岸、河流、景觀道路等，分布於50州和華盛頓特區。

而在國家公園內，部分建築或工程還被列入國家歷史名勝(National Historic Landmark，NHL)，譬如冰川國家公園的向陽大道(Going-to-the-Sun Road)，黃石公園的老忠實旅館(Old Faithful Inn，1904)，以及大峽谷的艾爾托瓦旅館(El Tovar Hotel，1905)。

歷史名勝的設置，是依據美國國會於1935年通過的《史蹟法案》(Historic Sites Act)；1966年國會又通過設立國家史跡名錄(National Register of Historic Places)，並將歷史名勝併入。如今列入名錄的史跡近9,000處，其中包括逾2,500處歷史名勝。

▲ 黃石公園

▲ 老忠實旅館

關於美國國家公園

國家公園的獨特魅力

　部分美國國家公園具有獨一無二的特色，如山紅杉、約書亞樹、石化森林；更精采的則具備多樣性，如黃石公園包含了地熱、峽谷、高山湖、野生動物，優勝美地國家公園有巨石、瀑布、紅杉林等。部分國家公園更經聯合國認可，成為世界自然或人文遺產（World Heritage Site）。

▲ 山紅杉國家公園的薛曼將軍

最具特色的美國國家公園一覽表

國家公園名稱	特色	世界遺產類別
瑞尼爾山 Mount Rainier	美國大陸(本土48州)最高的火山	-
奧林匹克 Olympic	包羅高山、海濱、雨林，半島生態特殊	自然遺產
火山口湖 Crater Lake	美國最深的湖	-
海紅杉 Redwood	世界最高的樹	自然遺產
山紅杉 Sequoia	世界材積最大的樹「薛曼將軍」	-
優勝美地 Yosemite	優勝美地瀑布為北美最高瀑布	自然遺產
死亡谷 Death Valley	北美地勢最低、溫度最高之處	-
卡爾斯巴德岩洞 Carlsbad Cavern	沙漠裡的石灰石岩洞	自然遺產
大峽谷 Grand Canyon	揭示20億年地球滄桑	自然遺產
綠台 Mesa Verde	美國原住民崖居遺址	人文遺產
黃石 Yellowstone	世界間歇泉最集中之處	自然遺產
冰川 Glacier	冰川與冰湖錯落	自然遺產

（製表／沈正柔）

路上觀察 **美國國家公園圖樣設計**

　國家公園門口的標示木牌及管理員(Park Ranger)臂章和帽飾，也顯示出設置國家公園的目的。木牌與臂章的外框箭頭形設計，象徵原住民文化，框內的雪山代表自然景觀，美洲野牛及山紅杉代表動物和植物；帽飾用的是山紅杉果實。1951年最初的圖案，野牛上方還有「Department of the Interior」字樣，昭示國家公園管理機構，之後「內政部」字樣拿掉，野牛圖樣的空間變大。

▲ 國家公園管理員　　▲ 國家公園標識

▲ 海紅杉　　▲ 優勝美地瀑布

▲ 大峽谷

國家公園資訊

掌握基本資訊，規畫行程更順暢

旅遊季節

多數國家公園都全年開放，而且四季風光各異。但緯度和海拔較高或降雪多的國家公園，如冰川、瑞尼爾、火山口湖國家公園，能走訪的季節大約只有7～10月初。訪客較多的國家公園，如優勝美地，冬天開放滑雪，但駕車入園必須攜帶雪鏈；黃石公園冬季也只局部開放。

通常暑假公園訪客最多，最擁擠的節日包括：

國殤日 Memorial Day	5月最後的週一
復活節 Easter	日期不固定，通常在4月，學生放春假
勞工日 Labor Day	9月第一個週一

聯邦假日（Federal Holidays）有些遊客中心會關閉，有些則為免費入園。以下為聯邦假日：

新年 New Year's Day	1月1日
馬丁路德金恩生日 Dr. Martin Luther King Jr. Day	1月第三個週一
總統日 Presidents' Day	2月第三個週一
國殤日 Memorial Day	5月最後的週一
美國國慶日 4th of July	7月4日
勞工日 Labor Day	9月第一個週一
退伍軍人紀念日 Veterans' Day	11月第二個週日
感恩節 Thanksgiving	11月第四個週四
聖誕節 Christmas Day	12月25日

通訊方式

多數國家公園通訊訊號都不佳，收不到訊號時，便無法使用手機定位，因此最好先下載地圖。少數遊客中心或旅館大廳有無線網路（Wi-Fi）連線，但人多時容易網路塞車。衛星公用電話可能是比較穩定的通訊工具，有時也會因為衛星移動而通訊中斷。詳情請參考玩樂篇各國家公園的通訊說明。在國家公園裡，不能全然依賴手機。一張提示說明：

Your Cell Phone is...
你的手機……

 NOT a light source
不能用作光源

 NOT a map
不能用作地圖

 NOT a survival kit
不能用作急救箱

 NOT always going to have reception
不是任何時候都能收訊

關於美國國家公園

交通方式

　　灰狗巴士（Greyhound）和美國鐵路（Amtrak）路線幾乎涵蓋全美，是美國最普遍使用的公路和鐵路交通工具。但兩種公共交通工具都無法長驅直入國家公園核心，而且從灰狗或美鐵站接駁至國家公園的區域交通工具有限，加上提供園內免費穿梭車（Free Shuttle）的國家公園不多，有些還有季節限制（見下表），因此，租車自駕可能是最可行的旅遊方式。（有關租車細節、美國道路交通，請見交通篇P.48～55。）

▲ 灰狗巴士

美國國家公園門票

　　各國家公園門票不同，除海紅杉國家公園免費外，大抵在$30～35之間。門票有效期通常為7天；卡爾斯巴德岩洞為三天，且各項專人導覽的岩洞另外收費。門票可包括15人座以下非商業用車的所有乘客；若公園以人數收費，則持卡人還可以另外攜伴三人。

　　每個國家公園也有各自的年票。如果走訪多處國家公園，最划算的票為「壯麗美國年票」（America the Beautiful Annual Pass）。

提供免費穿梭車的美國國家公園一覽表

國家公園名稱	公共運輸下車城鎮	銜接交通資訊網站	公園免費穿梭車行駛期間
山紅杉 Sequoia	灰狗巴士：加州Visalia 美國鐵路：加州Visalia	**Sequoia Shuttle** http www.sequoiashuttle.com	4條路線；5月底～9月中 詳見山紅杉國家公園
優勝美地 Yosemite	灰狗巴士：加州Merced與Fresno 美國鐵路：加州Merced	**YARTS** http yarts.com (註1)	**Yosemite Valley**：全年 **El Capitan**：6月中～10月初
大峽谷 Grand Canyon	灰狗巴士：亞歷桑那州Williams與Flagstaff 美國鐵路：亞歷桑那州Flagstaff	**Arizona Shuttle** http www.arizonashuttle.com	**Village**：全年 **Kaibab Trail**：全年 **Hermits Road**：3/1～11/30 **Tusayan**：3/1～9/30
錫安 Zion	-	-	**Zion Canyon**：3月中～11月底， 12月下旬聖誕假期也提供穿梭車 **Springdale**：3月中～10月底
布萊斯峽谷 Bryce Canyon	-	-	4月中～10月底
冰川 Glacier	-	-	東、西兩線：7月初～9月底

＊註1：點入網站左方「Travel Connection」可看到多種銜接交通工具選項。
＊資訊如有異動，請以網站公告為主。(製表／沈正柔)

壯麗美國年票

適用地：通用於美國國家公園、國家保護區、國家森林、歷史遺跡等逾2,000處景區。

販賣處：「壯麗美國年票」任何人都有資格購買，除了免費入園的海紅杉國家公園之外，其他國家公園遊客中心或入口都有出售。

價格與效期：「壯麗美國年票」每張$80，從購買的當年當月當日，到次年同月底有效。62歲以上美國公民或永久居民（持有綠卡），可購買金齡年票（Senior Pass），種類有二：金齡終身票（Lifetime Senior Pass）每張$80，終身有效；金齡年票（Senior Annual Pass）每張$20，有效期一年。

http 年票資訊：www.nps.gov/planyourvisit/passes.htm

▲大峽谷年票

▲石化森林國家公園年票

▲瑞尼爾國家公園年票

▲壯麗美國年票

▲金齡終身票

▲金齡年票

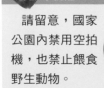

貼心 小提醒

請留意，國家公園內禁用空拍機，也禁止餵食野生動物。

免費入園日

在特定日允許免費入園（Free Entrance Days），每個公園的免費日多少不同，可能包括1月的馬丁路德金恩生日、4月的國家公園週第一天、8月25日國家公園管理局生日、9月下旬國家公有土地日（National Public Lands Day），以及11月的退伍軍人節。

本書提及的國家公園門票資訊

國家公園名稱	非商用車(7天)	年票
太平洋西北		
海紅杉 Redwood	$0	$0
火山口湖 Crater Lake	$30	$55
瑞尼爾山 Mount Rainier	$30	$55
奧林匹克 Olympic	$30	$55
內華達山脈		
山紅杉 Sequoia 國王峽谷 Kings Canyon	$35	$70
優勝美地 Yosemite	$35	$70
西南沙漠		
約書亞樹 Joshua Tree	$30	$55
死亡谷 Death Valley	$30	$55
巨柱仙人掌 Saguaro	$20	$40
卡爾斯巴德岩洞 Carlsbad Caverns	$15 (三天，洞內導覽另收費)	-
科羅拉多高原		
大峽谷 Grand Canyon	$35	$70
錫安 Zion	$35	$60
布萊斯峽谷 Bryce Canyon	$35	$40
石拱 Arches	$30	$55
綠台 Mesa Verde	淡季$15 旺季$25	$50
石化森林 Petrified Forest	$20	$40
洛磯山脈		
黃石 Yellowstone	$35	$70
大堤頓 Grand Teton	$35	$70
冰川 Glacier	$35	$70

＊資訊如有異動，請以網站公告為主。(製表 / 沈正柔)

美國時區

　　美國本土由西至東分為太平洋時區（Pacific Time Zone）、山區時區（Mountain Time Zone）、中部時區（Central Time Zone）及東部時區（Eastern Time Zone）。每個時區差1小時，太平洋時區最慢，越向東時間越遞增，譬如太平洋時區07:00，東部時區已是10:00。

　　若以州區分，加州（California，CA）、內華達（Nevada，NV）、奧勒岡（Oregon，OR）、華盛頓州（Washington，WA）屬太平洋時區；亞歷桑那（Arizona，AZ）、新墨西哥（New Mexico，NM）、

猶他（Utah，UT）、科羅拉多（Colorado，CO）、愛達荷（Idaho，ID）、懷俄明（Wyoming，WY）、蒙大拿（Montana，MT）屬山區時區。

　　除亞歷桑那州，各州都採取日光節約時間（Daylight Saving Time，DST），也就是每年3月第二個週日午夜02:00，要將時鐘撥快1小時；11月第一個週日清晨02:00，則將時鐘往回撥1小時。以太平洋時區為例，在日光節約時間時期比台灣、中國慢15小時，日光節約時間以外，則慢16小時。

▲ 死亡谷

● 檀香山

夏威夷 - 阿留申
1 PM

阿拉斯加
2 PM

● 安格拉治

加拿大

● 西雅圖

● 紐約

芝加哥 ●

華盛頓DC ●

鹽湖城 ●

舊金山 ●

太平洋時區
3 PM

山區時區
4 PM

● 丹佛

中部時區
5 PM

東部時區
6 PM

● 洛杉磯

● 不採用日光節約時間的地區

● 達拉斯

墨西哥

美國時區圖

● 邁阿密

行前準備
Preparation

想前往美國國家公園旅遊，
如何起手計畫？

護照、美簽、國際駕照、換匯、保險與行李準備，匯整流程與細節，

不只幫你省時，更能安心啟程。

計畫行程5件事

出發前計畫周詳，出發後暢通無阻

選擇想去的國家公園

2019年初，美國國家公園管理局轄下有60處國家公園，分布於美國各州，其中美國西岸的公園密度較高，也比較精采。即使只走訪美西的國家公園，由於幅員遼闊，公園特色與四季景觀各異，加上個人的興趣不同，因此，遊覽國家公園的第一步便是選擇公園。

利用官網查詢公園資訊

在美國國家公園管理局的網站，可以在「Find A Park」用地理分布，如加州、猶他州，或公園名稱如大峽谷、優勝美地，查找到國家公園資訊。打開公園主頁後，通常資訊會分為幾部分，可以依據「旅遊計畫」（Plan Your Visit）提供的資料，譬如：開放時間、交通、門票、路況、食宿及景區景點介紹，事先規畫行程。

http www.nps.gov

事先下載地圖

可至各別公園網址下載地圖。此外，國家公園管理局的附屬單位Harpers Ferry Center製作的各公園地圖，也可在行前事先下載。

http www.nps.gov/hfc，點入「Cartography」，即可利用A～Z名稱或州名搜尋地圖

閱覽地圖

租車自駕是旅行美國國家公園最不受拘束的方式。雖然目前全球衛星定位系統（GPS）已經很普遍，但是美國國家公園的地址未必在公園內，可能造成誤導，因此最好事先閱覽地圖，瞭解公園

Grand Canyon National Park

Unique combinations of geologic color and erosional forms decorate a canyon that is 277 river miles (446km) long, up to 18 miles (29km) wide, and a mile (1.6km) deep. Grand Canyon overwhelms our senses through its immense size.

周邊及進入公園的路線，以免誤入歧途。找到想去的景點位置，了解飲食、住宿地點也很重要。

▲ 奧林匹克國家公園地圖（圖片取自官網）

留意官網訊息

每個國家公園首頁都能夠看到「警告」（ALERTS）欄目，警告的內容或多或少，基本會告知遊客公園最新狀況，譬如天然災害致使道路封閉，下雪必須攜帶雪鏈等。例如2019年初，美國聯邦政府預算在國會擱置，各公園就都在「警告」中說明公園不提供部分服務的細節。

行家祕技　黃石國家公園App

黃石國家公園另外有App，可從App Store或Google Play下載。目前有兩個App，一為提供公園資訊的「NPS Yellowstone National Park」，一為提供間歇泉噴發預測及現況情報的「NPS Yellowstone Geysers」。但由於公園內手機訊號不佳，前者最好先下載並設定離線使用，而後者只在連線時才能獲得資訊。

▲ NPS Yellowdtone National Park　　▲ NPS Yellowdtone Geysers

索取地圖及指南

抵達國家公園入園處，公園管理員都會發給地圖及指南（Visitor Guide）。無論是哪個國家公園的指南，基本上都是類似報紙形式，提供園內生活機能、步道，以及免費管理員導覽時地等詳細資訊。目前這些資訊都能在網上瀏覽，或下載使用；大峽谷、布萊斯峽谷、黃石公園甚至有中文版指南。

▲ 黃石中文指南　　　▲ 大峽谷中文指南

豆知識
度量衡

英國已採用和台灣、中國一樣的公制，美國卻仍然使用英制。為避免在高速路上混淆，本書交通里程仍以英里標示；但步道則以一般較有概念的公里或公尺表示。以下為在美國常見的英制與公制換算：

■**長度**：1英里＝1.6公里、1英尺＝12英寸＝30.48公分(0.3048公尺)
■**容量**：1加侖＝3.785公升＝8品脫＝128盎司
■**重量**：1磅＝0.45公斤
■**面積**：1英畝＝0.00405平方公里＝4046.85平方公尺、1平方英里＝2.59平方公里
■**氣溫**：華氏(°F)與攝氏(°C)換算公式為：(華氏溫度－32)×5÷9

本書提及的國家公園基本資訊

（製表／沈正柔）

國家公園名稱	網址	面積(Km²)	位置(州)	最近的城鎮
太平洋西北				
海紅杉 Redwood	www.nps.gov/redw	562.52	加州 CA	Crescent City
火山口湖 Crater Lake	www.nps.gov/crla	741.48	奧勒岡州 OR	Medford／Klamath Falls
瑞尼爾山 Mount Rainier	www.nps.gov/mora	956.6	華盛頓州 WA	Tacoma
奧林匹克 Olympic	www.nps.gov/olym	3,733.9	華盛頓州 WA	Port Angeles
內華達山脈				
山紅杉 Sequoia	www.nps.gov/seki	1,635.19	加州 CA	Visalia
國王峽谷 Kings Canyon	www.nps.gov/seki	1,869.3	加州 CA	Fresno
優勝美地 Yosemite	www.nps.gov/yose	3,082.19	加州 CA	Mariposa／El Portal
西南沙漠				
約書亞樹 Joshua Tree	www.nps.gov/jotr	319.6	加州 CA	29 Palms／Yucca Valley
死亡谷 Death Valley	www.nps.gov/deva	13,650.6	加州 CA／內華達州 NV	Lone Pine／Beatty
巨柱仙人掌 Saguaro	www.nps.gov/sagu	371.2	亞歷桑那州 AZ	Tucson
卡爾斯巴德岩洞 Carlsbad Caverns	www.nps.gov/cave	189.26	新墨西哥州 NM	Carlsbad
科羅拉多高原				
大峽谷 Grand Canyon	www.nps.gov/grca	4,926.08	亞歷桑那州 AZ	Tusayan
錫安 Zion	www.nps.gov/zion	595.9	猶他州 UT	Springdale
布萊斯峽谷 Bryce Canyon	www.nps.gov/brca	145.02	猶他州 UT	Panguitch
石拱 Arches	www.nps.gov/arch	310.31	猶他州 UT	Moab
綠台 Mesa Verde	www.nps.gov/meve	212.4	科羅拉多州 CO	Mancos／Cortez
石化森林 Petrified Forest	www.nps.gov/pefo	895.95	亞歷桑那州 AZ	Holbrook
洛磯山脈				
黃石 Yellowstone	www.nps.gov/yell	8,983.36	懷俄明州 WY 蒙大拿州 MT 愛達荷州 ID	Gardiner／West Yellowstone
大堤頓 Grand Teton	www.nps.gov/grte	1,254.73	懷俄明州 WY	Jackson
冰川 Glacier	www.nps.gov/glac	4,100.06	蒙大拿州 MT	Columbia Falls

▲ 優勝美地US-395國道景致

▲ 布萊斯峽谷女王花園

▲ 冰川國家公園翠柏步道

準備證件
International Arrivals

護照要在有效期，簽證、駕照必須先辦妥

決定了走訪的國家公園及旅行天數後，開始做出行的準備。出行第一步是辦理護照，如果已有護照，要確定護照有效期至少還有半年，並且是電子晶片及顯示個人身分證號碼的護照。

第二步是最晚在出發兩週前，上網登入美國旅行授權電子系統（ESTA）填表申請並獲核准，同時要列印隨身攜帶。最後，如果你的主要交通方式是租車自駕，有必要的話，請將本國駕照更新，並辦理國際駕照。

有效護照

依照國際慣例，進入其他國家須持有護照，護照有效期限須半年以上。若未有護照，出國前須先申辦護照；若所持護照效期不足半年，也應申請換發新照。而依外交部規定，護照剩餘效期不足一年，或所持護照非晶片護照者均可申請換照。

■申辦資料：

1. 填妥普通護照申請書乙份。
   http 外交部領事事務局：www.boca.gov.tw
2. 繳交最近6個月內所拍攝之彩色（直4.5公分×橫3.5公分，不含邊框）光面白色背景照片乙式兩張，照片一張黏貼，另一張浮貼於申請書上。

3. 年滿14歲及領有國民身分證者，應繳驗國民身分證正本（驗畢退還），並將正、反面影本分別黏貼於申請書正面（正面影本上須顯示換補發日期）。未滿14歲且未請領國民身分證者，繳驗戶口名簿正本（驗畢退還），並附繳影本乙份；或繳交最近三個月內辦理之戶籍謄本（保留完整記事欄）。

■護照規費：每本新台幣1,300元。

■工作天數：一般件為4個工作天；遺失護照補發為5個工作天。

■辦理時間：週一～五08:30～17:00，中午不休息；另每週三延長受理至20:00（國定例假日除外）。

護照辦理地點

辦事處	地址	電話
外交部	10051台北市中正區濟南路1段2之2號3～5樓	(02)2343-2888
中部	40873台中市南屯區黎明路2段503號1樓	(04)2251-0799
雲嘉南	60045嘉義市東區吳鳳北路184號2樓之1	(05)225-1567
南部	80143高雄市前金區成功一路436號2樓	(07)211-0605
東部	97053花蓮市中山路371號6樓	(03)833-1041

＊詳情請查詢外交部領事事務局全球網。網址：www.boca.gov.tw

申請美簽

即使台灣自2012年11月1日已列名美國免簽證計畫（VWP）名單，但在前往美國前，仍須登入旅行授權電子系統（ESTA）填表申請並獲核准。

申請 ESTA Step by Step

http 美國在台協會網站：www.ait.org.tw

Step 1 點選進入申請頁面

進入美國在台協會網站，進入後在最上方的列中選「簽證」，在「簽證」頁面右側選「免簽證計劃（VWP）」，在「免簽證計劃」頁面右邊的「相關連結」方塊中，點選「ESTA申請」，會跳出美國國土安全局網站。

Step 2 點選切換至中文頁面

在網頁的右上角點選「CHANGE LANGUAGE 中文」，中文頁面出現後，點選「新申請」→「個人申請」（若為多人一起申請，則選擇「團體申請」）。

Step 3 同意免責聲明條款

在申請表出現以前，會先有「安全通知」，點選「確認&繼續」；於「免責聲明」點選「是的，我已閱讀並瞭解該資料並且同意這些條款」，接著點選「下一頁」即出現申請表。

Step 4 填寫申請表

申請表雖然是中文，但是必須以英文填寫，所有標有紅色星號的格子都必須填寫。依序填寫「申請人 / 護照資料」、「旅行資料 / 符合資格」問題，然後進入「審閱申請」步驟。

在「審閱申請」步驟中可點選「編輯」改正錯誤，資料核對確認無誤後，進入「驗證」。驗證需要填寫護照號碼、發照國家、身分證號碼、姓氏和生日。

Step 5 支付申請費

完成驗證後，即可進入付款步驟。申請費用為美金$14，可用萬事達卡、VISA、美國運通及Discover、JCB卡或PayPal支付。

> ♥ 貼心 小提醒
>
> **保存、攜帶ESTA旅行授權許可**
>
> 通常付款後會有一張載明申請號碼、姓名、護照號碼及生日的核准及繳費證明，必須列印出來，隨著護照一起攜帶，以便航空公司查驗。
>
> 經核准的ESTA申請，效期為兩年，或至護照到期為止，二者以先到期者為準，期間可多次前往美國，不須再申請。使用已批准ESTA赴美時，每次最多可停留90天。

行前準備

申請快速通關計劃

ESTA申請人資料中，有一項是填寫「GE」會員號碼。GE代表全球入境（Global Entry），表示在指定的美國機場可以快速通關。2017年底，台灣護照持有者也可以申請加入全球入境計畫。

申請 GE Step by Step

Step 1 申請帳號

設置「信任旅客」（TTP，Trusted Traveler Program）帳號。進入網址ttp.cbp.dhs.gov/getstarted，點右下「Continue」即可申請帳號。

Step 2 填寫申請表

進入美國海關及邊境保護局（CBP）網站ttp.cbp.dhs.gov填寫申請表。需要準備的文件包括良民證文號、護照、有效的美國電子簽（ESTA）或傳統簽證，附照片的身分證明（例如駕照或身分證）。

Step 3 線上支付申請費

繳交美金$100（不能退費）。

Step 4 預約面談

網路申請通過審查後，預約面談時日與地點。攜帶包括護照的雙證件前往面試，通過面試後打指紋、照相，手續完成即可獲准加入全球入境計畫。全球入境一次申請效期為5年，屆期必須重新申請。

行家祕技　落地註冊

雖然美國以及加拿大很多機場都可以預約面談，但排隊等候時間要好幾個月，而且必須按時到特定地點面談。比較方便的方式是「落地註冊」（EOA，Enrollment on Arrival），無論是否已預約時間，都可在飛機抵達美國海關及邊境保護局查驗大廳時，直接前往EOA站申請。美國西岸的洛杉磯(LAX)、舊金山(SFO)、西雅圖(SEA)、休士頓(IAH)、拉斯維加斯(LAS)機場，以及加拿大溫哥華(YVR)和多倫多(YYZ)機場，是少數幾處准許落地面試的機場。

準備國際駕照

依照1968年11月8日道路交通公約，持國內「普通小型車」駕照換發的國際駕照為B級，可在國外駕駛除駕駛人座位外，至多另有8個座位的載人汽車，並得附掛輕型拖車一輛。

美國各州對國際駕照的接受程度不一，多數允許持國際駕照駕車，但仍須攜帶台灣有效期內的駕照正本。**請注意** 加州及紐約州都不承認國際駕照，只承認外國旅客在本國的有效駕照，但我國駕照為中文，因此申請國際駕照可當作翻譯文件提供參考。雖然國際駕照效期為三年，但美國各州允許使用的期限也不一，最多只准一年。

有關主要國家（地區）對我國國際、國內駕駛執照態度，可參考交通部公路總局一覽表。

🌐 交通部公路總局網址：www.thb.gov.tw(進入網頁後點選：監理服務→駕照→國外駕照→主要國家駕照互惠情形一覽表→北美洲)

✉ 辦理地點：各地監理所

💲 費用：新台幣250元

ℹ 申辦資料：身分證，駕照，2吋照片2張，護照影本

TOM BRADLEY INTERNATIONAL DEPARTURES

國內換匯較方便，行李件數有規定

貨幣兌換

台灣幾乎所有外匯銀行及郵局都能換到美金現金。在台灣換匯有幾種方式：

臨櫃

必須在銀行營業時間內，到銀行櫃檯，按當日現金賣出牌價購買美金。有些銀行收取手續費，好處是可以有較小額如$1、$5現鈔。要知道哪家銀行兌換率較好，不妨查查財經金融網站（www.taiwanrate.org），鉅亨網（www.cnyes.com）或比率網（www.findrate.tw）。

網路

不必在銀行營業時間臨櫃結匯，24小時隨時上網進行，面額也能選擇搭配，不過有最高及最低限額。網路完成購買後，可以在機場及指定分行提領，並可自行選擇預定提領日。但提領時間還是受限於銀行營業時間。提領地點也有規定，例如桃園機場第二航廈的台銀在3樓出境大廳8、9號報到櫃檯之間；兆豐在19號報到櫃檯對面。

ATM

少數銀行有外幣提款機，但大多只服務本行客戶。不過，只要有台灣金融機構的台幣帳號，就可以在台銀和兆豐的外幣提款機領取美金。手續費就與跨行提領台幣的金額一樣是5元。只是鈔票面額都是$100。在桃園國際機場，台銀於一航廈3樓出境管制區內設有一處外幣ATM，兆豐於二航廈3樓出境管制區內設有兩處外幣ATM。

▲ 台灣銀行桃機分行　　▲ 兆豐銀行桃機分行

美國機場換匯

美國機場都有換匯服務櫃檯，譬如洛杉磯及舊金山國際機場，分別由艾西益（ICE）和通濟隆（Travelex）承辦。比較匯率及手續費，大多不及在台灣兌換划算。有些地點未必接受台幣，若以信用卡換匯可能有上限。

▲ 國外機場的外幣換匯櫃檯

購買旅行保險

依照健保局規定，到國外旅遊，臨時發生不可預期的緊急傷病情事，必須在當地醫療院所立即就醫時，回國後可以檢具收據正本、費用明細、診斷書（或出院病歷摘要）、當次出入境證明文件影本和核退申請書，在門診、急診或出院當日起的6個月內，向投保單位或個人所屬轄區的分區業務組，申請核退醫療費用。

但是，每季公告的核退金額訂有上限，遠遠低於國外就醫費用；而且所謂「緊急傷病」有範圍限制，因此可能要考慮另外購買旅行保險。

行李準備

攜帶行李數量與該考慮的事

自身能承擔的負重： 出國旅行整帶行李最基本原則是自己能提得動。雖然從台灣到美國，大部分航空公司都允許託運兩件行李，如果行程不超過兩週，其實一件託運（22～24吋），一件手提也就夠了。

航空公司規定： 部分航空公司如聯合航空（United）、達美航空（Delta）只允許免費託運一件行李，第二件要付\$100，那更沒有理由帶兩件行李。此外，兩件行李的規定適用於國際航線，在美國境內旅行，可能搭乘非越洋航線航空公司的班機，有些航空公司每一件行李都要收費，大約每件\$25～35，多一件行李意謂多一筆開銷。

由台北和中國大陸城市直飛美國的航空公司，如華航、長榮、國航、東航、南航及川航、海南，都能託運兩件行李，但每件長寬高總長不超過158公分，重量不超過23公斤。手提行李都限一件，每件長寬高總長不超過115公分；重量限制則因航空公司而異，在7～10公斤之間。美國的航空公司，如聯航、美航或達美的限制較多，詳細託運行李規則，在購票前可先查詢。

請注意 證件、單據及金錢，鋰電池和行動電源都必須隨身攜帶，不可放在託運行李裡。若要將電子產品如照相機、手提電腦及錄影機等放在行李託運，航空公司不會受理報值行李申請，也不負責賠償損壞。

其他物品如有需要隨身攜帶，請視個人情況調整，但瑞士小刀、水果刀等工具會被沒收。攜帶上機的液體、膠狀及噴霧類物品容器，不得超過100毫升，並須裝於一個不超過一公升（20×20公分）大小且可重複密封的透明塑膠夾鍊袋內。

貼心小提醒

手提行李限制

手提行李一件，由於有體積和重量限制，建議最好用背包，至少可以空出一隻手。而手提包、相機包、電腦包等裝載個人物品的箱包，不計算為手提行李，也可隨身攜帶一件。此外，雖然航空公司沒有硬性規定，最好在行李綁上名條，並寫上手機號碼，萬一行李遺失較易追蹤；當然，託運後，航空公司的行李條也要妥善保存。

行李準備建議

美國一般旅館基本會供應浴巾及肥皂，檔次較高的旅館會提供洗潤髮精、乳液、吹風機、熨斗等用品，很少旅館供給牙刷、牙膏及梳子。

若投宿青年旅店，所有洗浴用品都要自備，而且能放行李的空間有限，準備行李時也需要納入考量。

若選擇露營，需事先查詢營地提供的服務項目。基本用品外，如感冒藥、外傷急救用藥、OK繃、止癢膏、驅蚊劑等也可準備。

機場篇
Airport

該從哪些機場展開旅程？

美國西部的大機場，通常是外國人前往主要國家公園之前的進出門戶。

提供詳細的美西主要機場實用資訊、出入境程序和國內線飛機介紹，以及地面交通，

讓你有個順利的開始。

洛杉磯機場 (LAX)

網址：www.flylax.com

航班資訊

洛杉磯國際機場是太平洋地區旅客進入美國西岸的主要門戶，也是航空公司兵家必爭之地。

從台灣出發，華航和長榮每天不只一班班機直飛；以日本、韓國及香港為基地的航空公司，則會從台灣經由東京、仁川或香港飛往洛杉磯。

中國到洛杉磯的班機更多，國航、東航、南航分別由北京、上海、廣州、成都、廈門直飛外，

往洛杉磯航空公司資訊一覽表

航空公司	代碼	起點	直飛/轉機地	停靠航廈	網址
華航 China Airlines	CI	台北	直飛	B*	www.china-airlines.com
長榮 EVA Air	BR	台北	直飛	B	www.evaair.com
國航 Air China	CA	北京	直飛	B	www.airchina.com.cn
東航 China Eastern	MU	上海	直飛	B	www.ceair.com
南航 China Southern	CZ	廣州	直飛	B	www.csair.com
海南 Hainan Airlines	HU	成都	直飛	B	www.hnair.com
廈門 Xiamen Airlines	MF	廈門	直飛	B	www.xiamen.com
國泰 Cathay Pacific Airways	CX	台北	香港	B	www.cathaypacific.com
香港 Hong Kong Airlines	HX	台北	香港	B	www.hongkongairlines.com
日航 Japan Airlines	JL	台北	東京	B	www.jal.com
全日空 All Nippon Airways	NH	台北	東京	B	www.ana.com.jp
大韓 Korean Air	KE	台北	仁川	B	www.koreanair.com
韓亞 Asiana Airlines	OZ	台北	仁川	B	www.flyasiana.com
四川 Sichuan Airlines	3U	成都	杭州，濟南	B	www.sichuanair.com
達美 Delta Air Lines	DL	上海	直飛	2～3	www.delta.com
美航 American Airlines	AA	北京，上海	直飛	4～5	www.aa.com
聯航 United Airlines	UA	台北	東京，舊金山	7～8	www.united.com
		北京，上海	直飛		

＊ B 代表湯姆·布萊德雷國際航廈 (Tom Bradley International Terminal)

＊ 資訊如有異動，請以各航空公司公告為主。

（製表／沈正柔）

川航由成都經停杭州、濟南，東航經停南京飛洛杉磯。美國的航空公司也分食大餅，美航（美國航空）、聯航（聯合航空）都有從北京、上海直飛洛杉磯的航班；達美航空從上海直飛，聯航從台北經東京或舊金山轉洛杉磯。

地面交通

出境／轉機

下飛機後，先通過邊境保護局（CBP）查驗簽證，然後提取行李出海關，即可離開機場。若要當天轉機，行李條已註明最終目的地，必須將行李丟回指定的輸送帶，再通過安檢，最後前往轉機的登機門。

航廈交通

洛杉磯機場有8個航廈，湯姆‧布萊德雷國際航廈居中。轉換航廈可以步行，也可以搭乘行駛於航廈間的「A」穿梭車。搭車地點在以藍色標明「Airline Connection」的站牌旁，班車24小時穿梭於航廈間，每10分鐘一班。若要投宿機場附近旅館，必須在以紅色標示「Hotel Shuttles」的站牌旁候車。若要前往租車公司取車，則要在以紫色標示「Rental Car Shuttles」的站牌旁，等候租車公司的穿梭車。

▲ Hotel Shuttles（下）與共乘小巴（上）告示

租車

洛杉磯機場主要租車公司包括：Advantage、

Alamo、Avis、Budget、Dollar、Enterprise、Fox、Hertz、National、Payless、Sixt、Thrifty。租車相關資訊請參考交通篇（P.48）。

租車相關資訊請參考交通篇（P.48）。

▲租車公司穿梭車紫色標誌　▲租車公司穿梭車與站牌

機場篇

行家祕技

Free Wi-Fi

洛杉磯機場抵達及出發層都提供45分鐘免費上網，網速每秒5MB，但必須先瀏覽30秒廣告。連線步驟如下：

1 Step　選擇「LAX Free Wi-Fi」

2 Step　開啟網頁瀏覽器

3 Step　在「LAX Free Unlimited Wi-Fi」頁面點擊「Watch Ad to Connect」

4 Step　點擊「CONTINUE TO FREE WI-FI」

5 Step　觀看30秒廣告後，連線上網

貼心 小提醒

Boingo付費上網

若45分鐘不夠，嫌速度慢，可用信用卡購買Boingo的熱點(Hot Spots)連線。機場24小時約$7.95，網速10MB；或是訂購北美洲一個月無限上網約$9.95，網速20MB。詳情查詢網址www.boingo.com。

舊金山機場(SFO)

網址：www.flysfo.com

航班資訊

　　台北直飛舊金山機場，由華航、長榮及聯航（聯合航空）擔綱；中國國航、東航分別由北京及上海直飛舊金山。聯航不但從台北，也從上海、北京直飛舊金山；達美從上海、北京飛西雅圖後轉往舊金山。從台北搭乘韓國及日本航空公司從仁川和東京轉機；加拿大航空從溫哥華轉機到舊金山。

地面交通(Ground Transportation)

出境 / 轉機

同洛杉磯機場的地面交通，見P.37。

往舊金山航空公司資訊一覽表

航空公司	代碼	起點	直飛/轉機地	停靠航廈	網址
華航 China Airlines	CI	台北	直飛	A	www.china-airlines.com
長榮 EVA Air	BR	台北	直飛	G	www.evaair.com
國航 Air China	CA	北京	直飛	G	www.airchina.com.cn
東航 China Eastern	MU	上海	直飛	A	www.ceair.com
南航 China Southern	CZ	廣州	武漢	A	www.csair.com
國泰 Cathay Pacific Airways	CX	台北	香港	A	www.cathaypacific.com
日航 Japan Airlines	JL	台北	東京	A	www.jal.com
全日空 All Nippon Airways	NH	台北	東京，大阪	G	www.ana.com.jp
大韓 Korean Air	KE	台北	仁川	A	www.koreanair.com
韓亞 Asiana Airlines	OZ	台北	仁川	A	www.flyasiana.com
加拿大 Air Canada	AC	台北	溫哥華	G	www.aircanada.ca
達美 Delta Air Lines	DL	北京，上海	西雅圖	C	www.delta.com
聯航 United Airlines	UA	台北 / 北京，上海	直飛	G	www.united.com

＊資訊如有異動，請以各航空公司公告為主。

（製表／沈正柔）

航廈交通

舊金山機場的國際線航廈在A、G兩翼，另有三處國內線航廈，航廈間可以步行，也能搭乘Air Train。Air Train有紅、藍兩線，分為順時鐘及逆時鐘行駛，都能銜接灣區捷運（BART）；若要前往租車中心，只能搭乘藍線。若要前往住宿機場附近的旅館，必須在旅館穿梭車停靠區（Hotel Courtesy Shuttle Zones）上車；航廈1～3在航廈的第二層搭車，國際航廈在第三層搭車。

租車

位於租車中心的租車公司，包括4樓的Avis、Alamo、Budget、Dollar、Enterprise、Thrifty、National；1樓有Fox和Hertz。除Enterprise營業時間為05:00～00:00外，其他公司都24小時營業。

行家祕技 Free Wi-Fi

舊金山機場所有航廈都提供至少4小時免費上網。連線步驟如下：

1 Step 選擇「# SFO FREE WIFI」

2 Step 開啟網頁瀏覽器

3 Step 接受使用條件(Terms and Conditions)

4 Step 點擊「Connect」，連線上網

西雅圖機場(SEA)
SEATTLE
SEATTLE-TACOMA INTERNATIONAL AIRPORT

網址：www.portseattle.org

航班資訊

長榮是唯一從台北直飛西雅圖的航空公司；海南和達美分別從北京及上海，廈門航空則由深圳直飛西雅圖。韓國兩家航空公司由台北經仁川；加拿大及聯航由台北、北京、上海，分別經由溫哥華及舊金山轉往西雅圖。

地面交通(Ground Transportation)

出境／轉機

同洛杉磯機場的地面交通，見P.37。

航廈交通

若要離開機場，提取行李後向右轉，循著綠

色牆往外尋找地面交通。4樓搭乘輕軌電車（Link Light Rail，www.soundtransit.org）可以到市區；3樓則爲旅館免費穿梭車。西雅圖機場航廈分「中央區」（Central Terminal）、「北衛星」（North Satellite）、「南衛星」（South Satellite）三區。南、北衛星區各自形成三角環線，以地下輕軌連接。

■ **南環線(South Train Loop)**：連接跨太平洋國際航班出入的南衛星區、中央區B廳以及主航廈。

■ **北環線(North Train Loop)**：連接北衛星區、中央區C廳和主航廈。

請注意 行李轉盤都在主航廈，必須搭乘地下輕軌才能提取行李。

租車

若要租車，可出1號行李轉盤邊的2號門，搭乘穿梭巴士前往租車中心。中心24小時營業，包括：Alamo、Avis、Budget、Dollar、Enterprise、Fox、Hertz、National、Payless、Sixt、Thrifty。 **請注意** 還車後回航廈，須依航空公司所在航廈搭乘穿梭巴士。

▲ 機場標示

▲ 租車公司位置指標

往西雅圖航空公司資訊一覽表

航空公司	代碼	起點	直飛/轉機地	停靠航廈	網址
長榮 EVA Air	BR	台北	直飛	S. Satellite	www.evaair.com
東航 China Eastern	MU	北京*，上海*	直飛	S. Satellite	www.ceair.com
南航 China Southern	CZ	北京*，上海*	直飛	S. Satellite	www.csair.com
海南 Hainan Airlines	HU	北京，上海	直飛	S. Satellite	www.hnair.com
廈門 Xiamen Airlines	MF	深圳	直飛	S. Satellite	www.xiamen.com
大韓 Korean Air	KE	台北	仁川	S. Satellite	www.koreanair.com
韓亞 Asiana Airlines	OZ	台北	仁川	S. Satellite	www.flyasiana.com
加拿大 Air Canada	AC	台北，北京，上海	溫哥華	A	www.aircanada.ca
達美 Delta Air Lines	DL	北京，上海	直飛	S. Satellite	www.delta.com
		台北	東京，仁川，香港		
聯航 United Airlines	UA	台北，北京，上海	舊金山	A	www.united.com

＊東航、南航班機由達美航空運營，但票價各異。

＊資訊如有異動，請以各航空公司公告為主。

（製表／沈正柔）

機場篇

機場入出境

掌握基本程序，各美國機場皆適用

美國各機場入境步驟雷同，在抵達機場後，要先前往指定大廳，在電腦螢幕上填寫入關單→通過邊境保護局檢查證件→提取行李→繳出入關單通過海關→轉機或入境。

出境較為簡單，只要取得登機證→經過護照及登機證查驗→安檢→即可到登機門候機。

入境程序

出機艙後，依循海關與邊境保護局（US Customs and Border Protection），及提取行李（Baggage Claim）箭頭，前往證件查驗區。通常ESTA有專區，晚班的飛機可能就不分區，依現場人員引導到電腦填表。

▲往邊境保護局

▲邊境保護局入境大廳

使用電腦填入關單 Step by Step

Step 1 選擇語言

電腦螢幕顯示的第一頁是語言選擇，可點選「中文」。

Step 2 選擇簽證類型

第二頁「從下列選項中選擇一項」，按下「免簽證計畫（ESTA）」。

Step 3 回答問題

第三頁「請代表住在同個血緣、婚姻、同居或領養關係的家庭成員回答以下問題」

■您（你們）是否攜帶任何商品貨物，或者價值10,000美元或以上的貨幣或金融票據或任何形式的等價物？

■您（你們）是否有從國外攜帶價值超出免稅額度需要進行申報的物件進入美國？美國居民的免稅額度通常為800美元，而機組人員的免稅額度為200美元。

■您（你們）是否攜帶任何水果、蔬菜、植物、昆蟲、肉類或肉類製品、奶製品、動物或動物/

野生物製品、病原体、細胞培養物、腹足類動物、土壤？您(你們)是否拜訪過美國以外的任何農牧場？

■您(你們)是否曾靠近(如觸摸或處理)過美國以外的牲畜？

Step 4 護照掃描與拍照

如果以上問題答案均是「否」，即可進行護照掃描。護照掃描完成後，取下眼鏡並脫帽拍照。

Step 5 回應

回應第三頁回答家庭成員人數。也就是說，同一家庭只要有一人代表填表即可。

Step 6 確認

確認以上所有答案都是準確的。

Step 7 確認航班

螢幕會顯示抵達航班，譬如「CI8」，如果正確，按「是」。

Step 8 入關單列印

機器會列印出帶有照片的入關單，即可和護照一同遞給邊境保護局官員蓋章，然後前往指定轉盤提取行李。

Step 9 領取行李

取得行李後，將蓋有印章的入關單交給海關官員，即可以重新將行李放入轉機(Connection)輸送帶，前往航廈登機門轉機；或往出口(Exit)進入抵達的城市。

出境程序

Step 1 櫃檯報到

抵達機場，向航空公司指定櫃檯報到。按慣例，國際航線在飛機起飛時間3小時、國內航線2小時前報到。但若先行網路或手機預辦登機，到機場只要交寄行李，也許可以遲些；不過，仍然要考慮各機場航空公司關櫃(停止報到作業)及登機前的安檢時間。若有租車，也要預留還車的時間。

Step 2 託運行李

託運行李，劃好座位，取得登機證後，即可前往排隊接受護照查驗和安檢。登機證也可以在預辦登機完成時列印；若購票時未劃位，大抵在起飛前24小時還能上網選位。

Step 3 安檢、候機

通過安檢，可往登機門候機。美國機場的安檢特別嚴格，先核對護照及登機證，然後通常要求乘客脫去外衣、鞋及帶有金屬的皮帶、手錶；手提電腦、手機甚至相機，也要分別通過檢驗。

機場篇

美國國內航線

廉價航空具備國內航線的地利優勢

廉價航空

飛行美國國內線航空公司不多，大抵是遊客耳熟能詳的聯航（UA）、美航（AA）、達美（DL）及附屬子公司，購票網站也多會列明航班及票價。

在一般網站比較少見的捷藍（JetBlue，www.jetblue.com），自設官網售票的忠實（Allegiant，www.allegiant.com）及西南航空（Southwest，www.southwest.com），都是廉價航空公司。

美國大城市都不只有一處機場，以加州洛杉磯為例，洛杉磯國際機場（LAX）外，東邊有安大略（ONT），西邊有布班克（BUR），南邊有長堤（LGB），從這些周邊機場出發的航空公司機票比較便宜，捷藍即是因此取得票價優勢。「忠實」以拉斯維加斯為基地，航點不多，但票價比起主流便宜很多，只是收費細節繁雜，要特別留意。

1967年成立的西南航空（WN）是美國廉價航空開山始祖，飛航路線包含美國西南地區城市。便捷有效的服務方式，使西南航空日益壯大，甚至獨立售票；更特立獨行的是，幾乎所有國內航班都收取行李託運費，只有西南航空免俗，而且每人可帶兩件。

地利也許有助增加直飛航班並降低票價；若說美國西南地區可以靠西南航空，西北地區就是阿拉斯加航空公司的版圖。航空公司主要樞紐，如

達美的鹽湖城（SLC），聯航的丹佛（DEN），美航的達拉斯（DFW），都有較多航班及較有競爭力的價格。

貼心 小提醒

搭乘美國國內線與託運行李注意事項

如果從台灣出發就購買美籍航空公司，如聯航、美航、達美，或與這三家航空公司聯盟的國內航空公司機票，如聯航與長榮、國航，達美與華航、東航、南航、廈航，轉國內航線直掛行李到最終目的地比較沒有問題。但若在美西口岸入境，另外買國內航線機票，可能就無法省去行李費。

美國國內航線這幾年來服務減少，收費卻不斷增加：預先劃位、優先登機、託運行李都要錢。國內航不供應餐點，買食物也要錢。

多數航空公司的國內航線都不再免費託運行李，手提行李尺寸、重量也有嚴格限制，若不符規格，第一件收費$25～35，第二件$35～100；有些即使付費也只准託運兩件，有些可以上限至10件，但每件費用$75～150。

▲行李尺寸測量設備

交通篇
Transportation

旅行美國國家公園，有哪些交通方式？

搭乘公共交通可安心欣賞沿路風光，適合時間充裕者；
若要不受時間限制、想讓行程更自由，自駕就是首選。

公共交通

美鐵、灰狗是普遍使用的公共交通工具

美國鐵路 (Amtrak)

美國鐵路交通鐵軌長達33,600公里（21,000英里），涵括美國本土46州，站點超過500處。以西海岸口岸城市洛杉磯、舊金山、西雅圖為起、終點的路線就有7條，並經由接駁巴士（Thruway）連接站點附近的城鎮或景點。

美鐵並與國家公園基金會（National Park Foundation）合作，運用美鐵網絡，推出了「國家公園假期」（Amtrak Vacations）。目前納入的國家公園包括：優勝美地、火山口湖、大峽谷、黃石，以及冰川國家公園。

http 美鐵：www.amtrak.com
http 國家公園基金會：www.nationalparks.org
http 國家公園假期：www.amtrakvacations，點入「Vacation Types」→「National Parks」
MAP 美鐵系統圖：

▲ 冰川國家公園假期（圖片取自官網）

灰狗巴士 (Greyhound)

1914年以7人座車在美國中西部起家，灰狗目前版圖從美國擴張到加拿大及墨西哥。普通車外，灰狗也推出快捷服務（Greyhound Express），即直達車，或減少停靠站。快捷服務以大城為樞紐，例如洛杉磯，可前往聖地牙哥（San Diego）、佛雷斯諾（Fresno）、舊金山、拉斯維加斯及鳳凰城（Phoenix）。

此外，灰狗在西岸推出Boltbus，西海岸路線包括「西雅圖－溫哥華（加拿大）」、「洛杉磯－舊金山」、「洛杉磯－拉斯維加斯」。Boltbus上，除了一般灰狗巴士提供的網路、插座、洗手間外，還有電影、電視等娛樂。

請注意 1.灰狗巴士上網訂票最便宜。每週二、三及每天10:00以前的票價折扣較多。2.學生憑證有10%折扣，62歲以上5%折扣。3.灰狗巴士不直接進入國家公園，必須搭配地區交通系統。

http 灰狗巴士：www.greyhound.com
http Boltbus訂票：www.boltbus.com

▲ 灰狗巴士

交通篇

灰狗巴士購票 Step by Step

Step 1 進入灰狗官網首頁

進入灰狗官網首頁，往下尋找**A.**「BOOK A TRIP」（訂位）。

Step 2 填寫行程資料

依序填寫：**B.**起站城市（From）、**C.**迄站城市（To），**D.**選擇出發日期（Depart on）；如果是來回票，選擇**E.**回程日期（Add return trip），然後點擊**F.**「Search」。

Step 3 選擇票價

畫面（Choose your outgoing trip）會出現出發及抵達時刻、行車時間、班次、票價（*）。若是快車（Express trip），出發時刻下會標示**A.**「e」，點擊**B.**「View Itinerary」可以知道中途停靠站和休息時間。選好票價後，畫面會跳出**C.**「Book This Fare」，點擊確認。

* 票價分三種，經濟票（Economy）、升級經濟票（Economy Extra）及彈性票（Flexible）。經濟及升級經濟票可攜帶行李一件，兩者都不可退費，後者改時間收手續費$20；彈性票出發前可退票及免費改票，行李兩件。

Step 4 填寫乘客資料，付款

確認後，依序填寫**A.**乘客資料（Passenger Details），**B.**付費資訊（Payment Details），**C.**聯絡資訊（Contact Details），最後選擇**D.**取票方式（Ticket Options），包括**E.**電子票、**F.**自印車票、**G.**車站取票。然後點擊**H.**「Pay Now」（付款）。

Last bit, your details & payment

PASSENGER DETAILS

PAYMENT DETAILS

Contact Details

TICKET OPTIONS **D**

- E-TICKET (NEW!) **E**
- PRINT YOUR TICKET AT HOME **F**
- WILL CALL (PICK UP AT THE STATION) **G**

租車

租車自駕較為自由且經濟

美國幅員廣大,國家公園分散各州,進出公園的公共交通工具有限,但道路設施完善,無論走訪單一或數個公園,租車自駕應是最經濟且方便的旅遊方式。

租車條件

必備證件

- **信用卡**:租車公司主要接受的信用卡別為 American Express、Visa、MasterCard。
- **國際駕照或本國駕照譯本**:美國並非所有州都承認國際駕照,如果所持駕照出自《國際駕駛執照條約》國家及地區,如台灣,必須攜帶國內有效駕照正本及國際駕照(用作英文翻譯參照)。若非《國際駕駛執照條約》國家,如中國,必須同時出示中國駕照正本及駕照的官方翻譯本。有些公司要求租車人必須持有駕照至少一年,且無重大註記。由於在英國網站訂車最便宜,若透過英國網站(.UK)訂車,取車時必須出示英國駕照。

租車年齡限制

多數租車公司以租車人年滿25歲為基本條件。21～24歲可租車,但會增加租車費用。

租車里程規定

預訂車子時即要看清里程及地域規定。無限里程(Unlimited Mileage)當然是最優惠的,但要注意地域限制。美國多數租車公司都允許在美國及加拿大境內駕車,但是,有些租車公司對無限里程附有地域條件限制,譬如,車不能前往美國阿拉斯加(Alaska)、加拿大育空(Yukon)或墨西哥(Mexico)。取車時最好與櫃檯人員確認,以免違規被罰。

有些車型及地區不提供無限里程,通常會在租車期間給一個里程數,還車時超過定額的里程都必須另外付費,費用因租車公司而異。

租車公司

美國機場多設租車服務,取車地點若不在航廈內,會有免費穿梭車接送。赫茲(Hertz)及安維斯(Avis)有台灣網址可以預訂。若使用智遊網(www.expedia.tw)、旅途客(www.rentalcars.com)網址訂車,可以比較數家公司的資訊和價格。租租車網(www.zuzuche.com),以中國客戶為主要對象。以上網址都是中文網頁。

主要租車公司

Advantage
http www.advantage.com

Budget
http www.budget.com

Avis
http www.avis-taiwan.com

Hertz
http www.hertz.com

Dollar
http www.dollar.com

Payless
http www.paylesscar.com

Fox
http www.foxrentacar.com

Alamo
http www.alamo.com

National
http www.nationalcar.com

Enterprise
http www.enterprise.com

Sixt
http www.sixt.com

Thrifty
http www.thrifty.com

▲ 機場租車櫃檯

網上訂車 Step by Step

Step 1 填寫取車資料
取車地點、日期及時間。

Step 2 填寫還車資料
還車地點、日期及時間。

Step 3 選取車型
基本包括經濟型（Economy）、小型（Compact）、中型（Mid Size）、大型（Full Size）及廂型車（Mini Van）；另有豪華車（Luxury）、敞篷車（Convertible）、四輪驅動車（All-Wheel Drive, AWD）、運動型多功能旅行車（Sport Utility Vehicle, SUV）及皮卡車（Pickup）等。

Step 4 選擇附加裝備
如GPS或兒童安全座椅。

Step 5 顯示報價並確認

Step 6 填寫個人資料

Step 7 獲取確認號碼
記下確認號碼（Confirmation Number），取車時如有問題，可以提出以茲證明。

取車 Step by Step

Step 1 ## 出示證件

出示信用卡、國際及國內駕照。

Step 2 ## 決定是否增加駕駛人

Additional Driver。若駕駛不僅一人，其他駕駛人也須符合租車條件，並在租賃合約上簽字。每增加一位駕駛，租車費也會增加。

Step 3 ## 決定是否買保險

若預訂時租金未包含保險，取車時擔心國內保險理賠額度不足，或想意外發生時省心，還有機會臨櫃購買。另外，擔心中途汽油用罄、鑰匙鎖在車裡，或是輪胎漏氣等情況，則可購買「路邊協助服務」（Roadside Assistant）。

Step 4 ## 加油選項

Fuel Service Option。租車公司交車時，油箱應該是加滿的。租車人可以選擇還車時：1.自行加滿油箱，2.由租車公司代加滿油箱（簽約時即選擇由租車公司代加油upfront fuel，汽油每加侖價格較市價低，但若還車時油箱還滿就未必划算）。

Step 5 ## 檢查車體及油錶

仔細查看車體是否有擦撞痕跡，油錶是否滿格，檢查結果均要要求租車公司人員在合約上記註。

■ 機場租車牽涉到高額機場稅，若能省去這筆開銷，租車成本自然降低。因此，如果可能，避免在機場租車。可以採取的方式是：住宿旅館後讓租車公司派車接人取車(Enterprise租車公司就提供這項服務)，或在旅館裡租車。多數機場附近旅館提供機場及旅館間的免費穿梭車，有些旅館附設租車公司櫃檯。

■ 如果自己有車，而自用車的保險也涵蓋租車，或者用以租車的信用卡包含租車險，基本上就不需要在租車時另外買保險。

■ 通常租用一週，平均下來會較日租低。

貼心 小提醒

租車價格與保險選項

不同租車公司的同樣車型，若取車與還車地點相同，租車條件通常相似，而且價格幾乎大同小異。租車價格的差別，在於附加選項，如租用GPS或兒童座椅；而購買保險的種類多寡，更會影響租金。

通常在美國訂車，保險都是自由選項，而在台灣或中國預訂，可能就已含基本的「損失免責險」(LDW，Lose Damage Waiver)。另外的保險選項包括「個人意外險」(PAI，Personal Accident Insurance)、「碰撞免責險」(CDW，Collison Damage Waiver)、「第三者責任險」(Supplemental Liability Insurance)等，因此，訂車不僅看價格，還要看提供的保險內容，注意「免責」是否完全零負擔，或是有自付額。

交通篇

自駕需知

美國公路系統及號誌，自駕前不可不知

美國公路系統

駕車前往美國國家公園，通常行駛在州際高速公路（Interstate Highway System）、國道（Federal Highways）、州道（State Route）以及縣道（County Route）。

美國公路歷史

國道是州際高速公路前身，1926年11月開通的66號國道（US-66），東起伊利諾州的芝加哥（Chicago），西到加州太平洋岸的聖塔蒙尼加（Santa Monica），全長2,448英里（3,940公里），橫跨密蘇里州（Missouri）、堪薩斯州（Kansas）、奧克拉荷馬州（Oklahoma）、德州（Texas）、新墨西哥州（New Mexico）及亞歷桑那州（Arizona），是東部居民向西遷徙的主要道路，被稱爲美國母路（Mother Road）或主街（Main Street of America）。

1956年，由聯邦政府設定標準並出資補貼的美國州際高速路開始興建，66號國道隨後大部分被40號州際高速路取代，於1985年除役，成爲歷史道路；部分各州協調興建的國道依然通行，並納入美國道路系統統一編號。

公路標誌

■國道路標：

黑底、白盾，盾牌中以黑色標示編號；簡單的就在白盾上標明黑色編號。

■州際高速公路路標：

南北向是奇數編號，自西向東遞增，尾數爲5；東西向編號爲偶數，自南向北增加，尾數爲0。州際高速路路標爲藍色盾牌，編號白色；盾上緣爲紅色，並標示「INTERSTATE」白字。在州際高速路上，可以看到編號相同的綠色盾牌，「BUSINESS」取代「INTERSTATE」，編號上顯示「SPUR」或「LOOP」表示州際高速路分支進入城鎮，「LOOP」可以從另一端返回州際高速路，「SPUR」必須原路返回。

■各州州道路標：

美國各州的州道都有不同圖案設計，並標明編號。

▲ 佛羅里達州

▲ 猶他州

道路標誌

無論行走在國道、州際高速公路、州道，除基本編號外，還要知道目的地的名稱和方向。有些路標可能顯示方向和目的地，有些只標明方向，如果不清楚目的地在路的東西或南北，遇到換路時就難免慌亂。

▲ 州際高速路標

▲ 州道路標

▲ 多重路標

▲ 多重路標

■時速限制(Speed Limit)標誌：

在行進間，應該留心時速限制。美國採取英制，因此以英里計算長度，每1英里等於1.6公里，速限限制單位是每小時行走的英里數（Miles Per Hour，MPH）。各州速限未必相同，大抵在65～80英里之間。

▲ 速限(每小時15英里)

▲ 學校前速限
（遇學童，每小時25英里）

■高承載(HOV)與共乘(Car Pool)標誌：

有些高速路的最內線車道，有高承載(HOV)或共乘(Car Pool)標誌，標誌上會標明可以使用車道的乘客人數，例如「2+」，表示必須兩人以上共乘，否則罰鍰在$300～500之間。即使乘客人數合格，也不能隨時隨地進出車道，必須在白色虛線出現時才能出入。

▲ 高承載   ▲ 高承載限時

■國家公園山區常見標誌：

最常見的標誌包括：連續彎路、路滑、轉彎速限及野生動物跨越。最好遵行速限，以免剎車不及肇禍。

▲ 連續彎路

▲ 路滑

▲ 轉彎速限

▲ 野生動物跨越

藍色看板

通常提供資訊，行車中途會見到休息區標示。在進入美國西部城鎮交流道前，也會有看板提供出口後的飲食、住宿及加油站資訊。

▲ 休息區

▲ 住宿資訊

▲ 飲食

▲ 加油站

「STOP」標誌

一旦進入城鎮，除了速限降低，還有些標誌必須留意和遵守。道路標誌的基本原則是：紅色為禁止，黃色表示警告。最讓觀光客不習慣的，可能是紅色八角形白字的「停止」（STOP）標誌。

「STOP」通常出現在十字路口，可能只有東西或南北方向要求停車的「雙向停止」（TWO-WAY STOP），或4個路口都設置的「STOP」。無論如何，看到「STOP」就必須停車，即使其他路口無車；待車輛完全停止後，才能再起步。若其他路口有車，起步的順序是先到先行，若同時抵達，右邊車輛先行。

設在黃色校車上的「STOP」更要嚴肅看待。通常校車在路旁上下學生時，不但頭尾都閃紅燈，還會伸出「STOP」標誌。遇到這樣的情況，再急都不能超車前進，即使與校車對面，也必須停車等候，否則除高額罰款外，可能被暫時吊銷執照。

▲ 雙向停止

▲ 四向停止

▲ 校車伸出停止標誌時，一定要停車等候

紅綠燈

一般紅綠燈的概念是：紅燈停，綠燈行。在美國遇到紅燈，可以於車輛完全停止後，在安全無虞的情況下右轉，除非另外標誌顯示「紅燈禁止右轉」（No Turn On Red）。而即使是綠燈，行人也有絕對的路權（Right of Way），只要有人在人行道上，車輛就必須等待。黃色警告標誌中，便有「行人通過」與「學生通過」路牌，警告駕駛減速或準備停車。

▲ 紅燈禁右轉

▲ 行人通過

▲ 學生通過

停車

停車的規矩也不少，尤其是路邊停車。如果看到白底紅字的「任何時間禁止停車」（No Parking Any Time）路標，不要企圖以身試法。若路邊塗

▲ 停車限制

▲ 停車限制殘障

了白漆，代表可以暫時停車上下人貨；黃色設有允許暫停卸貨時間；綠色標示可停車時間，如15～30分鐘或小時數；紅色如消防栓旁禁止停車。另外，藍色是為殘障保留的停車位，若未持有殘障牌，停在殘障車位的最低罰款為$250。

加油

美國汽油品牌很多，各地區也不盡相同，常見的有76、美孚（Mobile）、殼牌（Shell）、雪佛龍（Chevron）、大西洋富田（ARCO）等。各品牌自有加油站外，一些超市和便利商店，如Circle K、7-11，也出售汽油。除了奧勒岡州，幾乎全部加油站都實施自助加油。目前美國汽油都是無鉛汽油，等級分87、89、91，有時也見85。大部分加油站都接受信用卡。

加油 Step by Step

Step 1 刷信用卡

停車熄火，在機台上刷卡。如果刷信用卡，會被要求輸入信用卡付款地址的5碼郵遞區號。對於不居住美國的旅客，由於無法輸入郵遞區號，必須先將信用卡或現金押在櫃檯，並告知油槍號碼，加完油後再到櫃檯結帳。

Step 2 將油槍插入加油口

按下汽油等級（87、89、91或柴油）後，油表歸零，開始加油。

Step 3 列印收據

油箱加滿、油槍跳開後，放回油槍，關好加油口。

行家祕技 遇到警車攔檢的應對

在台灣或中國，警車開動便會開始閃燈，但在美國道路上，警車行駛中通常不閃燈，若看到警車跟隨在車後閃燈，就表示遇上麻煩了！即使在國家公園裡也不例外。

遭遇警察攔察的標準動作

Step 1 減緩車速，開啟緊急燈，將車子慢慢移向路肩安全地帶後停車。

Step 2 坐在車內，雙手放方向盤上，等待警察前來查詢。

Step 3 警察通常會要求駕駛搖下車窗，並出示駕駛執照。

Step 4 若有違規事實，如超速或不當換道，警察會開罰單，並要求駕駛人簽收。

收到罰單的處理方式

可能處理的方式是，自行上網繳交罰款，或在還車時繳付手續費，請租車公司代辦，但當事人在該州，譬如大峽谷所在的亞歷桑那州，會留下違規記錄；或是採取第一次違規可以上網上課並通過考試方式，免除罰金且不留記錄。

如果不理會罰單，可能的結果是，租車公司會使用租車時的信用卡追繳；或是再前往該州違規被抓時，罰金加上滯納金一併繳交，更糟的情況是被逮捕。

車輛移動時違規，罰單會針對駕駛人；停車罰單處罰對象則是牌照登記人，也就是租車公司。租車公司收到違規停車罰單當然不會付款了事，通常會通知租車者繳款；如果租車人不理會，租車公司可以出示宣誓書(Affidavit)給警方，將責任轉給租車人。

路上觀察 雪鍊(Snow Chains)

多數國家公園全年開放，但冬天駕車進入高海拔的國家公園，譬如位於加州的巨杉及優勝美地國家公園，可能遇上下雪，而當雪地行車看見「必要雪鍊」(Chains Required)標示時，速限降到每小時25英里，無論駕駛何種車輛，都必須攜帶雪鍊，否則最高罰金達$5,000。

攜帶雪鍊為必要，但視道路狀況，不一定需要將雪鍊套上。相關法規將狀況分為R1、R2及R3三級：

■R1：淨重6,000磅以下的轎車、小貨車或休旅車(SUV)，至少裝有兩個雪胎(胎側顯示M+S或M/S)，胎紋深度至少6/32吋(～0.5公分)；或是四輪驅動車，可免上雪鍊，但仍需要攜帶雪鍊備用。

■R2：淨重6,500磅以下，四輪驅動的轎車、小貨車或休旅車，四輪都是雪胎，可免上雪鍊，但仍需要攜帶雪鍊備用。

■R3：無例外，所有車都必須套上雪鍊。進入R3狀況，通常道路都會封閉。

冬天(11～3月)走訪公園，事先最好知道天氣及道路狀況(進入各國家公園官網，點選「Plan Your Visit」→「Basic Information」→「Current Conditions」)；如需要雪鍊，公園外一般會有租賃或販售雪鍊的商販。詳情可上公園網址查詢。

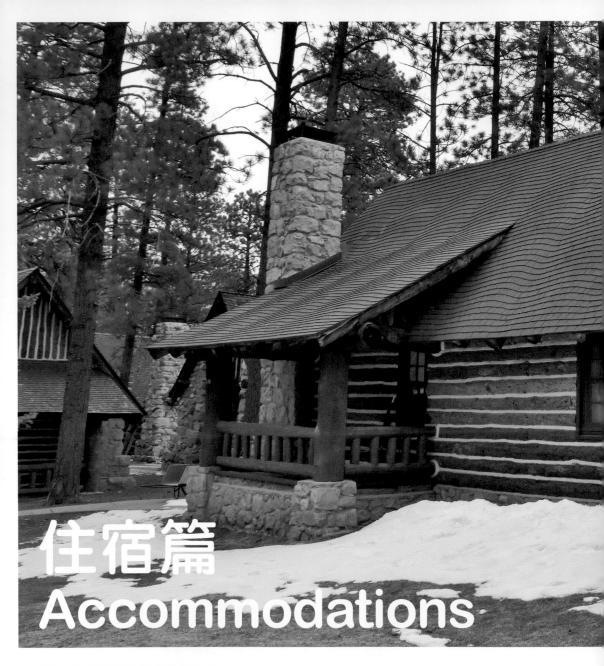

住宿篇
Accommodations

住宿概況看這裡！

留宿國家公園內，可以體驗大自然夜晚的靜謐；

選擇周邊旅館，訂房相對容易，還有平價選擇；

歷史悠久、風格獨特的國家公園古典旅館，也不要錯過。

國家公園內旅館

公園內旅館多有承包商

概況

如果住在國家公園裡,當然有更多時間體驗公園。但是,並不是所有國家公園都提供住宿,如石拱及石化森林,園內沒有住宿設施;範圍較大的國家公園,例如黃石及冰川國家公園,旅館很多,但各處一方,必須適當選擇才能節省路程與時間。最難的是,黃石、優勝美地、大峽谷等熱門國家公園,雖然有多處旅館設施,但是一位難求,甚至一年半載前就要預訂付款。受緯度、海拔及降雪量影響,部分旅館不是全年開放,多在5月底～9月底才營業。

旅館設施

國家公園裡的「旅館」也未必設備俱全,有些只有床,床的尺寸不同,價格各異,有些還是上下舖;有些只附帶洗手槽,浴廁共用;有些是帆布搭建的帳篷屋,必須自帶或租用睡袋、床單。

比較舒適又經濟的旅館,是浴廁共用的房間,價格比房內附有獨立浴廁的便宜一半或三分之一,又不需要穿越室外空間使用浴廁,例如大峽谷的光明天使客棧(Bright Angel Lodge),瑞尼爾山的天堂旅館(Paradise Inn)就屬於這種類型。

▲ 大峽谷光明天使客棧

▲ 大峽谷客棧

▲ 火山口湖客棧

旅館承包商

　　基本上，國家公園管理局不經營旅館及餐飲，是授權包商（Concessioner）承包。一處國家公園，可能由一家包商獨攬或數家包商分營。例如大峽谷南緣的旅館，幾乎都由Xanterra Parks & Re-sorts（www.xanterra.com）承包，而Yavapai Lodge是由Delaware North（www.delawarenorth.com）經營；北緣則由Forever Resorts（www.foreverresorts.com）經手。也並非公園內所有旅館都有公司承包，例如Xanterra只承包死亡谷國家公園的部分旅館。登入承包商網址，可以將旗下旅館一網打盡；也可進入承包商提供的各別公園網址訂房。

本書提及的國家公園旅館承包商及訂房網址

國家公園名稱	承包商	訂房網址
太平洋西北		
海紅杉 Redwood	公園內無旅館，最近城市為加州Crescent City	
火山口湖 Crater Lake	Aramark	www.travelcraterlake.com
瑞尼爾山 Mount Rainier	Rainier Guest Services	www.mtrainierguestservices.com
奧林匹克 Olympic	Aramark	www.olympicnationalparks.com
內華達山脈		
山紅杉 Sequoia	Delaware North	www.visitsequoia.com
優勝美地 Yosemite	Aramark	www.travelyosemite.com
西南沙漠		
約書亞樹 Joshua Tree	公園內無旅館，最近城市為加州29 Palms	
死亡谷 Death Valley	Xanterra	www.oasisatdeathvalley.com
巨柱仙人掌 Saguaro	公園內無旅館，最近城市為亞歷桑那州Tucson	
卡爾斯巴德岩洞 Carlsbad Caverns	公園內無旅館，最近城市為新墨西哥州Carlsbad	
科羅拉多高原		
大峽谷 Grand Canyon	Xanterra (南緣)	www.grandcanyonlodges.com
	Delaware North (南緣)	www.visitgrandcanyon.com
	Forever Resorts (北緣)	www.grandcanyonforever.com
錫安 Zion	Xanterra	www.zionlodge.com
布萊斯峽谷 Bryce Canyon	Forever Resorts	www.brycecanyonforever.com
石拱 Arches	公園內無旅館，最近城市為猶他州Moab	
綠台 Mesa Verde	Aramark	www.visitmesaverde.com
石化森林 Petrified Forest	公園內無旅館，最近城市為亞歷桑那州Holbrook	
洛磯山脈		
黃石 Yellowstone	Xanterra	www.yellowstonenationalparklodges.com
大堤頓 Grand Teton	Grand Teton Lodge Co.	www.gtlc.com
	Forever Resorts	www.signalmountainlodge.com
冰川 Glacier	Xanterra	www.glaciernationalparklodges.com
	Glacier Park Inc.	www.glacierparkinc.com

（製表／沈正柔）

國家公園內露營

公園內露營地價格因設施而異

概況

多數國家公園都設有露營地，有些開放預訂，有些則是先到先得。營地的位置及設施決定價格，譬如有沖水馬桶和自來水的營地費用較高，但大多也在$30以下。營地由國家公園管理局主管，可按開放預訂日期上網預訂（www.recreation.gov）；少數公園營地也由企業承包，詳情見各國家公園住宿資訊。此外，Camping USA（www.camping-usa.com）也有國家公園內及周邊露營地資訊。

營地設施

國家公園營地設施不盡相同：有的有自來水，有些要到固定的水龍頭打水，有的甚至無水，而有些營地卻可以洗衣、洗澡。單單廁所就有好幾種，最好的當然是沖水馬桶（Flush Toilets），其次（也是最普遍）的是無水馬桶（Vault Toilets），最差的是便坑（Pit Toilets）。不過，不論再怎麼簡陋，餐桌、烤架倒是幾乎都有。

優勝美地特別設置帳篷小屋（Tented Cabins），以木架搭帆布帳篷，有些供暖氣，有些無暖氣（Unheated）；有的甚至無插座，連浴廁都要公用。雖然設施簡陋，價錢卻不低，標榜的是享受露營樂趣卻不需要準備露營設備。有趣的是，每個帳篷屋都配有儲藏櫃防止熊翻找食物，還有防賊保險櫃。

▲ 帳篷小屋

▲ 無水馬桶

▲ 烤架餐桌

▲ 防熊儲藏櫃

住宿篇

預訂公園周邊旅館

訂房網站囊括多數旅館

　　如果公園裡無旅館或訂不到房間，那就需要搜索周邊城鎮的旅館了。訂房可以透過商業網站進行，或直接在連鎖旅館網頁預訂。

　　坊間普遍使用的訂房網站包括：Booking.com、Hotels.com、Agoda、Trip.com、Expedia、Tripadvisor。此外，HotelsCombined及Trivago都號稱先幫顧客比較訂房網站，呈現最便宜的價格。

連鎖旅館

　　連鎖旅館占旅館市場最大比例，有些旅館以結盟方式分布世界逾百個國家，有些旅館集團以不同層次的多種品牌供應全球市場。

　　最大的結盟旅館應是Best Western。1946年由美國亞歷桑那州鳳凰城（Phoenix）開始，以聯手數家汽車旅館共同互通有無的方式經營，逐漸擴展至全球。Best Western品牌下，每家各有業主，因設施差異分級。訂房網址：www.bestwestern.com。

　　連鎖旅館集團旗下旅館多有品牌區隔，其中也有比較平價的旅館。找旅館集團網站訂房，只要在集團網址鍵入城市及入住日期，集團下所有品牌旅館都會顯示，不用一家家查詢，相當方便，但是價格可能高於訂房網站。

　　此外，有一些個別的連鎖旅館，在全美各地都有據點，譬如Motel 6（www.motel6.com），La Quinta Inns（www.lq.com），Extened Stay America（www.extenedstayamerica.com）等，可依網址訂房，這些旅館也大多可在訂房網站找到。

連鎖旅館集團一覽表

旅館集團	旗下旅館品牌	訂房網址
Choice	Comfort Inn／Roadway Inn／Econo Lodge／Quality Inn／Sleep Inn	www.choicehotels.com
Hilton	Double Tree／Embassy Suites／Hampton Inns／Garden Inn	www3.hilton.com
Intercontinental	Holiday Inn／Holiday Inn Express／Intercontinental	www.ihg.com
Marriott	Courtyard／Fairfield Inn／Residence Inn／Spring Hill Suites	ww.marriott.com
Wyndham	Days Inn／Howard Johnson／Ramada／Super8／Travelodge	www.wyndham.com

（製表／沈正柔）

貼心 小提醒

訂房注意事項

各家訂房網站從旅館拿到的配額不同，銷售進度不一，因此，若一家網站顯示售罄，不妨嘗試另一家網站，可能還有機會。要注意的是，最低價的房間可能須在預訂後立即付款，不接受變更或取消，屆時不住，也不能退費(Non-Refundable)。若是預訂的旅館允許取消訂房，必須在限定的期限前取消，通常要提早7天或48小時辦理，否則也要付費。即使在期限內取消訂房，有些旅館會收取手續費。

無菸旅館

THIS IS A
NON-SMOKING ROOM
If smoking occurs during your stay,
a $150 Cleaning Fee
will be billed to your account.

越來越多美國旅館以無菸旅館招徠客人，所有房間禁止吸菸。旅客入住時需要簽字切結不在房間吸菸；進了房間還會看到告示牌，標明一旦被發現吸菸將處罰款，並直接從訂房的信用卡扣錢。

豆知識

ADA Accessible

旅館訂房時常看到「ADA Accessible」，表示適合身障人士入住。ADA代表美國國會於1990年通過的《身障法案》(Americans with Disabilities Act)，該法案禁止歧視身障者。在旅館方面，通道要能通行輪椅，浴室設有扶手等方便的設施，對失明或失聽的住客，也要提供所需的協助。

特別介紹——
國家公園古典旅館

早在美國國家公園管理局於1916年設置之前，公園內已有旅館。這些旅館大部分是由鐵路公司興建，少部分則是私人興建，建築風格不受規範，目的是招徠搭乘火車旅行的富裕遊客。因此，在優勝美地山林間，出現維多利亞式的瓦沃納旅館(Wawona Hotel，建於1879年；目前改稱Big Tree大樹旅館)；黃石湖畔的湖濱旅館(Lake Hotel，1890年)門廊則有古希臘的愛奧尼亞式(Ionic)廊柱。

鐵路公司互相競爭，卻無獨有偶的以巨木為梁柱，鑿石頭為地基、砌壁爐，建成歐風濃郁的旅館。黃石公園的老忠實旅館(Old Faithful Inn，1904年)、大峽谷的艾爾托瓦旅館(El Tovar Hotel，1905年)、冰川國家公園的麥當納湖客棧(Lake McDonald Lodge，1913年)、千冰川旅館(Many Glacier Hotel，1914年開始營業)，各領風騷。

公園管理局設立後，主管者對國家公園內的建築講求環境和諧，並且就地取材，因而發展出國家公園特有的樸實風格(Rustic Style)。

國家公園內樸實卻不失典雅的旅館，包括火山口湖客棧(Crater Lake Lodge，1915年)、瑞尼爾山的天堂旅館(Paradise Inn，1916年)、布萊斯峽谷的布萊斯峽谷客棧(Bryce Canyon Lodge，1925年)、優勝美地的典雅旅館(Majestic Yosemite Hotel，1926年)，以及大峽谷北緣的大峽谷客棧(Grand Canyon Lodge，1928年)，都已列入國家歷史名勝(National Historic Landmark)，也是國家公園內最昂貴和搶手的旅館。

1.老忠實旅館 / 2.大樹旅館 / 3.湖濱旅館 / 4.艾爾托瓦旅館 / 5.麥當納湖客棧 / 6.千冰川旅館 / 7.典雅旅館 / 8.天堂旅館 / 9.布萊斯峽谷客棧

住宿篇

1

2

3

4

6

5

7

8

9

玩樂篇
Sightseeing

美國國家公園，哪裡最好玩？

優勝美地、黃石、大峽谷、約書亞樹、火山口湖國家公園……

美國國家公園的地理與人文環境特殊，從壯麗峽谷與飛瀑、蒼茫鹽地、沉靜沙丘，

到巨柱仙人掌，原住民祕境聖湖等，蘊含世界珍貴的自然寶藏。

太平洋西北

Pacific Northwest

「海紅杉」（Coast Redwood）生長在北加州至奧勒岡州邊界的太平洋沿岸。**海紅杉國家公園**由三個加州州立公園串成，因而正式名稱爲紅杉國家及州立公園（Redwood National and State Parks）。海岸邊幾乎終年籠罩水霧，一株株高瘦的紅杉直立在迷濛裡，宛如霧裡靜止的巨人。清晨走入紅木林間，霧氣向在林梢徘徊，被水霧洗得陳舊的紅木，已滴滴答答地釋放夜間喝飽的水分，串串水珠濕潤地面的灌木與蕨類，養活了林間交錯的層層綠意。

太平洋岸的青綠，由海紅杉森林向北延伸到華盛頓州的**奧林匹克及瑞尼爾山國家公園**。瑞尼爾山的夏季，是野花恣意鋪陳的盛宴；奧林匹克公園的溫帶雨林裡，枝葉綿密地交織重重綠意，頂上是空中花園，底下漿果及藤蔓錯落，苔蘚、地衣更編織成墨綠地毯。

這兩處公園內都留有冰川足跡。從奧林匹克公園風暴脊（Hurricane Ridge）遠眺，奧林帕斯山（Mount Olympus）上冰川閃閃發光；瑞尼爾山上的冰雪，早已凍結火山的狂野，高聳的峰頂收藏了25條冰川，山就經常躲藏在冰川釀造的雲霧間。

獨立於奧勒岡州的**火山口湖**（Crater Lake），7,000多年前因火山爆發致使馬扎馬山（Mount Mazama）崩塌形成。火山口湖爲原住民的祕境聖湖，1853年淘金客發現火山口湖時，即因水色深藍而命名「深藍湖」（Deep Blue Lake）。沒有溪流出入火山口湖，深近600公尺的湖水，均來自雨雪積累，是美國最深的湖泊。

海紅杉國家公園
Redwood National and State Park

世界最高的樹——海紅杉

海紅杉是世界最高的樹。1769年，方濟會傳教士胡安‧克雷思比（Juan Crespi）發現樹心泛紅色而命名「紅木」（Palo Colorado）。

俄國人於19世紀初開始使用紅杉為建材後，紅杉被大肆溢伐，1906年舊金山大地震後砍伐更烈。1918年「拯救紅杉聯盟」（Save-the-Red-Woods League）大力奔走，才從斧鋸下搶回草溪（Prairie Creek）、北岸（Del Norte Coast）及史密斯（Jedediah Smith）三處州立公園，並連接成海紅杉國家公園。1980年聯合國教科文組織認定海紅杉國家公園為「世界自然遺產」。

據說恐龍還咆哮於北半球陸地時，海風和水霧，就開始了與海紅杉森林的戀愛。黃昏，海風走進林間，變成一簾簾薄霧，擁抱著海紅杉睡去。清晨，霧氣還在枝椏間夢遊，葉尖的水珠都已睜開眼，一粒粒晶瑩，接踵溜向土地，腳步縱然輕盈，畢竟驚醒了沉睡的紅杉。彷彿出於嫉妒，100萬年前冰河鋪天蓋地，也將海紅杉生長區限制在如今蒙特瑞半島（Monterey Peninsula）以北到奧勒岡州界的加州海岸。

海紅杉的根不深，距地表只有3～4公尺左右，卻靠著向四周延伸的功力，不但支持「大樹」，更與家族互相扶持，蔚然成林。紅杉林蔭下是重重綠篷，黃杉、雲杉及鐵杉身長不及紅杉，只能俯首稱臣隨侍；赤楊根部放出氮氣肥沃土地，柳樹及木棉穩住河岸，大葉槭及橡樹為紅杉森林添秋色，月桂努力彎腰爭取陽光；漿果灌木和山杜鵑，只能吸收到紅杉、針葉木、落葉木濾過的剩餘光線，卻無怨無悔地呈現花果；森林底部草本植物當家，蕨類、苔蘚、菇菌生機盎然。

玩樂篇 海紅杉國家公園

1.來此享受芬多精最適合不過 / 2.公園常見羅斯福馬鹿 (Roosevelt Elk) / 3.海紅杉因樹心為紅色得名 / 4.林蔭下還有許多綠色植物 / 5.清晨霧氣繚繞的紅杉林

🌐豆知識

海紅杉 Coast Redwood

　　樹皮厚達12吋，不怕火燒；富含單寧(tannin)，能避免蟲患，因這些天生特質，易招人砍伐。平均年齡500～700歲，海紅杉國家公園裡，卻有一株海紅杉已歷經2,000年寒暑。

　　海紅杉大約10歲即長出帶花粉的毬果，20～250歲間雌性毬果最適合繁殖。海紅杉毬果小如橄欖，種子像一粒粒番茄子，每年11～2月，海紅杉就開始準備夏天毬果成熟時播種。但是，海紅杉不單依賴種子繁衍，癒合的傷口，還能長出新株；圍繞母株基部生長的幼芽，也能壯大成紅杉家族生力軍；倒地的紅杉，更變成培育幼苗的芽床。

海紅杉 VS. 山紅杉 (Sequoia)

名稱	海紅杉	山紅杉
分布	海拔3,000呎以下的加州中北部海岸	海拔5,000呎以上的內華達山西坡
年齡	高齡2,000歲	高齡3,000歲
體重	160萬磅 (730,000公斤)	270萬磅 (1,200,000公斤)
身高	最高367.8呎 (111.2公尺)	最高311呎 (94.2公尺)
腰圍	直徑22呎(6.7公尺)	41呎(12.4公尺)
表皮	12吋(30公分)	31吋(79公分)
繁殖	種子、樹芽	種子

(製表 / 沈正柔)

海紅杉國家公園必遊景點

　　海紅杉國家公園沿US-101兩旁分布,這段國道101因而又稱紅杉高速路(Redwood Highway)。但是要走訪原生海紅杉老林必須取道叉路,三條主要叉路包括:Bald Hills Road通往詹森夫人林,Newton B. Drury Scenic Parkway觀賞草溪邊的森林;Howland Hill Road路況不佳,但路邊溪畔的史道特林很有可觀。

1.帶著火燒傷疤挺立的大樹／2.互相扶持的樹叢／3.受傷的老樹為自療求生更顯粗壯／4,5.詹森夫人林

柏德丘路 Bald Hills Road

詹森夫人林 (Lady Bird Johnson Grove)  環形步道 2.4公里

　　西元1968年,詹森總統夫人出席國家公園設置典禮,老紅杉林因此獲名。行走步道間,得見互相扶持的樹叢,帶著火燒傷疤挺立的大樹,受傷的老樹自療求生更顯粗壯。春天的山杜鵑花和秋天的橡樹葉,都為海紅杉林增色。

紐頓‧B‧杜魯利景觀道 Newton B. Drury Scenic Parkway

景觀道路從國道101的753出口進入，北行10英里再由765出口轉回國道。沿途林蔭夾道，火燒的樹洞成為鵝圈（Goose Pen），樹幹剖面陳述成長的創傷及氣候狀況，殘樹上新生的綠色延續紅杉的生命。解說木牌及實體紅杉，盡陳紅杉生態。

1.火燒的樹洞成為鵝圈／2,3.樹幹剖面／4.新生的小樹枝

草溪遊客中心 (Prairie Creek Visitor Center)

數條步道由遊客中心出發，其中500公尺的展示步道（Revelation Trail）是為視障者所設計，也讓一般遊客更能用感官體驗海紅杉森林。草溪步道（Prairie Creek Trail，單程2.2公里）沿溪鋪設，成叢巨木遮蔭，潺潺溪水相伴，盡頭是景觀路旁的「大樹」（Big Tree）。

1.草溪遊客中心的布道告示／2.大樹下的新生小樹／3.草溪步道沿途巨木遮蔭

卡貝羅路 (Cal-Barrel Road)

　單程4.8公里的叉路領入老林，儘管過往車輛揚起的灰塵掩蓋了林下綠意，海紅杉卻依然頂天立地，只能從老幹中窺探歲月的痕跡。

1,2,3.卡貝羅路紅杉林

路邊大樹 (Big Tree Wayside)

環形步道 500公尺

　距離景觀道停車場僅100公尺，大樹其實不頂大，直徑7.2公尺，樹幹圓周22.7公尺，樹高87.2公尺，是典型的海紅杉身材，估計已有1,500歲。從大樹出發的圓環步道(Circle Trail)，由滿布苔蘚的大葉楓起頭，逐漸引入海紅杉森林。

1.路邊大樹本尊 / 2.大樹周圍
紅杉茂盛

玩樂篇 海紅杉國家公園

豪藍德丘路 Howland Hill Road

史道特林 (Stout Grove)  環形步道 800公尺

史密斯溪 (Smith River) 溪水氾濫沉積的養分，養成參天的海紅杉林及林間盎然綠意。連根拔起倒地的紅杉顯露根系的淺短，卻還不忘傳宗接代，軀體逐漸腐化用作新生代的苗床；樹瘤不遑多讓，也助一臂之力。火燒不死紅杉，人在樹林中更顯得渺小。

1.人在樹林中更顯得渺小 / 2.曾受到火燒的紅杉樹 / 3.樹瘤 / 4.參天的海紅杉林及林間層層綠意

戴維森路 Davison Road

馬鹿草場 (Elk Meadow)

海紅杉國家公園有一大群羅斯福馬鹿 (Roosevelt Elk)，通常聚集在101國道叉出的Davison Road旁邊的馬鹿草場。鹿群由最壯的公鹿主宰，成群妻妾環繞，秋天繁殖季節，公鹿具相當攻擊性。

1.小心馬鹿攻擊的告示牌 / 2,3.馬鹿草場常見鹿群出沒

2天1夜 自駕 行程規畫

┤ Day 1 ├

1 阿克塔機場 (ACV) 出發
→ 101 N，26 英里

2 湯瑪斯‧H‧庫徹遊客中心
(Thomas H. Kuchel Visitor Center)
→ 101 N / Bald Hills Road，6 英里

3 詹森夫人林
(Lady Bird Johnson Grove)
→ Bald Hills Road / 101N / Davison
Road，4.6 英里

4 馬鹿草場
(Elk Meadow)
→ Davison Road / 101 N / Newton
B. Drury Scenic Parkway，4.1 英里

5 草溪遊客中心
(Prairie Creek Visitor Center)
→ Newton B. Drury Scenic Parkway，1 英里

6 路邊大樹
(Big Tree Wayside)
→ Newton B. Drury Scenic Parkway
/ 101 N，33 英里

7 克雷森特市 夜宿
(Crescent City)

┤ Day 2 ├

1 克雷森特市 出發
(Crescent City)
→ 101 N / 199 E / Howland Hill Road，14 英里

2 史道特林
(Stout Grove)
→ Howland Hill Road / 199 SW / 101 S，14 英里

3 克雷森特市
(Crescent City)
→ 101 S，70 英里

4 阿克塔機場 (ACV)

玩家充電站

巨林道
Avenue of the Giants

與101號國道數度交叉、平行的254號州道，即是著名的巨林道。

巨林道南北32英里，因道路多為高大的海紅杉覆蓋而獲名，其中最精采的森林在洪堡紅杉加州州立公園(Humboldt Redwoods State Park)。這座公園保存了世界最多的古老海紅杉，世界上身高超過110公尺並列名冊的137株海紅杉，有100株是在這裡。

海紅杉國家公園在阿克塔機場北邊，不過要到巨林道北邊入口，得從機場往南走約1小時車程。進入巨林道後，沿途經過數個小鎮，其中Myers Flat有一株穿堂樹(Shrine Drive-Thru Tree)，可以駕車穿過紅杉樹洞。

海紅杉國家公園資訊

- ■**網址**：www.nps.gov/redw
- ■**開放時間**：全年
- ■**門票**：國家公園不收費；加州公園管理局收取Gold Bluffs Beach及Fern Canyon使用費
- ■**設置**：1968年10月2日
- ■**面積**：560平方公里
- ■**位置**：北起加州海岸與奧勒岡州交界的Crescent City 南至Orick的三處加州州立公園，由國道101串連
- ■**時區**：太平洋時區
- ■**最適旅遊季節**：全年均可遊覽，12～2月下雨較多，最好避開
- ■**氣候**：月平均最高溫與最低溫(℃)，請參考下表
- ■**地圖**：

機場

南邊最近的機場為加州洪堡縣(Humboldt County)阿克塔(Arcata)的地區機場(ACV)。聯合航空(UA)有從舊金山機場(SFO)直飛的班機，航程約1.5小時。機場內的租車公司包括：Alamo、Hertz、National。

http 阿克塔機場：humboldtgov.org/1396/Airports

遊客中心

- ■克雷森特市資訊中心(Crescent City Information Center)
- ■湯瑪斯‧H‧庫徹遊客中心(Thomas H. Kuchel Visitor Center)
- ■亥烏奇遊客中心(Hiouchi Visitor Center)
- ■草溪遊客中心(Prairie Creek Visitor Center)
- ■傑迪達‧史密斯遊客中心(Jedediah Smith Visitor Center)

以上4處遊客中心全年開放(新年、感恩、聖誕節除外)，提供資訊、書店、導覽、洗手間、野餐區。湯瑪斯‧H‧庫徹遊客中心後方有海灘；傑迪達‧史密斯遊客中心僅在5/31～9/30期間09:00～17:00開放。

生活機能

- ■**飲食**：公園內無餐館，但101沿線周邊城鎮有超市、速食、餐館。
- ■**住宿**：公園內無旅館，但101沿線周邊城鎮旅館，可上訂房網站查詢。
- ■**露營**：公園內營地資訊請參考下表。
  http 訂位：www.reservecalifornia.com(最遲48小時前預訂)

通訊

公園沿著加州海岸散布，其間少有城鎮，一旦進入公園範圍，訊號更減弱，倒是數處遊客中心可能可以使用手機及無線網路。

各月分氣溫 (℃)

月分	1月	2月	3月	4月	5月	6月	7月	8月	9月	10月	11月	12月
最高溫	11.9	12.8	13.3	13.8	15.9	17.4	18.3	18.4	18.4	17	13.7	11.5
最低溫	2.1	2.5	3.4	4.4	6.7	8.7	10.2	10.4	8.6	6.1	3.8	1.9

公園內營地

營地	開放時間	單位(個)	約略價格	備註
Jedediah Smith	全年	86	$35	沖水馬桶、淋浴、野餐桌、烤架；木屋$100
Mill Creek	5月中～9月底	145	$35	沖水馬桶、淋浴、野餐桌、烤架
Elk Prairie	全年	75	$35	沖水馬桶、淋浴、野餐桌、烤架；木屋$100

＊資訊如有異動，請以官方公告為準。

火山口湖國家公園
Crater Lake National Park

火山口裡的湛藍

瓏德富卡（Juan de Fuca）海洋板塊和北美板塊撞擊，海洋板塊沉入地殼裡，因壓力和熱力造成岩漿再衝出地表形成火山。太平洋西北地區，範圍從加拿大的英屬哥倫比亞，經華盛頓州、奧勒岡州到加州北部的喀斯喀特山系（Cascade Mountain Range），連串起一座座火山，火山口湖所在的馬扎馬山（Mount Mazama）便是其中之一。

大約在7,700年前，馬扎馬山爆發，山頂崩落形成火山口，雨雪注入火山口造成火山口湖。湖位於海拔1,881公尺上，沒有溪流注入或流出，僅靠太平洋水氣帶來的大量雨雪，水深平均350公尺，最深達到592公尺，是美國最深的湖，在世界排名第7。

火山口湖水色清澈透藍，根據1997年觀察者的記錄，肉眼曾經能見到44公尺下、直徑8.5吋的光盤，難怪1853年首次發現火山口湖的人，稱此湖為「深藍湖」（Deep Blue Lake）；傳說藍鳥羽色就得自湖水染色。也因為水深，表面很少結凍，夏天通常在10～16°C；水深80公尺以下，終年維持3°C。

精靈島（Wizard Island）及幻影艦（Phantom Ship）是湖中的亮點。精靈島露出湖面230公尺，也有火山口，見證火山口湖的淵源；幻影艦看似小艇，卻有50公尺高，雕塑艦艇的材料是火山口裡最老的岩石。

馬扎馬山崩頂造成火山口湖，湖水卻淹沒不去火山的蹤跡。公園總部仰頭便見火山岩壁，湖緣散布的火山錐，更佐證馬扎馬山的身世。驅車沿湖走一遭，放眼盡是留著火山註記的岩石。由於山頂終年積雪，生長季短，且較早納入國家公園保護，山中保持較多原生針葉林；枝椏扭曲掙扎存活的白皮松，尤其能顯現成長環境的艱困。

2

3

4

5

6

7

火山口湖 國家公園 必遊景點

火山口湖沿湖車道(Rim Drive)繞湖一周，全長33英里(53公里)，以北門入口分東、西緣。沿途有逾30處停車點，本文介紹其中幾個精采之處。自公園南端的總部(Park Headquarter)出發，逆時鐘方向行駛，依序停靠：

1,7.火山口湖水色清澈透藍 / 2.白皮松(Whitebark Pine) / 3.馬扎馬村木屋 / 4.克拉克星鴉(Clark's Nutcracker) / 5,6.希諾特眺望點

西緣 West Rim

希諾特眺望點 (Sinnott Memorial Overlook)

位於緣村遊客中心下方。精靈島及幻影艦分在視線兩側，水氣輕掩西北方魔鬼背脊(Devil's Backbone)，岩岸湖水清透。在觀賞湖景的同時，可以透過圖文解說，瞭解火山口湖的形成原因及環湖地質成分。

1.金毛地鼠(Golden-Mantled Ground Squirrel) / 2.發現點

發現點 (Discovery Point)

步道 來回3.5公里
落差30公尺

穿越林木的沿湖步道，可賞湖景及精靈島。1853年，淘金客希爾曼(J.W. Hillman)即在附近發現火山口湖。而今發現點最活躍的是蹦跳於岩石間的金毛地鼠。

守望人眺望點 (Watchman Overlook)

步道 來回2.6公里
落差128公尺

眺望點海拔2,442公尺，可觀賞火山口湖全景，近處的魔鬼背脊殘存，透露火山爆發的線索；遠處頑固的老石(Llao Rock)逃過劫難依然屹立。攀爬到守望人峰(Watchman Peak)崗哨亭，可欣賞夕日美景。

1.守望人眺望點 / 2.老石

東緣 East Rim

克立伍德灣 (Cleetwood Cove)

步道 來回3.5公里
落差213公尺

陡峭的步道是唯一合法上下湖畔的步道，可在湖中垂釣、游泳，但即使夏日8月，湖面水溫平均攝氏15℃。遊湖的船艇從湖濱碼頭出發。

1,2,3.湖東北端的克立伍德灣邊緣火山石

雲帽眺望點 (Cloudcap Overlook)

沿湖車道1英里叉路通往眺望點。此處為奧勒岡公路最高點，可鳥瞰火山口湖全景。白皮松樹屈服於強風肆虐，針葉全向一邊生長，彷若彎曲的旗桿。

1.雲帽眺望點 / 2.白皮松解說牌 / 3.白皮松

浮石堡眺望點 (Pumice Castle Overlook)

就在沿湖車道邊。浮石渲染橙色，並被侵蝕成中世紀城堡形狀，斜立於湖口山坡。

幻影艦眺望點 (Phantom Ship Overlook)

幻影艦看似湖中小艇，其實有16層樓高；塑造幻影艦的火山岩，形成於40萬年前。

1.浮石堡 / 2.幻影艦眺望點

尖塔眺望點 (Pinnacle Overlook)

步道 來回1.3公里
落差3公尺

從幻影艦眺望點向南轉入Pinnacles Road，行駛6英里到盡頭。火山爆發後，富含礦物質的火山灰埋葬河谷並石化，後經侵蝕重新露頭，形成尖塔地貌。

1,2.尖塔地貌

日光槽口 (Sun Notch)

環形步道 來回0.8公里
落差46公尺

伸進湖緣邊的槽口，位於湖的南端，由源自馬扎馬山上的冰川鑿成。黃昏時分幻影艦沐浴在夕陽下更如夢似幻。

維代瀑布 (Vidae Falls)

1.從日光槽口眺望幻影鑑 /
2.維代瀑布

坐落於幻影艦和公園總部之間的路邊。溪水跌落在冰川切割的岩壁上，形成30公尺高的維代瀑布。夏日水氣更滋養野花。

行程規畫

1天行程 自駕

玩樂篇

火山口湖國家公園

　　沿著沿湖車道(Rim Drive)一一探訪景點。若時間充裕,不妨參加公園管理員導覽。公園內有觀光車(Trolley Tours)及船艇遊覽(Boat Tours),詳情可上公園網址查詢。

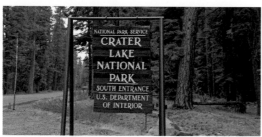

1 南門
(South Entrance)
→ Rim Drive NE,3.8 英里

2 公園總部
(Park Headquarters / Steel Visitor Center)
→ Rim Drive N / Rim Village Drive E,3.3 英里

3 希諾特眺望點 /緣邊村
(Sinnott Memorial Overlook / Rim Village /
Visitor Center / Crater Lake Lodge)
→ Rim Village Drive W / Rim Drive N,1.9 英里

4 發現點
(Discovery Point)
→ West Rim Drive N,2.3 英里

5 守望人眺望點
(Watchman Overlook)
→ 2.1 英里

6 北交口
(North Entrance Road Junction)
→ East Rim Drive,4.5 英里

7 克立伍德灣
(Cleetwood Cove Trail)
→ 7.6 英里

8 雲帽眺望點
(Cloudcap Overlook)
→ 2.1 英里

9 浮石堡眺望點
(Pumice Castle Overlook)
→ 2.5 英里

10 幻影艦眺望點
(Phantom Ship Overlook)
→ Pinnacles Road SE,6 英里

11 尖塔眺望點
(Pinnacles Overlook)
→ Pinnacles Road NW,6 英里

12 幻影艦眺望點
(Phantom Ship Overlook)
→ East Rim Drive,3.9 英里

13 日光槽口
(Sun Notch)
→ 1.3 英里

14 維代瀑布
(Vidae Falls)
→ 3.1 英里

15 公園總部
(Park Headquarters)
→ Rim Drive,4.1 英里

16 馬扎馬村
(Mazama Village)

火山口湖國家公園資訊

- **網址**：www.nps.gov/crla
- **開放時間**：公園全年開放，但道路及設施大多只在6月底～9月才會全面開通
- **門票**：壯麗美國年票$80；非商用汽車11/1～5/21每車$15，5/22～10/31每車$25(15人以下，7天效期)；公園年票$50。2020年1月起，旺季每車$30，年票$55
- **設置**：1902年5月22日
- **面積**：53平方公里
- **位置**：位於奧勒岡州中南部，在克拉馬福斯(Klamath Falls)西北63英里(100公里)處，梅德佛(Medford)東北75英里(120公里)
- **時區**：太平洋時區
- **最適旅遊季節**：由於國家公園大部份時間都埋在雪裡，雖然終年開放，實際適合一般人旅遊的季節，似乎只有7～9月。湖表溫度也只有在這三個月達到12～15度
- **氣候**：月平均最高溫與最低溫(℃)，請參考右頁
- **地圖**：

機場

距離公園最近的為梅德佛機場(MFR)。美國航空(AA)從洛杉磯或經鳳凰城，聯合航空(UA)從洛杉磯、舊金山，達美航空(DL)從西雅圖，阿拉斯加航空(AS)從西雅圖及波特蘭(PDX)往來梅德佛機場。MFR機場內的租車公司包括：Avis、Alamo、Budget、Enterprise、Hertz、National。

美鐵

海岸星光線(Coast Starlight)每天在洛杉磯和西雅圖間對開一班車，沿著太平洋岸行駛，都停靠克拉馬福斯(Klamath Falls)。7～8月，美鐵有接駁車從克拉馬福斯到國家公園緣邊村(Rim Village)。

自駕

從梅德佛取道OR-62東北向，由公園南門入園。里程75英里(120公里)。

遊客中心

- **史迪爾遊客中心(Steel Visitor Center)**：位於公園總部，除聖誕節外天天開放。4月中～11月初09:00～17:00開放，其他季節10:00～16:00。提供公園資訊，設有書店、郵局及洗手間。

- **緣邊村遊客中心(Rim Village Visitor Center)**：位於緣邊村(Rim Village)。5月底～9月底09:30～17:00開放。

生活機能

- **飲食**：公園內有三家餐廳及一家小雜貨店(Mazama Village Store)，請參考右頁。雜貨店販售露營用品、柴火、零食，加油站從5月底營業至10月中。
- **住宿**：公園內旅館資訊請參考右頁圖表。
  - http 訂房：www.travelcraterlake.com
- **露營**：公園內營地資訊請參考右頁圖表。
  - http 訂位：www.travelcraterlake.com

通訊

- 公園內手機訊號不穩定。
- Crater Lake Lodge和Mazama Village Cabins提供住客免費Wi-Fi，Annie Creek餐廳裡可無線上網，每小時$4、24小時$10。
- Mazama Village雜貨店外及Crater Lake Lodge內有電話。

玩樂篇

火山口湖國家公園

各月分氣溫 (℃)

月分	1月	2月	3月	4月	5月	6月	7月	8月	9月	10月	11月	12月
最高溫	1	2	3	6	10	15	21	21	17	11	4	1
最低溫	-8	-8	-7	-5	-2	1	5	5	3	-1	-5	-7

公園內餐廳

地區	餐廳	營業項目	開放時間
Rim Village	Crater Lake Lodge餐廳	早、午、晚餐	5月中～10月中
	Rim Village Café	三明治、沙拉、湯等輕食	全年(感恩及聖誕節休業)
Mazama Village	Annie Creek Restaurant	漢堡、披薩，也可點餐	5月底～9月底

公園內旅館

旅館	開放時間	房間數	約略價格	備註
Crater Lake Lodge	5月中～10月中	71	$205～257	-
Mazama Village Cabins	5月底～9月底	40	$169	-

公園內營地

營地	開放時間	單位(個)	約略價格	備註
Mazama	6月初～9月底	214	$21起	沖水馬桶、洗澡；營地可先預約
Lost Creek	7月底～10月初	16	$10	沖水馬桶；營地不能預約，先到先得

＊公園餐廳、旅館與營地之資訊如有異動，請以官方公告為準。本書其他國家公園亦同。

▲ 火山口湖客棧(Crater Lake Lodge)

▲ 馬扎馬村木屋(Mazama Village Cabins)

瑞尼爾山國家公園
Mount Rainier National Park

1

冰川覆蓋的活火山

印地安人稱瑞尼爾山「Tahoma」，意即「神的住所」。他們相信降雪、泥石流、火山爆發都是神在生氣，因而敬畏有加，不敢登峰。1792年美國探險家喬治‧溫哥華（George Vancouver）初見瑞尼爾山，為冰雪覆罩的圓頂震懾，以其好友瑞尼爾（Peter Rainier）命名。

瑞尼爾山是喀斯喀特山系（Cascade Range）最高峰，也是美國大陸覆蓋最多冰川的活火山。50萬年前，火山開始噴發，一次次噴出的岩漿和灰燼，堆積出近4,900公尺高的圓錐；大約6,000年前的一次爆發，削去圓錐高頂，瑞尼爾山因而只剩下目前4,392公尺的高度。

往後，瑞尼爾山不再發怒，火山口的蒸汽和偶爾的地震，顯示山還有呼吸和心跳；山上蒐集的25條冰川，使山頭終年冰雪覆蓋，彷彿刻意要冷卻火山的暴躁。

冰雪、火山加上山的高度，瑞尼爾山能創造自己的氣候。雲最愛從隘口流進森林，行走於林梢，讓森林見不到天日；霧經常迷失在峽谷裡，教河流失去方向，瀑布光彩褪色。心情好，瑞尼爾山會到倒影湖（Reflection Lakes）攬鏡，也不在乎魚躍掀起的漣漪在臉上增添皺紋；心情壞，就將自己藏在雲霧裡，幾天甚至幾星期不露面。

火山沉睡，冰川卻捨不得歇息，夏季尤其忙碌。7、8月間，融雪讓溪流加快了步伐，瀑布歌聲更嘹亮；野花最清楚冰川的脈動，滿山遍野怒放，為山套上花環，也慶祝冰雪終於掙脫出藍色的枷鎖。

道格拉斯冷杉、鐵杉與側柏組成了瑞尼爾山濃綠的腰帶，行走樹林間，老樹會娓娓敘述數百年前冰川退去後，森林逐漸誕生，以及經歷泥石流後再生的故事。

玩樂篇 瑞尼爾山國家公園

1.瑞尼爾山／2.露易絲湖／3.鼠兔(Pika)／4.黑尾鹿(Black-tail Deer)／5.前往族長林的吊橋

瑞尼爾山國家公園必遊景點

　　無論是稱作Paradise Road、Paradise Valley Road或Stevens Canyon Road，其實都是同一條路，自西向東連串起公園景點。在史帝文斯峽谷入口(Stevens Canyon Entrance)，公園裡道路接上州道WA-123及WA-410轉北，州道410最精采的部分，是從白溪入口(White River Entrance)西向盤旋上日昇(Sunrise)。不過，10月底以後，從尼斯瓜利入口(Nisqually Entrance)，只能抵達龍邁爾和天堂，其餘道路封閉。

克茲溪 (Kautz Creek)

步道 來回3.2公里
至克茲橋

　　從西南邊尼斯瓜利入口進入公園，瑞尼爾山最先出現在克茲溪畔。1947年泥石流摧毀的森林及改變的地貌依稀可見，也見證火山威力。

龍邁爾 (Longmire) 環形步道 1.1公里

西元1883年，詹姆斯·龍邁爾（James Longmire）發現瑞尼爾山礦泉，礦泉治病的消息引來觀光客。而今，龍邁爾家族的歷史保存於小博物館；行走博物館對面的影子步道（Trail of the Shadows），森林裡仍能見到冒泡的礦泉。

1.龍邁爾歷史區 / 2.道格拉斯冷杉的生活史 / 3.克莉斯汀瀑布 / 4.那拉姐瀑布 / 5.流星花（Shootingstar）/ 6.雪崩百合（Avalanche Lily）/ 7.延齡草（Trillium）

克莉斯汀瀑布 (Christine Falls)

克莉斯汀瀑布在公路石橋邊，很容易就錯過。路邊停車後下行，石橋彷彿將瀑布截成兩段，橋拱卻也框起瀑布風景。

雷克塞克點 (Ricksecker Point)

雷克塞克是設計前往天堂公路的工程師，這個景點是為了紀念他而命名。天氣晴朗時，從觀景點可以看到瑞尼爾山的南半部——尼斯瓜利河谷（Nisqually Valley）。

那拉姐瀑布 (Narada Falls)

那拉姐瀑布是天堂河（Paradise River）一躍而下51公尺創作出的水簾，「Narada」意謂「純淨」。沿著瀑布旁的階梯而下，只見水瀑將步道濺濕，卻使周圍鮭莓（Salmonberry）及延齡草青綠欲滴。初夏流星花、雪崩百合點綴溪畔。

玩樂篇　瑞尼爾山國家公園

天堂 (Paradise)

步道 來回2公里
落差60公尺

天堂因初期移民讚歎野花遍地美景彷若置身天堂而獲名，是公園內最熱門的旅遊點，也是地球上降雪最多的地方之一，1971～72年冬季28.5公尺的積雪創造世界紀錄。亨利・M・傑克森遊客中心（Henry M. Jackson Visitor Center）展覽了瑞尼爾山的動植物生態；天堂客棧（Paradise Inn）為美國國家公園早期建築典範。尼斯瓜利景觀步道（Nisqually Vista Trail）從遊客中心停車場出發，可觀賞尼斯瓜利冰川及夏季的野花。

1.天堂居高1,647公尺 / 2.卷丹(Tiger Lily) / 3.彩筆(Paintbrush) / 4.粉花山石楠(Pink Mountain Heather) / 5.耬斗草(Columbine) / 6.草茱萸(Dwarf Dogwood)

倒影湖 (Reflection Lake)

倒影湖是瑞尼爾山的鏡子，天氣晴朗時，湖面山影清晰。

1.瑞尼爾山 /
2.倒影湖美景(圖片提供 / NPS Photo)

光芒瀑布及露易絲湖 (Sunbeam Falls & Louise Lake)

就在路邊，一面是光芒溪從山澗跳躍而下，另一面是隱藏在林間的露易絲湖，湛藍湖面呈現山林的影子。清晨在溪邊的灌木叢裡，柳雷鳥無心賞景只忙著覓食。

1.柳雷鳥(Willow Ptarmigan) / 2.光芒瀑布 / 3.露易絲湖

日昇 (Sunrise)

艾蒙斯冰川觀景步道
來回800公尺

拓荒者山自然環形步道
2.4公里

從白河入口，沿著白河路（White River Road）及日昇公園路（Sunrise Park Road）一路盤旋，火山石、火山灰地貌，以及冰川開鑿的谷地，沿途述說公園地質歷史，不時得見瑞尼爾山。日昇是公園也是華盛頓州公路最高點，360度視野，晴時甚至能眺望喀斯喀特山系，混沌不明時則能欣賞雲海翻滾；遊客中心有生態展覽，望遠鏡拉近瑞尼爾山與人的距離，偶爾還能追尋企圖征服山峰者的腳蹤。

在艾蒙斯冰川觀景步道（Emmons Vista Trail），可觀賞瑞尼爾山面積最大的艾蒙斯冰川（Emmons Glacier）。拓荒者山自然步道（Sourdough Ridge Nature Trail）可觀賞草場野花，觀察自然促成的矮樹森林（Elfin Forest）。

箱型峽谷 (Box Canyon)

步道 來回800公尺

考立茲河（Cowlitz River）支流在史帝文斯山中切出一道峽谷，水流便在山壁間奔騰。站在55公尺的石橋上向下望，能感覺到流水穿石的力量。

堤普甦湖 (Tipsoo Lake)

位處兩處隘口之間，堤普甦湖是瑞尼爾山的另一面鏡子，能見度好的時候，也能見到山影。

玩樂篇 瑞尼爾山國家公園

族長林 (Grove of the Patriarchs)

環形步道 2公里
落差30公尺

溫帶雨林通常距離海岸不遠，瑞尼爾國家公園的特殊氣候，卻在內地營造出參天古樹聚集的雨林。族長林在歐漢納佩考許河(Ohanapecosh River)流經的島上，跨河的吊橋引導進入木板步道，沿步道漫步，高逾百公尺、樹齡上千的道格拉斯冷杉、鐵杉及側柏只能仰望，粗壯的軀幹多人也難以環抱。

2天1夜 自駕

行程規畫

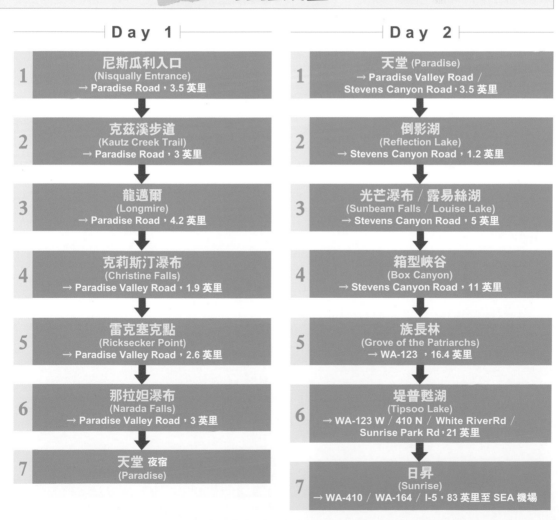

Day 1

1 尼斯瓜利入口
(Nisqually Entrance)
→ Paradise Road，3.5 英里

2 克茲溪步道
(Kautz Creek Trail)
→ Paradise Road，3 英里

3 龍邁爾
(Longmire)
→ Paradise Road，4.2 英里

4 克莉斯汀瀑布
(Christine Falls)
→ Paradise Valley Road，1.9 英里

5 雷克塞克點
(Ricksecker Point)
→ Paradise Valley Road，2.6 英里

6 那拉妲瀑布
(Narada Falls)
→ Paradise Valley Road，3 英里

7 天堂 夜宿
(Paradise)

Day 2

1 天堂 (Paradise)
→ Paradise Valley Road /
Stevens Canyon Road，3.5 英里

2 倒影湖
(Reflection Lake)
→ Stevens Canyon Road，1.2 英里

3 光芒瀑布 / 露易絲湖
(Sunbeam Falls / Louise Lake)
→ Stevens Canyon Road，5 英里

4 箱型峽谷
(Box Canyon)
→ Stevens Canyon Road，11 英里

5 族長林
(Grove of the Patriarchs)
→ WA-123，16.4 英里

6 堤普甦湖
(Tipsoo Lake)
→ WA-123 W / 410 N / White RiverRd /
Sunrise Park Rd，21 英里

7 日昇
(Sunrise)
→ WA-410 / WA-164 / I-5，83 英里至 SEA 機場

瑞尼爾山國家公園資訊

- **網址**：www.nps.gov/mora
- **開放時間**：全年。園內道路約在6月底～7月初才會全部開通
- **門票**：壯麗美國年票$80；非商用汽車每車$30 (15人以下，7天)；公園年票$55
- **設置**：1899年3月2日
- **面積**：954平方公里
- **位置**：華盛頓州中南部，西雅圖東南方
- **時區**：太平洋時區
- **最適旅遊季節**：7～9月雨雪少，最適合旅遊，也是公園遊客最多的季節。由於公園距離西雅圖僅2.5～3小時車程，週末交通經常堵塞，最好避開
- **氣候**：月平均最高溫與最低溫(℃)，請參考右頁
- **地圖**：

機場

距離最近的機場為西雅圖塔柯馬國際機場(SEA)，詳見機場篇。

自駕

從塔柯馬機場到公園西南的尼斯瓜利入口(Nisqually Entrance)，取道I-5州際高速路南行，經WA-7南下，WA-706東向入園。路程80英里，約2.5小時。

遊客中心

- **天堂遊客中心(Paradise Visitor Center)**：5月初～9月底開放。提供公園資訊、展覽、書店、紀念品、速食及管理員導覽。
- **歐漢納佩考許遊客中心(Ohanapecosh Visitor Center)**：提供資訊、展覽、書店、管理員導覽。
- **日昇遊客中心(Sunrise Visitor Center)**：提供資訊、展覽、書店，販售簡餐、零食、管理員導覽。

生活機能

- **飲食**：除龍邁爾旅館餐廳及雜貨店外，公園內餐飲都有季節性，周邊城鎮有較多選擇。(請參考右頁)
- **住宿**：公園內旅館資訊請參考右頁。
  - http 訂房：www.mtrainierguestservices.com
- **露營**：公園內營地資訊請參考右頁。
  - http 訂位：www.recreation.gov

通訊

瑞尼爾公園內大部分地區手機訊號不穩定，甚至無訊號。但公園在2018年，已批准Verizon和T-Mobile在天堂遊客中心建立基地台，通訊情況應可改善。

▲ 那拉姐瀑布

▲ 族長林步道

各月分氣溫 (℃)

月分	1月	2月	3月	4月	5月	6月	7月	8月	9月	10月	11月	12月
最高溫	1.6	2.1	3.3	5.6	9.6	12.6	17.4	18.1	14.5	8.8	2.9	1
最低溫	-5.3	-5.5	-4.6	-3.4	-0.1	2.3	5.9	6.6	4.3	0.2	-4.1	-6.1

公園內餐廳

地區	餐廳	營業項目	開放時間
龍邁爾 Longmire	National Park Inn餐廳	早、午、晚餐	全年
天堂 Paradise	Paradise Inn餐廳	早、午、晚餐	5月中～10月初
	Paradise Inn Tatoosh Cafe	熱飲、快餐	5月中～10月初
	天堂遊客中心Camp Deli	披薩、三明治、湯、沙拉	6月中～10月初
日昇 Sunrise	Sunrise Day Lodge	漢堡、熱狗、三明治、湯	7月初～9月初

公園內旅館

旅館	開放時間	房間數	約略價格	備註
National Park Inn	全年	25	$132～230	-
Paradise Inn	4月底～9月底	121	$129～237	-

公園內營地

營地	開放時間	單位(個)	約略價格	備註
Cougar Rock	5月底～9月底	173	$20	水及沖水馬桶；可預訂
Ohanapecosh	5月底～9月底	188	$20	水及沖水馬桶；可預訂
White River	6月底～9月底	112	$20	水及沖水馬桶；先到先得

＊公園餐廳、旅館與營地之資訊如有異動，請以官方公告為準。本書其他國家公園亦同。

▲ 克莉絲汀瀑布

▲ 瑞尼爾山

奧林匹克國家公園
Olympic National Park

1

半島上的高山、雨林和海灘

奧林匹克國家公園不像一般公園限制在一定範圍內，公園景區大抵沿國道US-101分布，之間還有城鎮，如安吉利斯港（Port Angeles）及福克斯（Forks）。除了湖泊、溫泉，主要景點包括高山、海灘及溫帶雨林。

1788年英國海軍軍官約翰‧米亞雷斯（John Meares）初見奧林匹克山，認為必定是希臘眾神居住的宮殿，將此山命名「奧林帕斯山」（Mount Olympus）。14年之後，喬治‧溫哥華（George Vancouver）將此山繪入地圖，定名為奧林匹克山脈（Olympic Mountains）。2,432公尺高的奧林帕斯山將太平洋水氣化成雪、雨，冰雪使得山頂上的冰川終年不融，雨水則滋潤山間森林。

高山和海灘互不相望，相連的臍帶卻也剪不斷。海邊的樹幹是森林的白骨，砂石是高山被肢

解的軀體。山被冰川侵蝕後，無地容身的樹只有隨山洪跌跌撞撞地流落海河交口，海浪撫平了樹幹遍體鱗傷，讓出一部分海灘停放白骨；山石同時隨著融雪蹦蹦跳跳下山入海，一路上互相推擠，大石頭變小石頭，小石頭變砂土；海卻收容不下太多砂石，派浪將砂石送還陸地，砂石一波波堆積，海灘便一日日成長。海浪衝擊岬角，風助長威力，逐漸將岬角與陸地分離，更在海灘外的浪間形成海蝕柱（Sea Stacks）。

太平洋濱，冬雨夏霧及年平均逾300公分的雨量，創造出溫帶雨林（Temperate Rain Forest）。雨林裡每寸土地都是植物，植物上還附生植物，生命與死亡、年輕與年老也在林間交錯。苔蘚攀附著大葉楓（Broad-leaved Maple）飄盪，卻不勞楓樹養育，逕自吸收陽光、水分以及空氣中的養分；倒下的西卡雲杉（Sitka Spruce）為新芽準備好生長的溫床，種子發芽長大，樹床也逐漸腐朽，朽木

瓦解後，新樹踩高蹺似的成列直立，開始另一場向下爭土地、向上爭空間的生存競爭。

　　冰川切割峽灣使奧林匹克半島與陸地漸行漸遠，卻形成獨特生態。生物學家發現，奧林匹克半島上缺少11種喀斯喀特山系慣見的哺乳動物；

1.奧林匹克山／2.薰衣草農莊／3.新月湖／4.火草／5.苔蘚走廊圓環步道／6.黑尾鹿在暴風脊上覓食

　　然而，生物學家也發現，16種野花和動物只見於奧林匹克半島上，國家公園因而被列入聯合國世界自然遺產名冊。

奧林匹克國家公園必遊景點

奧林匹克國家公園有高山、溫泉、雨林及海灘,基本上以國道101為主線,環繞半島,支線分別進入景點。景區之間還夾著不在公園範圍內的城鎮,正好提供遊客食宿。

高山 Mountains

1

暴風脊 (Hurricane Ridge)

草場環形步道 數條步道交錯

暴風脊岡步道 單程2.4公里 落差213公尺

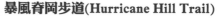

距離公園遊客中心17英里。沿Hurricane Ridge Road盤旋至暴風脊遊客中心(Hurricane Ridge Visitor Center)停車場,是觀賞奧林匹克山及冰川的最佳地點。

草場環形步道(Meadow Loop Trails)

400～800公尺的數段步道交錯,包括Cirque Rim(單程800公尺)、Big Meadow(單程400公尺)、High Ridge(環形800公尺)。初夏冰川百合(Glacier Lily)點綴山坡,對面的奧林匹克山脈仍見白雪皚皚。草場上可觀賞亞高山針葉樹,黑尾鹿慢悠悠吃草,與白靴兔(Snowshoe Hare)不期而遇。遊客中心開放期間,每天11:30及14:00有管理員導覽。

暴風脊岡步道(Hurricane Hill Trail)

從停車場驅車至路底,路邊雪崩百合覆蓋,步道沿途野花處處;登高北望,可見到與加拿大相隔的璜富卡海峽(Strait of Juan de Fuca)。

1.暴風脊遊客中心 / 2.黑尾鹿 / 3.白靴兔 / 4.冰川百合 / 5.雪崩百合

2

3

4

5

玩樂篇 奧林匹克國家公園

溫泉 Hot Springs

梭達溫泉渡假區 (Sol Duc Hot Springs Resort)

據說，曾有兩條龍鬥爭多年，撕裂的外皮飛落，成為公園裡垂掛枝椏的苔蘚。由於不分勝負各自回洞，兩龍受挫而流下的熱淚形成了溫泉。

老林圓環步道(Ancient Groves Nature Trail)

位於Sol Duc Road的9英里處，1公里環形步道可觀賞原生林自然景觀。

梭達瀑布(Sol Duc Falls)

位於Sol Duc Road路底，單程1.3公里，可觀賞瀑布。

海灘 Beaches

國家公園西邊海岸線約為70英里，沿線海灘散布漂流木、海蝕柱；潮間帶的潮汐池(Tide Pools)，在低潮時更是色彩繽紛，生意盎然。奧林匹克半島的太平洋沿岸海灘，以瑞亞投海灘(Rialto Beach)及卡拉羅海灘(Kalaloch Beach)最精采。走訪海灘最好在遊客中心查詢潮汐表(Tide Chart)，以掌握漲潮、落潮時間，並保障安全。

瑞亞投海灘 (Rialto Beach)

步道 單程2.4公里
可行走到海蝕洞及潮汐池

漂流木和海蝕柱外，瑞亞投海灘外還有一處海蝕洞(Hole-in-the-Wall)。海蝕洞在低潮時較易前往，周圍的潮汐池也最吸引遊客。

卡拉羅海灘 (Kalaloch Beach)

就在US-101號國道旁，離海灘約300公尺。在抵達卡拉羅前，可見紅寶石灘(Ruby Beach)錯落的樹幹殘骸，與海中頑固抵拒海浪的海蝕柱遙望，染著夕照的海水親吻著沙灘圓渾的卵石都是美景天成；4號海灘(Beach 4)退潮時分，海葵、海星、海膽組成的潮汐池也相當有趣。

瑞亞投海灘

➡ 從US-101轉WA-110西行，遇叉路可到莫拉(Mora)的瑞亞投海灘，行車單程約14英里

🕐 夏季期間(6/1～9/2)週五～日，08:00～16:30公園管理員站(Mora Ranger Station)開放

卡拉羅海灘

🕐 卡羅拉海灘管理員站的開放時間為5/15～6/23週四～六，6/24～9/30每天09:00～17:00。開放時的週四～日有潮汐池導覽，時間因潮汐而異

1.潮汐池 / 2.海蝕柱 / 3.漂流木

苔蘚走廊圓環步道
1.3公里

侯雨林

⊙ 侯雨林遊客中心開放的週六、日14:00，有管理員導覽

HOH
VISITOR
CENTER
ELEVATION 573'

1.道格拉斯冷杉 / 2,3.溫帶雨林 / 4.鮭莓 / 5.香蕉蛞蝓 / 6.苔蘚走廊步道(Hall of Mosses Trail)

溫帶雨林 Temperate Rainforests

侯雨林 (Hoh Rainforest)

行走於步道間，滿眼盡是深淺參差的綠色。太平洋提供西北沿岸充沛水氣，滋養雲杉（Spruce）、鐵杉（Hemlock）、道格拉斯冷杉（Doulas Fir）、美西側柏（Western Red Cedar）成林，並營造層層綠蔭。針葉林下是闊葉樹，以大葉楓、藤楓（Vine Maple）、赤楊（Alder）為主；苔蘚依附樹身存活，形成溫帶雨林特殊景觀。闊葉林下是灌木叢，常見鮭莓；最底層的綠色由蕨類，尤其是劍蕨（Sword Fern）渲染。倒地的針葉樹成為苗床（nurse logs），培養併排成列的新樹，也是溫帶雨林另一特色。行走間不妨尋覓太平洋西北地區特產的「香蕉蛞蝓」（Banana Slugs），以膚色如香蕉而得名，身長可達25公分，生命期最久6年。

玩樂篇　奧林匹克國家公園

2天1夜 自駕　**行程規畫**

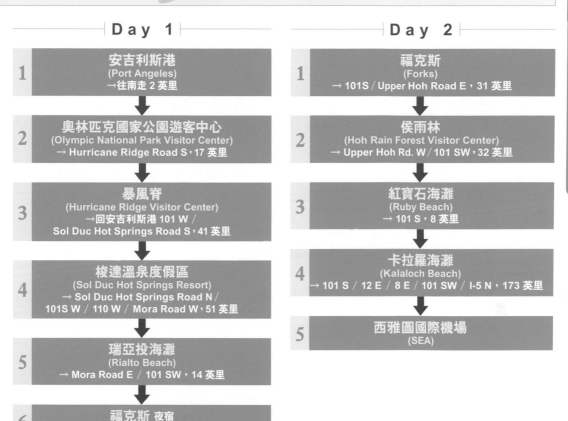

Day 1	Day 2
1 安吉利斯港 (Port Angeles) →往南走 2 英里	**1** 福克斯 (Forks) → 101S／Upper Hoh Road E，31 英里
2 奧林匹克國家公園遊客中心 (Olympic National Park Visitor Center) → Hurricane Ridge Road S，17 英里	**2** 侯雨林 (Hoh Rain Forest Visitor Center) → Upper Hoh Rd. W／101 SW，32 英里
3 暴風脊 (Hurricane Ridge Visitor Center) →回安吉利斯港 101 W／Sol Duc Hot Springs Road S，41 英里	**3** 紅寶石海灘 (Ruby Beach) → 101 S，8 英里
4 梭達溫泉度假區 (Sol Duc Hot Springs Resort) → Sol Duc Hot Springs Road N／101S W／110 W／Mora Road W，51 英里	**4** 卡拉羅海灘 (Kalaloch Beach) → 101 S／12 E／8 E／101 SW／I-5 N，173 英里
5 瑞亞投海灘 (Rialto Beach) → Mora Road E／101 SW，14 英里	**5** 西雅圖國際機場 (SEA)
6 福克斯 夜宿 (Forks)	

▲ 沿路但見苔蘚垂掛枝枒

▲ 新樹在老樹枝上，從小苗長成一列大樹

奧林匹克國家公園資訊

- **網址**：www.nps.gov/olym
- **開放時間**：公園全年開放，但部分道路會因天候關閉
- **門票**：壯麗美國年票$80；非商用汽車每車$30 (15人以下，7天)；公園年票$55
- **設置**：1938年6月29日
- **面積**：3,733.8平方公里
- **位置**：美國太平洋岸西北角，華盛頓州奧林匹克半島(Olympic Peninsula)
- **時區**：太平洋時區
- **最適旅遊季節**：高山帶夏季較易行車，11/1～4/1上山必備雪鏈，冬季活動查詢網址www.hurricaneridge.com。溫帶雨林及海濱全年均可遊覽。如果對賞花有興趣，7～8月間可順道走訪史魁恩(Sequim)的薰衣草農莊
- **氣候**：月平均最高溫與最低溫(℃)，請參考右頁
- **地圖**：

機場

距離最近的機場為西雅圖塔柯馬國際機場(SEA)，詳見機場篇。

自駕

從機場到公園入口主要城鎮安吉利斯港(Port Angeles)，可取道5號州際公路往南，轉WA-16、WA-3、WA-104西北行，接上US-101國道西向，行程129英里，約2.5小時。

遊客中心

- **奧林匹克國家公園遊客中心(Olympic National Park Visitor Center)**：全年開放(感恩、聖誕節除外)，提供公園資訊、展覽、書店。
- **暴風脊遊客中心(Hurricane Ridge Visitor Center)**：5月中～10月中開放，提供資訊、展覽、書店、導覽。
- **侯雨林遊客中心(Hoh Rain Forest Visitor Center)**：5月底～9月初每天開放，此外僅週末開放，1～2月關閉。提供資訊、展覽、書店。

生活機能

- **飲食**：公園內餐飲多由旅館經營，國道US-101沿線城鎮有較多選擇。(請參考右頁)
- **住宿**：公園內旅館資訊請參考右頁。
  http 訂房：www.olympicnationalparks.com
- **露營**：公園內營地資訊請參考右頁。
  http 訂位：www.recreation.gov

通訊

國家公園內基本上，訊號不佳或沒有訊號，而周邊的城鎮，例如Sequim、Port Angeles、Forks，手機或無線網路都能使用。

▲ 國家公園內野花繁多

玩樂篇　奧林匹克國家公園

各月分氣溫 (°C)

月分	1月	2月	3月	4月	5月	6月	7月	8月	9月	10月	11月	12月
最高溫	4.8	7.2	10.2	13.8	17.5	20.1	23.2	23.4	20.3	13.8	8	5.6
最低溫	-0.5	0.2	1.2	2.3	5.6	8.1	9.9	10.5	8.6	5.1	2.1	0.4

公園內餐廳

地區	餐廳	營業項目	開放時間
Lake Crescent	Lake Crescent Lodge Restaurant	早、午、晚餐	4月底～1月初
	Log Cabin Resort Sunnyside Cafe	早、午、晚餐	全年
Sol Duc Hot Springs	Sunrise Day Lodge	早、午、晚餐	3月底～10月底
Kalaloch Beach	Creekside Restaurant	早、午、晚餐	全年
Lake Quinault	Lake Quinault Lodge Roosevelt Dining Room	早、午、晚餐	全年

公園內旅館

旅館	開放時間	房間數	約略價格	備註
Kalaloch Lodge	全年	64	$130～241	www.thekalalochlodge.com
Lake Crescent Lodge	4月底～11月底	55	$139～214	建於1915年，國家歷史建築
Lake Quinault Lodge	全年	92	$249～349	建於1926年，位於國家森林區
Sol Duc Hot Springs	3月底～10月底	32	$210～254	-
Log Cabin Resort	5月中～10月初	27	$175～212	-

公園內營地

營地	開放時間	單位(個)	約略價格	備註
Kalaloch	全年	168	$22	水、馬桶、餐桌、烤架；無電；可預訂
Sol Duc Hot Springs Resort	3月底～10月底	82	$25	水、馬桶、餐桌、烤架；無電；62個單位可預訂

＊公園餐廳、旅館與營地之資訊如有異動，請以官方公告為準。本書其他國家公園亦同。

▲ 頂針莓(Thimbleberry)

▲ 鮭莓

▲ 毛地黃(Foxglove)

內華達山脈
Sierra Nevada

內華達山(Sierra Nevada)西班牙語意即「雪山」。縱貫加州東部400英里(640公里)，寬60～80英里，極小部分跨進內華達州。山脈面積大於法國、瑞士及義大利三國的阿爾卑斯山區。**山紅杉、國王峽谷及優勝美地國家公園**都在內華達山脈範圍，海拔4,418公尺的惠特尼山(Mount Whitney)更是美國本土最高峰。

山紅杉曾經散布北半球，如今僅生長在內華達山西坡、海拔1,500～2,100公尺的土地上。自一粒麥片大小的種子，山紅杉可以長成75公尺高、樹基周圍逾30公尺、體重上千公噸的壯碩大樹。山紅杉及國王峽谷國家公園裡的兩棵大樹：薛曼將軍(General Sherman)和格蘭將軍(General Grant)，雖已歷經2,000多年的山中寒暑，卻仍舊腰桿挺直。

優勝美地是火山、地震、河川、冰川分工合作創造的藝術結晶。湖是山的鏡子，山是冰川和火山的創作，山巔冰雪融化成奔騰而下的瀑布，瀑布豐沛了河流，河畔草木繁茂，而最知名的巨石是半圓頂(左圖)。

據說，優勝美地一原住民男子到夢諾湖(Mono Lake)娶親，回程路上與新娘發生口角，新娘氣沖沖要回娘家，新郎在後追趕，新娘將手上的籃子與搖籃丟向新郎，籃子變成籃圓頂(Basket Dome)，搖籃成為了皇家拱(Royal Arches)；將怒氣帶入谷地的新人分別變成北圓頂(North Dome)及半圓頂。新娘悔恨的淚珠，彙集成鏡湖(Mirror Lake)。仔細端詳半圓頂，似乎隱約可見婦女的瀏海及殘留的淚痕。

山紅杉與國王峽谷 國家公園 Sequoia & Kings Canyon National Park

巨樹與深谷

　　山紅杉（Sequoia）是地球上材積最大的樹，山紅杉國家公園的設置，即為保護山紅杉。

　　國王峽谷國家公園葛蘭林區（Grant Grove）其實是最早受保護的山紅杉區，因保護範圍一再擴大，因而另外成立山紅杉國家公園，以保護巨杉林（Giant Forest）的成群巨杉。兩處公園中間還夾著山紅杉國家森林（National Forest）。

　　除了山紅杉，促成兩處公園設置的自然學家約翰‧穆爾（John Muir）認為，國王峽谷可與他最鍾愛的優勝美地媲美。

　　國王峽谷沿著國王河(Kings River)延伸，峽谷同樣由冰川鑿成U型谷地，剝蝕的花岡岩拔地而起，形成崗哨、圓頂，而冰磧石堰塞的湖已變成草場；冰川的雕鑿功力，更顯示在峽谷的深度。西班牙山巔（Spanish Mountain，3,064公尺）到國王河河面，峽谷深達2,500公尺，遠遠超過亞歷桑那州的大峽谷，成為北美最深的峽谷。

　　國王峽谷的美，可能不在山高谷深，而在峽谷崖壁的顏色和花紋。內華達山脈因造山運動舉起的岩石，主要是在地殼內冷卻的火成岩，如花崗岩；但地底的壓力和高溫，能改變岩石結構，造成變質岩，譬如大理石。山紅杉和國王峽谷數百個岩洞，多是海底沉積的石灰岩質變成為大理石並經侵蝕形成；而在河畔路旁行車，不經意就會錯過天然的大理石屏風。

1.國王峽谷 / 2.峽谷崖壁 / 3.山紅杉國家公園水晶洞 / 4.山紅杉國家公園隧道木 / 5.參天巨杉 / 6.大理石屏風

玩樂篇 山紅杉與國王峽谷國家公園

🟤 豆知識

山紅杉 Sequoia

百年對山紅杉僅像是一眨眼，種子冒芽幾百年後，樹頂變圓；上千年後，圓頂變禿。頂著童山濯濯，山紅杉還是生機蓬勃。

縱使威風八面，長壽千年，大樹傳宗接代卻頗不容易。成熟的山紅杉，每年結實上千，小雞蛋大的毬果裡，包藏著數百粒種子；每粒種子小如燕麥，靠著一對薄翅傳播生命，百萬粒種子，也可能只有一株存活。

蟲、鼠及火，在大樹延續生命上扮演關鍵角色。小蛀蟲產卵在果實裡，孵化的幼蟲鑽洞切斷供水，果實乾燥後裂開，種子才得落地。栗鼠一面啃果實，一面將種子散落；採集收藏卻忘記食用的果實，也會乾枯迸裂，讓種子出頭。森林大

火不但燒乾果實，釋放種子，更焚化殘枝落葉，開放更多陽光照射的空間，為種子準備好發芽的溫床。

年輪記載了山紅杉的滄桑。年輪窄，表示乾旱苦冬；年輪寬，代表雨雪豐沛；一個個疤痕，記錄一次次森林火災，也寫下大樹自己療傷的歷程。

除了人類砍伐，山紅杉幾乎沒有致命天敵。火燒後，山紅杉會帶著傷痕繼續生長；厚重的樹皮，是山紅杉百毒不侵的甲冑；只有被狂風暴雨連根拔起，山紅杉才會倒地，也才暴露出淺根的脆弱。即使摔倒，山紅杉還會堅持躺在森林裡上百年，待雨雪沖刷去表皮防腐的單寧酸，才逐漸腐朽。

走訪山紅杉及國王峽谷國家公園的幹道，分別是加州CA-198及CA-180公路。198州道在山紅杉公園內也稱作「將軍高速路」(Generals Highway)；180州道又名「國王峽谷景觀道路」(King's Canyon Scenic Byway)。

兩處公園中間隔著山紅杉國家森林(Sequoia National Forest)，但是行車其間，界線並不明顯，感覺兩處公園相連。

1

1.山紅杉國家公園指標／2.隧道石／3.客居石

198 州道 (CA-198) 沿線

隧道石 / 客居石 (Tunnel Rock / Hospital Rock)

自國家公園西南方的山腳遊客中心(Foothills Visitor Center)往東北行，隧道石和客居石陸續出現。1930年代，進入巨杉林區道路會先通過隧道石，90年代拓寬道路後已避開它。客居石附近曾是原住民營地，如今仍見碾磨橡實的石臼及早期留下的岩畫。經過客居石之後，道路彎曲難行，會先遇到往西北走訪水晶洞(Crystal Cave)的叉路，後面的叉路向東南則前往新月草場(Crescent Meadow)。

2

3

叉路 1：Crystal Cave Road
叉路到水晶洞停車場 6.5 英里，道路曲折。

水晶洞 (Crystal Cave)

步道 單程1.6公里
(停車場到洞口+洞內)

山紅杉及國王峽谷國家公園存在上百個大理石岩洞，僅水晶洞每年

5月底～9月底開放參觀，提供歷時50分鐘的洞內導覽。水晶洞內恆溫10°C（50°F），散布著石筍、石鐘乳和石柱。

水晶洞

http www.recreation.gov

ℹ 3～9月可上網訂票，或當日在山腳及黑松遊客中心(Lodgepole Visitor Center)購買。洞口不售票

叉路2：Crescent Meadow Road

2.6 英里叉路串起景點及步道。途中的派克樹群 (Parker Group) 相當可觀。道路週末、假日不准自用車通行，只能搭乘灰線穿梭車或步行進入。

1,2.水晶洞 / 3.莫洛石 / 4.新月草場 / 5.巨杉林博物館

莫洛石 (Moro Rock)

步道 從停車場來回800公尺 350石階

　公園裡醒目的獨石，頂端在海拔2,050公尺，登頂視野高遠。

新月草場 (Crescent Meadow)

環形步道 3.2公里

　800公尺長的草場中小溪蜿蜒，春夏之交野花點綴，偶見野生動物出沒。若有時間，南向接上高山步道(High Sierra Trail)，步行單程1.6公里，抵達鷹眼(Eagle View)往東望，可見群山矗立。

隧道木 (Tunnel Log)

　道路尾端，一株1937年12月倒地的山紅杉，被切開2.5公尺高的洞口，成為汽車能通過的隧道。隧道木高84公尺，基部直徑7.3公尺，顯示紅杉高大粗壯而且倒地不死的特質（見P.103圖4）。

巨杉林博物館 (Giant Forest Museum)

　山紅杉國家公園和公園內穿梭車（綠線、灰線）的起、終點。館內展覽山紅杉及國王峽谷公園生態。

1,2.薛曼將軍樹 / 3.國會步道

圓草場 (Round Meadow)

巨杉林博物館北面的大樹步道(Big Trees Trail),是公園裡最易行走的步道,道旁有文字解說山紅杉生態。

薛曼將軍樹 (General Sherman Tree)

巨杉林區裡最威風的樹,是逾2,700歲的薛曼將軍樹。薛曼將軍於1879年被詹姆士・沃佛頓(James Wolverton)發現,1975年體檢時即以身高近85公尺,體重逾1,250公頓,樹基部周圍30餘公尺、直徑1公尺,睥睨群雄,而今似乎老當益壯。1885~1890年間,社會主義激進分子曾經占據巨杉林,當時薛曼將軍樹被命名馬克斯(Karl Marx)。

從Wolverton Road的薛曼將軍停車場下行約800公尺,即可抵達薛曼將軍樹。回程上坡較爲吃力,在園內穿梭車行駛的季節,可先走到大路邊的身障停車站,再搭穿梭車回停車場。從薛曼將軍樹可繼續前行,進入國會步道。

國會步道 (Congress Trail)

山紅杉國家公園內最精采的步道,山紅杉生態盡陳。哈定總統樹(The President)與「希括亞酋長樹」(Chief Sequoyah,爲發明文字的印地安酋長),粗壯程度不相上下;麥金萊總統(McKinley)也立足其間。參議院(The Senate Group)、眾議院(The House Group)兩叢精英薈萃,也向立法保護山紅木的國會議員致意。

玩樂篇 山紅杉與國王峽谷國家公園

180 州道 (CA-180) 沿線

葛蘭林 (Grant Grove) 　環形步道 500公尺

葛蘭林停車場一邊是群聚的「快樂家族」
(The Happy Family)，對面相望的是「雙胞姐妹」
(Twin Sisters)，步道上「李將軍樹」(General
Lee Tree)伴著「倒地樹王」(Fallen Monarch)，
而林區最著名的巨杉為「葛蘭將軍樹」(General
Grant Tree)。多株巨杉以州命名，還保留1872年
伐木人建立的小木屋。

葛蘭將軍樹 (General Grant Tree)

葛蘭林區台柱，在內華達山的山紅杉中高度
僅次於薛曼將軍樹排名第二，1926年成為「國家
聖誕樹」，社區人士每年都會聚集在葛蘭將軍樹
下慶祝聖誕；1956年，艾森豪總統宣布葛蘭將軍
樹為紀念陣亡將士忠烈祠(National Shrine)。可上
台階繞到將軍樹後面，檢視將軍被火燒的傷疤。

倒地樹王 (Fallen Monarch)

在1890年公園設立之初，即已跌落現址，公
園僱員把中空的大樹當成營區及餐廳使用，騎兵
也曾設馬廄，樹王至今似乎還無意退位。

1.快樂家族 / 2.李將軍樹 / 3.雙胞姊妹 / 4.葛蘭將軍樹 / 5.
國王峽谷國家公園門牌 / 6.倒地樹王

百年基根 (Centennial Stump)

1876年，美國獨立百年慶祝會在費城舉行時，有兩人費了9天砍下一株山紅杉，將部分外皮送往參展，東部民眾都不相信有如此大的樹，譏稱為「加州謊言」(California Hoax)，如今被砍下的大樹樹基，還保留在葛蘭林區。

翠柏林 (Cedar Grove)

接近180號州道盡頭。翠柏林少見山紅杉，西黃松(Ponderosa Pine)與黑橡樹(Black Oak)卻更普遍，沿河可見楊、柳及木棉。經過吊橋繞行祖沃特草場(Zumwalt Meadow)，濕地邊緣的圓頂石見證了冰川足跡。

轟鳴河瀑布 (Roaring River Falls)

侵蝕不去堅硬的花崗岩，轟鳴河在石隙間轉折尋覓出路，最終還是下躍25公尺入池，再匯入國王河南支。

祖沃特草場 (Zumwalt Meadow)

草場因冰磧石阻斷河流形成，行走步道可見周圍由冰川雕鑿的巨石，也能路過岩石上鑿出的臼，看到原住民生活的遺跡。

1.百年基根 / 2.翠柏林吊橋 / 3.轟鳴河瀑布 / 4.祖沃特草場

🌰 豆知識

處方火 Prescribed Fire

行經公園道路，路旁偶爾會見告示：「前有處方火，請不要報警」(Prescribed Burn Ahead Do Not Report)。什麼是處方火呢？

往昔的森林火災都要防止或撲滅，1960年代以後，國家公園發現適當的「縱火」，可以清理地面，讓更多陽光進入，也協助釋出種子，因此實施人為控制的「處方火」，使森林重新恢復生機。

玩樂篇　山紅杉與國王峽谷國家公園

2天1夜
自駕
行程規畫

┤ Day 1 ├

1 加州維塞里亞
(Visalia, CA)
→ 198 E，35 英里

2 灰山入口
(Ash Mountain Entrance)
→ 198 NE，1.1 英里

3 山腳遊客中心
(Foothills Vistor Center)
→ 198 NE，1.3 英里

4 隧道石
(Tunnel Rock)
→ 198 NE，3.7 英里

5 客居石
(Hospital Rock)
→ 198 NE，8.2 英里

6 水晶洞岔路
(Crystal Cave Road Junction)
→ NW，6.6 英里

7 水晶洞
(Crystal Cave)
→ Crystal Cave Road / 198 NE，8.8 英里

8 巨杉林博物館
(Giant Forest Museum)
→ Moro Rock / Crescent Meadow Road，來回 5.2 英里

9 莫洛石 / 新月草場
(Moro Rock / Crescent Meadow Road)
→ 198 NE，2.2 英里

10 薛曼將軍樹停車場
(General Sherman Tree Parking Lot)
→ 198 NE / Wolverton Road，1.7 英里

11 薛曼將軍樹步道起點
(General Sherman Trailhead)
→ 198 NE，2.9 英里

12 黑松村或伍薩奇旅館 夜宿
(Lodgepole Village or Wuksachi Lodge)

┤ Day 2 ├

1 黑松村或伍薩奇旅館
(Lodgepole Village or Wuksachi Lodge)
→ 198 NW，23.8 英里

2 198 &180 交會口
(198 &180 Junction)
→ 180 N，1.9 英里

3 葛蘭林
(General Grant Grove)
→ 180 NE，30 英里

4 翠柏林
(Cedar Grove Village)
→ 180 E，2.5 英里

5 轟鳴河瀑布
(Roaring River Falls)
→ 180 E，2 英里

6 祖沃特草場
(Zumwalt Meadow Trail)
→ 180 W，33.5 英里

7 葛蘭林村
(Grant Grove Village)
→ 180 W，56 英里

8 加州佛雷斯諾
(Fresno, CA)

山紅杉及國王峽谷國家公園資訊

■ **網址**：www.nps.gov/seki
■ **開放時間**：公園全年開放，冬季風雪斷路會暫時關閉
■ **門票**：壯麗美國年票$80；非商用汽車每車$35 (15人以下，7天)；公園年票$70
■ **設置**：山紅杉1890年9月25日；國王峽谷1940年3月4日
■ **面積**：山紅杉1,635平方公里；國王峽谷1,869平方公里
■ **位置**：加州中部內華達山脈，海拔450～4,420公尺
■ **時區**：太平洋時區
■ **最適旅遊季節**：由於海拔較高，山路彎曲，較安全的旅遊季節在5～9月
■ **氣候**：月平均最高溫與最低溫(℃)，請參考P.112
■ **地圖**：

遊客中心

【山紅杉國家公園】
■ **山腳遊客中心(Foothills Visitor Center)**：全年08:00～16:30開放。
■ **巨杉林博物館(Giant Forest Museum)**：9月初～5月底08:00～16:30，其他日期09:00～18:00開放。

■ **黑松遊客中心(Lodgepole Visitor Center)**：5月底～9月初07:00～16:30。

【國王峽谷國家公園】
■ **國王峽谷遊客中心(Kings Canyon Visitor Center)**：5月底～9月中08:00～7:00；10月底～12月底09:00～16:00；1～3月中10:00～15:00。
■ **翠柏林遊客中心(Cedar Grove Visitor Center)**：6月初～9月初09:00～17:00。

交通

山紅杉及國王峽谷國家公園交通資訊請見右頁。

生活機能

■ **飲食**：山紅杉及國王峽谷公園飲食設施不多，也多靠近旅館及遊客中心；巨杉林的黑松遊客中心及葛蘭林村設有雜貨店(請參考P.112)。公園外飲食，可在官網nps.gov/seki查詢。
■ **住宿**：公園內旅館資訊請參考P.112。
　🌐 訂房：www.visitsequoia.com
■ **露營**：公園內營地資訊請參考P.112。
　🌐 訂位：www.recreation.gov

通訊

■ **手機及無線網路**：國家公園內手機訊號微弱或無訊號。最好用紙本地圖，不能依賴GPS。無線網路只在Wuksachi Lodge前廳及Grant Grove Village Market可連線。
■ **公共電話**：山腳、黑松遊客中心及葛蘭林村、翠柏林村有付費公用電話。
■ **郵局**：黑松遊客中心及葛蘭林村有郵局，但週末與假日不營業。

國王峽谷國家公園交通

自駕

■ **舊金山(San Francisco)出發**：距離250英里(402公里)。取道I-80／I-580／I-205一路東行，接上I-5往北，再接CA-120東向，遇CA-99往南，由133B出口，接上CA-180東向，由Big Stump入口入園。
■ **佛雷斯諾(Fresno)出發**：距離60英里(97公里)。取道CA-180東向，從Big Stump入口入園。
■ **從優勝美地國家公園出發**：距離130英里(209公里)。取道CA-41南向往佛雷斯諾，在128出口接上CA-180往西，轉CA-180往東，由Big Stump入口入園。

山紅杉國家公園交通

公共交通

■ **灰狗巴士**：從洛杉磯到維塞里亞(Visalia)有灰狗巴士往來，車程4～4.5小時。在維塞里亞交通中心(Transit Center)，可轉乘穿梭車往山紅杉國家公園。http www.greyhound.com。

■ **山紅杉國家公園穿梭車**：5月底～9月初，有穿梭車從維塞里亞及鄰近小鎮旅館往來巨杉林博物館。抵達巨杉林博物館後，即可搭乘山紅杉國家公園內免費穿梭車遊園。園外穿梭車可載16人，每天06:00～10:00每小時一班入園，14:30～18:30每小時一班返回旅館。來回$20，包括入園門票，座位須預訂。http 訂位：www.sequoiashuttle.com。

自駕

■ **維塞里亞(Visalia)出發**：距離36英里(58公里)。取道CA-198往東，由Ash Mountain Entrance入口入園。

■ **洛杉磯(Los Angels)出發**：距離225英里(362公里)。取道I-5北向，轉CA-99續北行，在96號出口接CA-198東向經維塞里亞，由Ash Mountain Entrance入口入園。

公園內交通

5月底～9月初，山紅杉國家公園景點間行駛免費穿梭車。每天08:00～18:30，4條路線分別停靠景點、步道、旅館及營地(見下圖)。http www.sequoiashuttle.com

穿梭車路線圖

免費穿梭車搭乘資訊

路線號碼	起點	停經點	行駛時間
1. 綠線	巨杉林博物館	薛曼將軍樹(國會步道)／Lodgepole黑松營地／遊客中心(土寇帕瀑布步道Tokopal Falls)	約15分鐘
2. 灰線	巨杉林博物館	莫洛石／新月草場／隧道木	約20分鐘
3. 紫線	Lodgepole黑松營地／遊客中心	Wuksachi伍薩奇旅館／Dorst營地	約20分鐘
4. 橙線	薛曼將軍樹步道及停車場	薛曼將軍樹／Wolverton	約15分鐘

各月分氣溫 (℃)

月分	1月	2月	3月	4月	5月	6月	7月	8月	9月	10月	11月	12月
最高溫	6	7	8	11	14	20	24	24	22	16	10	7
最低溫	-4	-4	-3	-1	2	7	11	10	7	3	-1	-3

＊本表溫度為Giant Forest、Lodgepole與Grant Grove平均溫；Foothills於6～9月最高均溫在32～36℃之間，10～4月最低均溫在
10℃以下。

公園內餐廳

地區	餐廳	營業項目	開放時間
Giant Forest (山紅杉國家公園)			
Wuksachi Lodge	The Peaks Restaurant	早餐自助餐、午餐、晚餐	全年
Lodgepole	Lodgepole Café	三餐，漢堡、三明治、熱狗、沙拉	全年
Grant Grove (國王峽谷國家公園)			
Grant Grove Village	Grant Grove Restaurant	三餐，三明治、披薩、沙拉	全年
Cedar Grove Village	Cedar Grove Snack Bar	三餐，漢堡、三明治、熱狗、沙拉	5月初～10月中

公園內旅館

旅館	開放時間	房間數	約略價格	備註
Wuksachi Lodge	全年	102	$175～219	位於山紅杉國家公園
John Muir Lodge	全年	36	$146～174	位於國王峽谷國家公園
Grant Grove Cabins	全年	49	$98～166	位於國王峽谷國家公園
Cedar Grove Lodge	5月初～10月中	21	$147～174	位於國王峽谷國家公園

＊兩個國家公園中夾著山紅杉國家森林，設有Montecito Sequoia Lodge(🕮www.mslodge.com)及Stony Creek Lodge(🕮sequoia-
kingscanyon.com)旅店。方圓30英里內的住宿設施，可在官網查詢 🕮nps.gov/seki。

公園內營地

營地	開放時間	單位(個)	約略價格	備註
Giant Forest (山紅杉國家公園)				
Lodgepole	4月中～11月底	214	$22	水及沖水馬桶，可預訂**，5～9月穿梭車停靠
Dorst Creek	6月底～9月初	218	$22	沖水馬桶，可預訂，5～9月穿梭車停靠
Grant Grove (國王峽谷國家公園)				
Azalea	全年	110	$18	水及沖水馬桶，先到先得
Sunset	5月底～9月初	157	$22	水及沖水馬桶，可預訂
Crystal Spring	5月底～9月初	50	$18	水及沖水馬桶，先到先得
Cedar Grove (國王峽谷國家公園)，營地都在Cedar Grove Village附近，有餐館、淋浴、洗衣設施				
Sentinel	4月底～11月中	82	$22 / 18	5月底～9月初可預訂，水及沖水馬桶
Sheep Creek	5月底～9月中	111	$18	水及沖水馬桶，先到先得
Moraine	5月底～9月初	121	$18	水及沖水馬桶，先到先得

＊公園營地都附有防熊儲藏鐵櫃，所有有氣味的食物或用品，都必須放入儲藏櫃。

＊＊Lodgepole黑松營地於前一年的12/1開放預訂，可預訂半年後的營地。

＊公園餐廳、旅館與營地之資訊如有異動，請以官方公告為準。本書其他國家公園亦同。

玩樂篇 山紅杉與國王峽谷國家公園

順道遊

佛雷斯諾花道
Fresno Blossom Trail

http www.goblossomtrail.com

每年2月下旬～3月中，通往山紅杉及國王峽谷國家公園的道路（CA-99/63/180）兩旁，杏仁、杏花及桃花、李花盛開。

花道所在的聖瓦金谷地（San Joaquin Valley），是加州最主要的水果產地。2月，當暖風吹進谷地，杏仁最先聽到風的腳步，揉揉眼，趕忙綻放半醒猶睡間醞釀好的花苞；一眨眼，粉紅的花浪，便在藍天綠茵間追逐。

也許是春風的柔情，也許是狂蜂喧鬧，李樹緊跟著悠悠轉醒。不擦胭脂，只撲白粉，夾道的春意隱約滲入粉香。小白花一簇簇顫危危地擠在枝頭，生怕春風吹亂粉妝；藍天襯底，任意便可剪裁成寶藍粉白的花襖。

貪戀春風懷抱，俟春陽曬紅臉頰，桃花才不情願地醒來。一身豔紅，立即引來翩翩彩蝶；蝶花

共舞，搶去杏花丰采，更讓李花落英繽紛。

果樹迎春的熱情只燃燒2、3週，蜜蜂嗡嗡聲減弱後，彩蝶也不再戀愛花朵；滿地繽紛落花，逐漸化作春泥，準備孕育來年春意。

1.李花 / **2.**杏仁花 / **3.**桃花

優勝美地國家公園
Yosemite National Park

紅杉、巨石、飛瀑

19世紀中葉，在內華達山山腳下發現黃金，加州一夕間變成移民眼中的黃金州。對自然學家約翰・穆爾來說，內華達山的寶藏不是黃金，而是山上的湖、河、瀑布、草場、森林及峽谷，他尤其鍾愛巨石。穆爾說：「自然選擇了最珍貴的資產，並以山作為蒐藏的殿堂。沒有手工構築的殿堂能與優勝美地媲美，每塊石壁上都生機盎然。」

巨石、瀑布、山紅杉是優勝美地國家公園三寶。優勝美地瀑布是世界最高瀑布之一，春末融雪時，公園裡處處飛瀑：佛農及內華達瀑布迫不及待地宣洩美熹德河（Merced River）蠢動的春心；新娘面紗瀑布不時用彩虹妝飾白紗；絲帶與馬尾瀑布不再憋屈，懸掛酋長石上高調展現丰采。酋長石是頂天立地的花崗岩獨石；半圓頂則隨著安賽爾・亞當斯（Ansel Adams）的照片傳播，早已家喻戶曉；近3,000歲的山紅杉「灰熊」（Grizzly Giant）就生長在美麗波沙林區。聯合國教科文組織於1984年認定優勝美地國家公園為世界自然遺產。

1.田納亞湖／2.酋長石／3.拓荒者馬車驛站／4.提歐加路隘口(Tioga Pass)／5.優勝美地瀑布是世界最高瀑布之一／6.土瓦洛米草場(Tuolumne Meadows)

玩樂篇 優勝美地國家公園

2

3

4 5

🔊 **豆知識**

山提歐加路與瓦沃納路 Tioga Road & Wawona Road

提歐加路是東西貫穿優勝美地國家公園的道路，從谷地遊客中心取道提歐加路至李維寧(Lee Vining)，距離76英里(122公里)。

這條公路沿途風景優美，因為海拔較高，多數時候積雪，只能在6月初～11月初通車。但在1882～1883年的冬季，一群華工卻在雪地裡花了4個半月，一鍬一鏟地完成公路開鑿。開通之初，稱作大山馬車道(Great Sierra Wagon Road)，全長56英里(90公里)，目的在運輸開採的銀礦。

公園內由華工開鑿的另一條道路，是從美麗波沙(Mariposa)通往優勝美地谷地的瓦沃納路。1874～1875年冬季，同樣耗費4個半月，是華工以近乎純手工打造完成的23英里(37公里)通路。

1848年，內華達山腳發現黃金，吸引大批淘金客。當時中國內部發生太平天國之亂及飢荒，東南沿海一些居民，被迫漂洋過海討生活，也加入淘金行列。但黃金淘盡，政府又對外國淘金客徵收嚴苛人頭稅，部分華人移民，因而轉入山區打工，成就了如今優勝美地國家公園兩條主要道路。

自西向東前往優勝美地的CA-120州道上，至今還存在的小鎮「華人營」(Chinese Camp)，即是1850年代華人淘金客的聚居地，如今已不見華裔居民。

優勝美地國家公園必遊景點

進入公園有4條道路，西邊可經CA-120及CA-140，北邊貫穿公園東西為提歐加路，南邊入口為瓦沃納路。園內有三處山紅杉森林，南門入口旁的美麗波沙林區約有500株，最壯觀也方便遊覽。順著瓦沃納路過隧道到谷地，道路分美熹德河南北岸，因不少單行道，加上停車位有限，最好搭乘穿梭車遊覽。接上提歐加路往東，可見翁姆史德點、田納亞湖等。

5

1

1.美麗波沙步道起點／2.倒地樹王／3.一男三女／4.加州隧道樹／5.翁姆史德觀景點的大花崗岩

山紅杉林 Sequoia Groves

美麗波沙林區 (Mariposa Grove)

美麗波沙林區生長著約500株山紅杉，約於1857年被發現。欲意保護紅杉的有志之士，促使林肯總統於1864年將紅杉與優勝美地谷劃歸政府保護，也萌芽設立國家公園的概念。2018年6月15日，經過三年整修，美麗波沙林區重新開放，遊客可從林區步道起點（Grove Arrival Area），沿著步道走進巨杉森林。比較容易行走的步道包括大樹圓環步道（Big Trees Loop Trail），和灰熊圓環步道（Grizzly Giant Loop Trail）。

單邊240公尺的大樹步道，欣賞重點為已倒地數百年仍頑強拒絕腐朽的「樹王」（Fallen Monarch）。從樹王接上灰熊步道繼續前行，約500公尺可見「一男三女」（Bachelor and Three Graces）；再上行500公尺即見矗立近3,000年的「灰熊」。往前走遇叉路，往下約100公尺，可抵達加州隧道樹（California Tunnel Tree）。從加州隧道樹原路折返，路程約1.3公里；若穿過隧道返回步道起點穿梭車站，約2公里。

美麗波沙林區穿梭車

ℹ 約4月中～11月初運行。這期間，自用車都須停放迎客廣場（Welcome Plaza）。非營運時，若道路及林區開放，可驅車上林區步道起點（停車位有限）；否則須行約4公里才能抵達步道起點。

2

3

4

玩樂篇　優勝美地國家公園

人文歷史 Historical Sites

拓荒先民歷史中心 (Pioneer Yosemite History Center)

拓荒者於1860年代進入優勝美地谷地墾殖，也成為開創當地旅遊的先鋒。瓦沃納遊客中心（Wawona Visitor Center）旁邊的拓荒先民歷史中心，蒐集了當時的木屋建築，包括驛站、登山客小屋和運載遊客的馬車；跨越美熹德河上的廊橋，透露拓荒者對東部老家的懷念；華工留下的板車，見證他們辛勤的身影。

老村落 (Old Village)

往昔優勝美地谷地的聚落中心，曾一度在今日的庫克草場（Cook's Meadow）。草場周圍的老村落，錯落分布著旅館、驛站、雜貨店、照相館、酒吧及澡堂；草場上放牧的牛羊，提供肉類與奶品。如今，老村落已不見蹤跡，只存留建於1879年的教堂，週日的禮拜還在進行。

原住民文化園 (Indian Cultural Exhibit)

原住民是谷地的最初居民，谷地遊客中心旁的小園區，展示原住民的住所及生活。

觀景點 Viewpoints

瓦絮本點 (Washburn Point)

抵達冰川點前會先經過瓦絮本點。瓦絮本兄弟於1870～1880年代，便從瓦沃納的旅館，嚮導旅客到冰川點觀景。從瓦絮本點只能看到半圓頂的側影，美熹德河從發源地一路沖刷下谷地，在山壁上曲折刻鑿的內華達瀑布（Nevada Fall）及佛農瀑布（Vernal Fall）清晰可見。

冰川點 (Glacier Point)

冰川點路（Glacier Point Road），盤旋上升16英里到達海拔2,199公尺的冰川點。站在頂點，與半圓頂幾乎面對面，腳下寬1.6公里、長11公里的谷地一覽無遺；遙望佛農及內華達瀑布一水如帶，並與優勝美地瀑布（Yosemite Fall）相互呼應。

隧道觀景點 (Tunnel View)

取道瓦沃納路北向，一出隧道便是隧道觀景點。眼前豁然開朗，酋長石、教堂石（Cathedral Rocks）、崗哨石（Sentinel Rock）、半圓頂沿著谷地挺立，新娘面紗瀑布（Bridalveil Fall）也來入畫。

谷地觀景點 (Valley View)

這是出公園前臨溪的回眸一瞥。美熹德河流水潺潺，河北面是酋長石和絲帶瀑布（Ribbon Fall），南邊教堂石和崗哨石隔水對峙，新娘面紗瀑布垂掛山巔。

翁姆史德觀景點 (Olmsted Point)

位在提歐加路上。費德瑞克・羅・翁姆史德（Frederic Law Olmsted）是知名的地景建築師，他的山紅杉和優勝美地報告，促成優勝美地受到國家保護。從翁姆史德觀景點，可踩在冰川打磨過的大花崗岩上，觀賞從岩縫中倔強存活的松柏；也能用望眼鏡搜索攀爬半圓頂的遊客。

1.優勝美地瀑布
2.隧道觀景點
3.皇家拱圓頂石
4.谷地觀景點
5.翁姆史德觀景點

玩樂篇 優勝美地國家公園

巨石 Rock Formations

半圓頂 (Half Dome)

半圓頂是優勝美地最知名的巨石。岩面雖有冰川的刻印，卻不是冰川一割成兩半的傑作。地質學家認為，半圓頂是冰川經年累月磨出來的山脊；原住民卻情願相信，半圓頂是淚痕未乾的新娘。

酋長石 (El Capitan)

酋長石(P.115／圖2)是世界最大的獨立花崗岩。從美熹德河畔拔起1,095公尺，以腰身上「閃綠石」(Diorite)鑲嵌的美洲地圖，宣告它與地心相連的臍帶。酋長石是攀岩者最大(也最愛)的挑戰，與它隔河相望的是教堂石。

崗哨石 (Sentinel Rock)

崗哨石拔地而起近1,000公尺，像似守望谷地的尖兵。春天融雪時，崗哨溪(Sentinel Creek)也流出一道瀑布與新娘面紗比美。

半圓頂
觀賞半圓頂最好的位置：
■ 冰川點
■ 隧道觀景點
■ 庫克草場(Cook's Meadow)
■ 谷地的崗哨橋(Sentinel Bridge)上，趕巧能見半圓頂倒影在美熹德河

1.半圓頂／2.教堂石／3.崗哨石

｜ 攀登半圓頂 ｜

玩家充電站

半圓頂登頂路線是優勝美地最艱難的步道，從薄霧步道(Mist Trail)起始來回22.5公里，耗時約12小時。沿著美熹德河一路上行到頂端，幾乎垂直攀升近1,500公尺，尤其最後登頂的一段，拉著鋼纜(Cable)上下，身體完全暴露在驕陽之下，遇雷雨更有路滑及被閃電擊中的風險。

如果有體能及征服半圓頂的壯志，還必須申請登頂許可(Half Dome Permits)。鋼纜每年大約在5月底～10月初掛上，3/1起整個月可以申請季前(Preseason)許可；鋼纜掛上後，在預定登頂的兩天前可提出申請。

許可發放都由抽籤(Lottery)決定，季前抽籤每天225名額，當季每天約50名，一天300件許可是極限。每次申請費$6，未中不退；如果抽中，每人還要繳交$10許可費。

http 申請許可：www.recreation.gov →「Explore Permits」
http 查詢：www.nps.gov/yose/planyourvisit/hdpermits.htm

瀑布 Waterfalls

絲帶瀑布與馬尾瀑布
(Ribbon Fall & Horsetail Fall)

酋長石西邊有絲帶瀑布，東邊是馬尾瀑布。絲帶瀑布雖然一水如帶，部分又被岩石遮蔽，只在春天水量較大時得見，但水柱長達490公尺，甚至勝過優勝美地上瀑布（436公尺），因此成為谷地最高的瀑布。

馬尾瀑布水量也不大，特別的是每年2月間有兩週時間，如果天空無雲，溫度、水氣合適，夕陽光影會落在瀑布上，顯現火焰的橙色，因此也被稱作「火瀑布」（Fire Fall）。1973年第一張「火瀑布」彩色照片問世後，每年都吸引攝影愛好者扛著器材在瀑布下守候；但如果老天不配合，也只能鎩羽而歸。兩瀑布的觀賞地點在酋長石草場。

新娘面紗瀑布 (Bridalveil Fall)

新娘面紗瀑布是進入公園最先看到的瀑布，帶著些許新娘罩紗的含蓄美感，從巨石頂上飄落190公尺。瀑布裡彷若躲藏了風神支遣來的精靈，水幕總隨著風向搖擺，花灑似的，澆得周圍林木青綠欲滴。午後的陽光，喜歡在飛濺的水珠中塗繪彩虹。從停車場出發，可以輕鬆接近瀑布。春天水量大，小心路滑，也許需要攜帶雨傘或雨衣。

佛農與內華達瀑布 (Vernal & Nevada Fall)

這兩座瀑布都是美熹德河從源頭一路向下跳躍的創作。內華達瀑布長180公尺，佛農瀑布不及百公尺，但豐沛的水量使瀑布寬度達30公尺。在瓦紮本點及冰川點可以遠眺它們；行走薄霧步道，可達瀑布頂端。

薄霧步道(Mist Trail)

起點在快樂島自然中心（Happy Isles Nature Center；谷地穿梭車第16站）。步道最短距離來回2.6公里，爬升122公尺，但是走這條步道只能在佛農瀑布下的橋上（Vernal Fall Footbridge）與之遙望。若繼續沿步道上行，可到達瀑布頂

端,來回3.9公里,爬升305公尺(包括近700階濕滑的石階)。若想前往內華達瀑布頂端,來回8.7公里,爬升579公尺。

優勝美地瀑布 (Yosemite Falls)

優勝美地瀑布分上、中、下三段落河,以740公尺高度,躋身世界十大最高瀑布之一。夏末秋初水少,上瀑布(Upper Yosemite Fall)像是懸掛天空的涓涓細流,甚至乾涸;冬日,冰天雪地施展不開,瀑布不得不暫時冬眠;偶遇冬陽融雪,便落地營造冰錐。春陽一旦照醒上瀑布,儲存了一個冬季的精力便開始盡情宣洩,瀑布彷若滾滾大河從天而降,白水跳過石壁,濺濕木橋,更在亂石間奔竄,急吼吼地趕赴春神邀宴。

下瀑布步道 (Lower Yosemite Fall Trail)

谷地穿梭車第6站下車,行走下瀑布步道,來回1.6公里,可聽到、看到更親身感受到下瀑布的氣勢。

上瀑布步道 (Upper Yosemite Fall Trail)

谷地穿梭車第7站(Camp 4)下車,沿上瀑布步道幾回轉折爬升328公尺,來到哥倫比亞石(Columbia Rock),可以看到谷地、半圓頂及崗哨石,來回3.2公里;若再前行800公尺,上瀑布景觀在眼前展開,有時能見彩虹。若要爬到上瀑布頂端,來回11.6公里,爬升823公尺。

1.絲帶瀑布 / 2.新娘面紗瀑布 / 3.佛農瀑布 / 4.薄霧步道 / 5.新娘面紗溪 / 6.下瀑布 / 7.上中下瀑布

玩家充電站

月光彩虹(Moonbows) 與晶冰流(Frazil Ice)

春天瀑布水量大,晴天很容易看到彩虹。而當滿月時分,若天幕夠清朗,月光照在瀑布上,也能見到彩虹,稱作「月光彩虹」。谷地欣賞月光彩虹機率較大的季節在5、6月,優勝美地瀑布是最佳觀賞點。

3、4月間優勝美地瀑布下的橋上,也是觀賞晶冰流的地點。溪水夠冷、夠滿,天氣夠冷(至少-6℃),瀑布的水氣在空中即變成針狀的冰結晶,落到水裡匯集並隨溪流動,成為晶冰流。晶冰流遇阻會外溢或改道,強大的推力也能摧毀樹或木橋。4月晶冰流發生率較高,多在清晨。

3天2夜 自駕 行程規畫

　　如果只遊覽優勝美地谷地，一天即可完成走馬看花。若要進一步體會公園山水及巨石、野花遍地的美，品味公園的特殊景觀，如火瀑布、晶冰流或月光彩虹，不但要用雙腳行走，還要選擇特定季節。假設只走容易行走的步道，基本上，冰川路及提歐加路開放時期，自駕三天可以完全穿越公園。

　　經過新娘面紗瀑布後，優勝美地公園內分南岸及北岸車道，主要通往遊客中心、谷地景點、住宿旅館和營地。由於南北車道多是單行道，如果不熟悉路線，很容易迷路。若住在公園裡，最好的交通方式是將車停在住宿處，搭乘免費穿梭車遊園。若住在公園周邊，譬如El Portal，最好將車開到谷地遊客中心停車場停車，然後改搭穿梭車；瓦沃納路及提歐加路需要自駕。以下為三日自駕路線。

─┤ D a y 1 ├─

瓦沃納路 (Wawona Road)

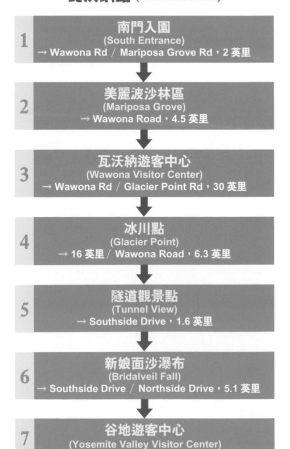

1　南門入園
(South Entrance)
→ Wawona Rd／Mariposa Grove Rd，2 英里

↓

2　美麗波沙林區
(Mariposa Grove)
→ Wawona Road，4.5 英里

↓

3　瓦沃納遊客中心
(Wawona Visitor Center)
→ Wawona Rd／Glacier Point Rd，30 英里

↓

4　冰川點
(Glacier Point)
→ 16 英里／Wawona Road，6.3 英里

↓

5　隧道觀景點
(Tunnel View)
→ Southside Drive，1.6 英里

↓

6　新娘面沙瀑布
(Bridalveil Fall)
→ Southside Drive／Northside Drive，5.1 英里

↓

7　谷地遊客中心
(Yosemite Valley Visitor Center)

─┤ D a y 2 ├─

優勝美地谷地 (Yosemite Valley)

谷地的玩法

■ **徒步＋穿梭車**：谷地步道全程21公里，行走半程，從酋長石橋折回(11.6公里)，即可觀賞谷地景點。從遊客中心出發西向，經下優勝美地瀑布步道、庫克草場、酋長石草場；過酋長石橋東行，經教堂石野餐區和崗哨石野餐區抵達教堂。在教堂邊的Sentinel Bridge穿梭車第11站搭乘谷地線(Valley Visitor Shuttle)，往第16站快樂島自然中心(Happy Isles Nature Center)參觀，並取道薄霧步道上行，觀賞佛農及內華達瀑布，然後返回遊客中心。

■ **谷地付費旅遊行程(Yosemite Valley Floor Tour)**：2小時，搭車遊覽主要景點，專人隨車解說。3～9月每天10:00～15:00每小時一班；10～2月，上下午各

一班。晚上還有谷地月光及觀星行程。詳情見網站 www.travelyosemite.com/things-to-do/guided-bus-tours。

■ **騎單車逛谷地**：可租借或自行攜帶單車，沿單車道遊覽谷地景點。騎單車甚至能直達汽車不能進入的快樂島自然中心。租車地點在Yosemite Valley Lodge及Half Dome Village。詳情見網站www.travelyosemite.com/things-to-do/biking。

行車路線

■ **南岸車道(Southside Drive)，往谷地營地**：1.Bridalveil Fall(1.9英里) → 2.Cathedral Beach(1.5英里) → 3.Sentinel Beach(0.7英里) → 4.Chapel(右轉，1英里) → 5.Housekeeping Camp(0.7英里) → 6.Half Dome Village(0.5英里) → 7.Upper Pines／Lower Pines／North Pines Campground

■ **南岸車道(Southside Drive)，往遊客中心**：1.Bridalveil Fall(1.9英里) → 2.Cathedral Beach(1.5英里) → 3.Sentinel Beach(0.7英里) → 4.Chapel(左轉) → 5.Sentinel Drive(左轉，0.5英里) → 6.Northside Drive(左轉，0.3英里) → 7.Village Drive(0.2英里) → 8.Yosemite Valley Visitor Center

■ **北岸車道(Northside Drive)，往優勝美地典雅旅館(The Majestic Yosemite Hotel)**：1.Half Dome Village → 2.Northside Drive(右轉，0.8英里) → 3.Village Drive(右轉，0.13英里) → 4.Ahwahnee Drive(0.7英里) → 5.The Majestic Yosemite Hotel

■ **北岸車道(Northside Drive)，往提歐加路(Tioga Road)**：1.Half Dome Village → 2.Northside Drive(右轉，0.8英里) → 3.Village Drive(左轉，0.5英里) → 4.Yosemite Valley Visitor Center → 5.Village Drive(0.2英里) → 6.Northside Drive(0.6英里) → 7.Yosemite Valley Lodge (0.3英里) → 8.Camp 4 Parking(2.6英里) → 9.El Capitan Meadow(1.6英里) → 10.Valley View(9.5英里) → 11.El Portal(Via El Portal Road，CA-140)

　　或是從10.Valley View(0.3英里) → 11.El Portal Road(右轉，0.9英里) → 12.Big Oak Flat Road(右轉，10英里) → 13.Crane Flat Gas Station(右轉) → 14.Tioga Road(CA-120 E)

Day 3

提歐加路 (Tioga Road)

　　清早搭乘谷地線前往第17站鏡湖(Mirror Lake)步道起點，來回3.2公里，可走到湖邊觀賞瓦金斯山(Mt. Watkins)倒影。鏡湖由落石阻塞田納亞溪(Tenaya Creek)形成，春天水平如鏡，夏末乾涸成草場。然後驅車北行東向，遊覽提歐加路上景點，從公園東邊出口。若時間充裕，可用兩天遊覽後山風景(見P.128順道遊)。

1	**谷地遊客中心** (Yosemite Valley Visitor Center) → Tioga Pass Road，16 英里
2	**提歐加路口** (Tioga Road Junction) → Tioga Road NE，16 英里
3	**白狼旅館** (White Wolf Lodge)) → Tioga Road，16 英里
4	**翁姆史德點** (Olmsted Point) → Tioga Road，2.5 英里
5	**田納亞湖** (Tenaya Lake) → Tioga Road，7 英里
6	**土瓦洛米草場遊客中心** (Tuolumne Meadows Visitor Center) → Tioga Road，22.5 英里
7	**李維寧** (Lee Vining)

優勝美地國家公園資訊

■**網址**：www.nps.gov/yose
■**開放時間**：公園全年開放，冬季風雪斷路會暫時關閉
■**門票**：壯麗美國年票$80；非商用汽車每車$35 (15人以下，7天)；公園年票(Yosemite Annual Pass) $70
■**設置**：1890年10月1日
■**面積**：3,100平方公里
■**位置**：加州中部內華達山脈，海拔600～4,000公尺
■**時區**：太平洋時區
■**最適旅遊季節**：四季都適合旅行

1. **春**：河湖從冬眠中甦醒，奔騰而下的瀑布，忙不迭宣告春神降臨，也濺濕遊人衣衫。草場上，野花毫不掩飾對太陽的傾心，展開明媚笑靨相迎。
2. **夏**：熱氣從山谷中消散後，夏夜變得晶瑩剔透，清澄的天幕上，星斗排山倒海直入眼底；蟲蛙不約而同抑揚頓挫地歌詠夜色。而夜深人靜，蟲蛙睏去，松針落地聲隱約；溪畔，卵石與流水情意纏綿，私語終夜。
3. **秋**：薄薄初雪灑上山頭之際，谷地的橡樹、山柳趕忙換上秋裝，白楊更是手足舞蹈地傳送金黃的秋波。
4. **冬**：冬雪終於凍結起山林裡的沸騰喧嘩，為優勝美地蓋上一床雪白棉被，河湖安靜地聽著雪花傾訴經歷；赤裸裸的枝幹迎向飛雪，貪婪地儲備來春迸發新芽的精力。

｜冬遊優勝美地｜

位於冰川點路上的優勝美地滑雪區(Yosemite Ski & Snowboard Area)，12月中～3月底，提供多項付費活動，詳情查詢網址www.travelyosemite.com/winter/yosemite-ski-snowboard-area。

公園管理員也帶領免費導覽，查詢網址www.nps.gov/yose/planyourvisit/guide。

■**氣候**：優勝美地公園地形從海拔600～4,000公尺不等，氣溫因地理而異。基本上，谷地10～5月降雨較多，高海拔則為白雪覆蓋。優勝美地谷地(海拔1,220公尺)攝氏月平均溫，請參考P.126。
■**地圖**：

遊客中心

■**瓦沃納遊客中心(Wawona Visitor Center)**：全年每天08:30～17:00開放。設在南入口的瓦沃納路(Wawona Road，CA-41)旁邊，可在中心索取資訊。內部設有郵局、自助提款機、加油站。附近有營地和優勝美地拓荒史展覽館，還可以付費乘馬車過廊橋，觀賞鐵匠定時演出。

■**土瓦洛米草場遊客中心(Tuolumne Meadows Visitor Center)**：道路開通的6～10月，每天09:00～17:00開放。設在東門入園提歐加路(Tioga Road，CA-120)路邊，提供遊覽資訊。附近有營地、步道以及郵局。

■**谷地遊客中心(Yosemite Valley Visitor Center)**：每天09:00～17:00開放，免費的谷地穿梭車也在此停靠。設備最齊全，除提供遊覽資訊，雜貨店、餐廳、郵局、醫務所都在附近，還有博物館、原住民文化中心、安索‧亞當斯藝廊(Ansel Adams Gallery)等設施。

公共交通

■**美鐵**：聖瓦金線(San Joaquins Train)從舊金山到美熹德(Merced)，約3.5小時。下車後轉搭優勝美地地區大眾運輸(Yosemite Area Regional Transportation)，進入優勝美地國家公園遊客中心及旅館。
http www.amtraksanjoaquins.com

■ **灰狗巴士：**
  1. 舊金山→美熹德：約3小時45分。
  2. 洛杉磯→佛雷斯諾(Fresno)：約4小時30分。
  3. 洛杉磯→美熹德：約6小時。
  http www.greyhound.com

■ **優勝美地地區大衆運輸：**
  1. 經CA-140(全年營運)：美熹德→優勝美地谷遊客中心：由美熹德灰狗巴士、火車站或機場上車。約3小時。
  2. 經CA-41(5/15～9/15營運)：佛雷斯諾→優勝美地谷遊客中心：由佛雷斯諾灰狗巴士、火車站或機場上車。約4小時。
  http www.yarts.com

自駕

■ **舊金山(San Francisco)出發：**
  1. 走I-580：(a)距離195英里(314公里)，或(b)距離211英里(340公里)。
    (a)：I-580東南行接I-205往東，在曼堤卡(Manteca)接CA-120續往東，由Big Oak Flat入口入園到谷地遊客中心。
    (b)：CA-120接CA-99向南，在美熹德(Merced)轉CA-140東向，由Arch Rock門入園到遊客中心。
  2. 走I-80，距離410英里(656公里)：I-80東北向，在沙加緬度(Sacramento)轉US-50東向，經南太后湖(South Lake Tahoe)在卡森市(Carson City)接US-395南下至李維寧(Lee Vining)，接提歐加路(Tioga Road，CA-120)西向，由東門入園到遊客中心。

■ **洛杉磯(Los Angels)出發：**
  1. 走I-5、CA-99，距離313英里(504公里)：I-5北行，換CA-99續北向，在佛雷斯諾轉CA-41北向，由南

門入園到谷地遊客中心。
  2. 走I-5、CA-14，距離430英里(688公里)：I-5北向，接CA-14東北向，轉US-395北向至李維寧(Lee Vining)，接提歐加路(Tioga Road，CA-120)西向，由東門入園到谷地遊客中心。

■ **請注意：**
  1. 提歐加路通常在11月初～6月初封閉。CA-41/120/140冬天可能遇雪關閉，或需要加裝雪鏈，路況可查詢網址。
    http www.nps.gov/yose/planyourvisit/tiogaclosed.htm
  2. 公園內僅Wawona遊客中心可加油，離公園最近的加油站在El Portal及Crane Flat。汽車充電可使用谷地內的Village Garage和The Majestic Yosemite Hotel設施。

國家公園內免費穿梭車

■ **谷地線(Yosemite Valley Shuttle)：**全年營業，每天07:00～22:00，每10～20分鐘一班，路線涵蓋公園內旅館、營地、步道起點、遊客中心、停車場。
■ **酋長石線(El Capitan Shuttle)：**6月中～10月初，每天09:00～19:00，30分鐘一班，路線涵蓋營地、步道起點、遊客中心、停車場。

生活機能

■ **飲食：**優勝美地旅館多附設餐廳，谷地遊客中心附近也有餐飲設施，請參考P.126。
■ **住宿：**公園內旅館資訊請參考P.127。
  http 訂房：www.travelyosemite.com
■ **露營：**公園內營地資訊請參考P.127。
  http 訂位：www.recreation.gov

通訊

- **導航**：由於高山阻礙塔台訊號，公園內通訊不方便。公園管理員表示，在公園裡可能無法使用GPS，因為沒訊號；若GPS導航方向與路標衝突，路標應該比較正確。

- **手機**：使用AT&T服務，在谷地及土瓦洛米草場可用手機；T-Mobil僅可在谷地使用；Verizon Wireless除谷地及土瓦洛米草場外，Wawona、El Portal和Flat Crane都有訊號。谷地訊號最強的地方在遊客中心。

- **網路**：
  1. Yosemite Valley Lodge：住客或開會者，可免費使用網路；其他人24小時收費$5.95。
  2. Half Dome Village：住客免費；非住客可在前台申請上網，每台$5。
  3. The Majestic Yosemite Hotel：住客免費。
  4. Big Tree Lodge：住客免費。
  5. 其他地點：谷地遊客中心附近的Degnan's Kitchen，以及美麗波沙縣(Mariposa County)公共圖書館谷地分館(Yosemite Valley Branch Library)提供免費上網。

各月分氣溫 (℃)

月分	1月	2月	3月	4月	5月	6月	7月	8月	9月	10月	11月	12月
最高溫	9	11	14	18	22	27	32	32	28	22	13	8
最低溫	-2	-1	1	3	7	11	14	13	11	6	1	-2

公園內餐廳

地區	餐廳	營業項目	開放時間
谷地(Yosemite Valley)			
The Majestic Yosemite Hotel	旅館餐廳	早、午、晚餐*、週日早午餐	全年
Yosemite Valley Lodge	The Mountain Room	晚餐 / 酒吧	全年
	Base Camp Eatery	早、午、晚餐 / 星巴克咖啡	全年
Half Dome Village	Pizza Patio	手工披薩、沙拉、冷飲	4月初～11月底
	Coffee Corner	咖啡、西點	4月底～11月底
	Pavilion	早、晚餐	4月初～10月底
	Meadow Grill	漢堡、三明治	4月底～9月底
	Chuck Wagon BBQ	典型西部晚餐	6月中～8月底或9月初勞工節的週六
Yosemite Village	Degnan's Kitchen	三明治、披薩、咖啡、西點	全年
	The Loft at Degnan's	墨西哥餐、亞洲餐，啤酒、酒	週五、六14:00～20:00
	Village Grill Deck	漢堡、三明治	3月底～10月中
瓦沃納區(Wawona)			
Big Trees Lodge	旅館餐廳	早、午、晚餐 / 酒吧	同旅館營業時間
提歐加路(CA-120)東向			
White Wolf Lodge	旅館餐廳	早、晚餐*	6月初～9月初
Tuolumne Meadows Lodge	旅館餐廳	早、晚餐*；午餐盒	6月初～9月中

＊晚餐須預訂。

＊＊如果要購買生鮮、雜貨或冷凍食品、紀念品，可至Village Store、Half Dome Village、Housekeeping Camp、Big Trees Lodge、Tuolumne Meadows Store。

公園內旅館

旅館	開放時間	房間數	約略價格	備註
Big Tree Lodge	4月初～12月初 12月中～1月初	104	$208～388	維多利亞式，國家歷史建築
The Majestic Yosemite Hotel	全年	123	$581～968	國家歷史建築
Yosemite Valley Lodge	全年	245	$260～280	靠近優勝美地瀑布
Half Dome Village	全年*	78	$217～260	另有403間帆布帳篷屋，共用衛浴
Housekeeping Camp	4月中～10月中	266	$108	自帶睡袋，可租床單、枕頭
White Wolf Lodge	6月初～9月初	28	$137	24間帆布帳篷，4間傳統小屋
Tuolumne Meadows Lodge	6月初～9月中	69	$137	帆布帳篷小屋，無電，共用衛浴

＊3月中～1月初每日開放；1月初～3月中，只有週五、六開放。

＊＊如果公園內住宿設施客滿，可以試試以下地點：**1.**CA-41上的Fish Camp及Oakhurst。**2.**CA-140的El Portal、Midpines、Mariposa。**3.**CA-120西段Buck Meadows、Groveland、Sonora；東段Lee Vining、June Lake、Mammoth Lakes(11～5月底道路關閉)。

公園內營地 *

營地	位置	海拔	開放時間	單位(個)	約略價格	飲水	預定
Upper Pines	谷地	1,200m	全年	238	$26	有	可
Lower Pines	谷地	1,200m	3月底～11月初	60	$26	有	可
North Pines	谷地	1,200m	4月初～11月初	81	$26	有	可
Camp 4**	谷地	1,200m	全年	35	$6	有	先到先得
Wawona	瓦沃納路	1,200m	全年	93	$26	有	可
Bridalveil Creek	冰川路	2,200m	8月初～9月中	110	$18	有	先到先得
Hodgdon Meadow	谷地西120州道	1,500m	全年	105	$26	有	可
Crane Flat	谷地西120州道	1,900m	6月底～10月初	166	$26	有	可
Tamarack Flat	提歐加路	1,900m	6月底～10月初	52	$12	無	先到先得
White Wolf	提歐加路	2,400m	8月中～9月底	74	$18	有	先到先得
Yosemite Creek	提歐加路	2,300m	8月底～9月中	75	$18	無	先到先得
Porcupine Flat	提歐加路	2,500m	8月中～10月中	52	$12	無	先到先得
Tuolumne Meadows	提歐加路	2,600m	8月初～9月底	304	$16	有	50%開放預訂

＊**1.**有些營地設有沖水馬桶及飲水，有些只能取用溪水煮沸消毒飲用。營地基本設有野餐桌及烤架，可停兩部車，最多住6人。Half Dom Village(24小時)及Housekeeping Camp(07:00～22:00)可付費洗澡；Housekeeping Camp(08:00～22:00)可付費洗衣。前述括弧內時間為洗澡、洗衣開放時間。

　　2.每月15日太平洋時區07:00開放預訂營地，可預訂4個月後30天內的營地。譬如打算5/15～6/14入住，1/15的07:00即可訂。

　　3.5～9月的營地預訂通常秒殺，先到先得的營地也通常在08:30即滿。

＊＊無停車空間。

＊公園餐廳、旅館與營地之資訊如有異動，請以官方公告為準。本書其他國家公園亦同。

順道遊
US-395國道周邊風光

取道提歐加路東行到李維寧，接上US-395國道。沿395南下，一路水光山色，尤其在9月底～10月中，滿山金黃秋葉渲染山坡，更倒影溪湖。

　　最先遇到的是號稱「加州死海」的夢諾湖(Mono Lake)；續南下轉入的六月湖(June Lake Loop，CA-158)圓環，串起5處晶瑩剔透的湖光；再往南轉入203州道(CA-203)西向猛瑪湖(Mammoth Lakes)，可前往魔鬼岩柱堆國家保護區(Devil's Postpile National Monument)；再南向，從碧夏埔(Bishop)取道168州道(CA-168)西行入山，南、北兩湖(North Lake & South Lake)及莎布寧娜湖(Sabrina Lake)更是秋色無邊。

魔鬼岩柱堆國家保護區
http www.nps.gov/depo

■地圖

魔鬼岩柱堆國家保護區
(Devil's Postpile National Monument)

　　優勝美地公園的巨石，多是岩漿在地底緩慢結晶而蘊育的花崗岩。而在公園東邊及東南邊，岩漿流出地殼後迅速冷卻，並收縮成六角形狀的岩柱。成立於1911年的魔鬼岩柱堆國家保護區，就是為了保護玄武岩柱。科學家估計，岩柱形成於距今約8萬～10萬年前。

　　650公尺步道，從停車場走到岩柱下。高度近20公尺的玄武岩岩柱群，或直立，或翻飛。受地震或侵蝕破壞斷裂的岩柱，堆疊散落斜坡；而在岩柱縫隙間，針葉樹已鬱鬱蔥蔥。另由步道爬上岩柱頭頂，行走約20分鐘，腳下光滑的岩石，一方方彷若拼花地磚。

夢諾湖 (Mono Lake)

大約70萬年前，由於斷層及火山運動，夢諾湖在高聳的山底下形成，河流將內華達山脈東坡的鹽、礦物質沖入湖裡，水分蒸發後，湖水鹽分增加；1941年，4條注入夢諾湖的溪流被改道，以供應洛杉磯大都會用水，夢諾湖水位加速下降，鹽分倍增，逐漸形同「死海」。

「Mono」印地安話為「吃蠅蛹的人」。當地原住民曾經蒐集湖邊蠅蛹，曬乾後搓去殼，與玉米粥或其他食物一起烹調後裹腹，夢諾湖因而獲名。4～10月，透過陽光，水底鹽水蝦影清晰可見，一隻隻透明小蝦如一葉葉小扁舟，奮力在水中滑動，一群群聚集時，水面頓時浮起一朵朵雲。

蠅及蝦的食物是湖底的藻類，而過境及居留的鳥類，便以蠅及蝦維生。每年春天，數萬加州海鷗到夢諾湖繁殖；夏天，瓣蹼鷸(Phalarope)群聚湖邊覓食；8～10月，上百萬北美鸊鷉(Eared Grebe)悠遊湖面。

湖裡最引人目光的還是「土花」(Tufa)，一座座像城堡、像孤塔，直挺挺立在湖心，守候波光。土花來自拉丁文「tofus」，意為泉水上湧時沉澱形成的石狀物。夢諾湖底含鈣豐富的淡水湧出後，遇到富含碳酸鹽的湖水，便形成各式像石灰石的土花。土花伸出水面後就停頓在湖上，湖水水位下降，暴露出更多土花。湖面逐漸縮小，不少土花已滯留陸地，缺少湖水滋潤顯得蒼老。據說附近最老的土花已有1萬3千歲。

加州州立公園
http www.parks.ca.gov

夢諾湖委員會(Mono Lake Committee)
http www.monolake.org
■地圖

玩樂篇　順道遊

主題之旅
內華達山動植物

　　山紅杉、國王峽谷及優勝美地都在內華達山脈範圍，3處國家公園大部分因保護山紅杉而設置，山紅杉也只生長在內華達山1,500～2,100公尺的西邊山坡，當然是山脈中植物的明星。此外，這一帶也能發現黑熊、騾鹿及郊狼的蹤跡。

從山腳到山紅杉生長區，林象隨海拔變化，1,000公尺以下，多見灌木叢；1,000公尺左右橡木林(Oak Woodland)散布；1,000～2,000公尺之間是針葉混合林區，最常見西黃松(Ponderosa Pine)、糖松(Sugar Pine)、翠柏(Incense Cedar)及冷杉與山紅杉為鄰。再往上的亞高山區(Subalpine)，生長著美國黑松(Lodgepole Pine)、鐵杉(Hemlock)；高山區(Alpine)由於生長季節短，土地貧瘠，勉強存活的針葉樹也顯得矮小傴僂。

　　高山的春天來得遲，5月中以後，道路逐漸開通，融雪豐沛了河流與瀑布，路旁的落葉樹長出層層新綠，野花陸續綻放彩繪山坡，走進國家公園，彷彿享受一場聲色盛宴。內華達山公路通達的地區，終年可見熊果樹、橡樹、西黃松、翠柏與冷杉；太平洋四照花只在開花時才出眾；而在河邊，楊樹、木棉、柳樹和落葉的橡樹，一起營造青翠的春天和金黃的秋色。

灌叢絲蘭 (Chaparral Yucca)

看起來該是沙漠植物，灌叢絲蘭不但生長在中加州到墨西哥邊境與的海岸山坡，也分布於內華達山脈的灌木叢區及河濱，山紅杉及國王峽谷國家公園都得見。剛硬的灰綠色細葉長成半球型，6～7歲之間抽出長長花梗，隨後奶白色的花從下而上開放，像似淚如雨下的蠟燭，因而又稱「上帝的蠟燭」。開花後植株即死去，猜測花梗上密密麻麻的數百朵花，是為了增加繁殖率。

太平洋四照花 (Pacific Dogwood)

5月是內華達山的太平洋四照花季節。驅車盤旋在山紅杉或優勝美地國家公園，白色花朵點綴山坡水濱，像盞盞燭台，燃燒著山林躍動的春心。太平洋四照花屬山茱萸科，分布於加拿大卑詩省至加州的山區。優勝美地能見到黃、粉色四照花，最普遍的還是白色。

4～7片的「花瓣」，其實不是花，而是苞片，苞片包圍的灰綠色中心點才是花。不信？秋天再上山，綠葉染紅，吸引蟲媒的苞片落去，紅果似荔枝。

▲ 四照花

熊果樹 (Manzanita)

稱作「熊果樹」可能因為熊喜歡吃它的果實。「Manzana」西班牙語意即蘋果，「Mazanita」就是小蘋果，指的是夏末成熟後變成紅色的果實。已往原住民會收穫果實食用，或曬乾碾成粉儲藏用作沖果汁。由於皮厚、果肉粗，熊果樹果實也許吸引野生動物及鳥，但更吸引人注意的是，初春滿樹燈籠狀的粉白花朵及巧克力色的枝幹。

熊果樹樹皮，每年春天都會從樹枝下部開始剝落，有如蛇蛻皮，新皮要到秋末才能由黃綠轉成巧克力色。油亮亮的樹皮，看起來隨時會滴滲出一杯可口的巧克力飲料。

橡樹 (Oak)

行走加州公路，路旁山岡或草地經常見橡樹林。北半球的橡樹數百種，加州就有幾十種；對旅客來說，落葉和常青的橡樹都是風景，動物、鳥類吃橡樹果實（acorn），或將枝幹用作棲地。

橡實以往也是加州原住民的主食，秋收後曬乾、儲存，需要時將果實在石頭鑿出的洞裡搗碎，用水沖去橡果包含的丹寧酸，然後用燒熱的石頭燙熟食用。內華達山有不少橡樹，原住民最鍾愛的黑橡樹及峽谷常青橡（Canyon Live Oak），在國家公園都得見。

西黃松 (Ponderosa Pine)

內華達山中最常見的松樹就是西黃松。西黃松的名字得自厚重的（ponderous）木材，樹幹高大挺直，樹皮有黃橙色不規則塊狀紋路，塊與塊間以黑色間隔。原住民的崖居（Cliff house）就取材

於西黃松，考古人員能從西黃松年輪判斷崖居的建構年代。西黃松也是蒙大拿州的州樹。

糖松 (Sugar Pine)

松科裡身材最高，果實也最大，被稱作「針樹之王」。糖松因樹幹抽取的樹汁甜美，甚至勝於楓糖而獲名。其實糖松於1827年被發現時，以英國植物學家蘭伯（Lambert）定名，因此也稱蘭伯氏松。目前最高的糖松身高83.45公尺，生活在優勝美地國家公園。

玩樂篇 主題之旅

美國肖楠 (California Incense Cedar)

美國肖楠為柏科肖楠屬，也稱翠柏。由於肖楠材質柔軟易削卻不易碎，因此被作為製作鉛筆的材料，也稱作鉛筆柏。原住民多使用肖楠樹皮覆蓋屋頂，也使用肖楠木鑽木取火。

赤雪藻 (Snow Plant)

春遊優勝美地國家公園，在針葉林間可能不期而遇赤雪藻。從散落針葉中冒頭，一簇簇紅色令人驚豔。赤雪藻通體不見綠色，因此也沒有葉綠素進行光合作用，只能攔截真菌和植物共生交換的養分存活。

黑熊 (Black Bear)

雖說灰熊（Grizzly Bear）已從瀕危名單中移除，但遊走國家公園看到黑熊的機會較大。黑熊體型較灰熊小，側臉鼻到耳成直線，耳豎起，背部不像灰熊隆起一團肌肉。稱作黑熊，但其皮毛不一定黑，有時也偏紅棕色。冬眠時期小熊在洞裡出生，4月間甦醒，常在最早融雪的谷地路邊覓食，野草、樹根、塊莖都吃，毫不偏食。可見於山紅杉、優勝美地、大堤頓、黃石及冰川國家公園。

騾鹿 (Mule Deer)

騾鹿因兩隻像騾子的大耳朵獲名，水汪汪大眼睛不時盯著人瞧，像是防備，更帶幾分好奇。騾鹿與白尾鹿（White-tailed Deer）尺寸和毛色相當，最能分辨差異的特徵在尾巴。騾鹿尾巴宛若白色大毛筆，筆尖還蘸著黑墨汁；白尾鹿的白尾不容易看到，只有小鹿受驚翹起尾巴奔逃時，才突顯尾巴的白毛。可見於優勝美地、山紅杉、大峽谷、錫安及黃石國家公園。

西南沙漠
Southwest Desert

玩樂篇　西南沙漠

　　北美沙漠大多分布於美國西南部，包括莫哈維(Mojave)、索諾倫(Sonoran)、大盆地(Great Basin)及齊娃娃(Chihuahuan)等4處，遍布加州、內華達(Nevada)、亞歷桑那(Arizona)、新墨西哥(New Mexico)及德州(Texas)，並伸入接壤的墨西哥(Mexico)北部。

　　加州境內的莫哈維沙漠面積最小，地勢卻高，冬天甚至偶爾降雪，**死亡谷國家公園**在莫哈維沙漠北邊。從海平面下86公尺到海拔3,300公尺，從冬天-9°C到夏日57°C高溫，死亡谷的極端毫無保留，卻也正是它魅力所在。蒼茫的鹽地是魔鬼的高爾夫球場，沉靜的沙丘出自風的手筆，裸露的山脊則是風雨聯手的傑作。藝術家忘記帶走的調色盤留在岩石土丘上，也留給遊客任意馳騁的遐思。

▼死亡谷

▲ 約書亞樹

莫哈維沙漠是約書亞樹(Joshua Tree)唯一生長的沙漠。4月中的**約書亞樹國家公園**，約書亞樹和莫哈維絲蘭(Mojave Yucca)的花已結成串串果實，遍地野花卻正燦爛，清朗的夜空繁星閃爍；從沙漠拔起的嶙峋怪石，隨時考驗攀岩者的身手。

約書亞樹國家公園東南邊，納入了部分科羅拉多沙漠(Colorado Desert)。科羅拉多沙漠雖有科羅拉多河流經，卻最缺乏雨水，丘雅仙人掌(Cholla)成為沙漠主角。

再往東南，跨越亞歷桑那州南端並伸入墨西哥的索諾倫沙漠，兼納冬雨及夏季雷雨，冬夏氣溫均高，也最多采多姿，象徵美國西部蠻荒的巨柱仙人掌(Saguaro)，被保護在索諾倫沙漠裡的**巨柱仙人掌國家公園**中。

齊娃娃沙漠(Chihuahan Desert)大部分在墨西哥境內，而位於新墨西哥州的卡爾斯巴德岩洞以及白沙國家保護區周圍的景觀和植被，也沾染了沙漠特色。

▲ 沙漠怪石　　▲ 沙漠植物

◀ 巨柱仙人掌

▲卡爾斯巴德岩洞

卡爾斯巴德岩洞所在，曾經是淺海海礁。海洋撤退、海水蒸發後，主要由海洋生物殘骸及方解石構成的礁岩，便埋在鹽及石膏層底下。數百萬年前，造山運動舉起礁岩，雨水和鹽水經化學變化產生的硫酸，開始侵蝕海礁並在地底形成大洞。大約在50萬年前，氣候變得較濕冷，地面上因二氧化碳而帶著微酸的水滲入岩洞，溶解海礁中的方解石而產生碳酸鈣，並一滴滴耐心積累，最終造成了石筍(Stalagmites)及石鐘乳(Stalactites)。

白沙國家保護區位於卡爾斯巴德岩洞西北，富含石膏的水流，從東西兩側山上流入土拉羅沙盆地(Tularosa Basin)的露西羅湖(Lake Lucero)，由於盆地閉塞且高溫，湖水很快便蒸發，留下石膏結晶。風拾起石膏結晶，用力吹成沙丘，也留下行走的痕跡。

▲白沙國家保護區裡，絲蘭為避免被沙丘掩埋，拼命向上生長　▲植物緊抓沙土不放，以免被風吹走

▲麥斯奎沙丘

死亡谷國家公園
Death Valley National Park

1

北美最熱、最乾、最低的土地

1848年加州發現黃金，消息很快傳遍世界。次年，一批來自美國中西部的淘金客，循著號稱捷徑的地圖，走進如今的死亡谷一帶，卻發覺驕陽炙熱、糧秣將盡而走投無路。兩名年輕力壯的淘金客自告奮勇繼續前進，將近一個月後，帶回救援。受困的一名淘金客，於離開幾乎令他喪生的谷地前時回首說出：「再見，死亡谷。」死亡谷因而獲名。

號稱北美最熱、最乾及最低的土地，死亡谷極端又奇妙，57°C高溫與-9°C低溫都發生在同一地點；3,368公尺高山上的白雪皚皚，海平面下86公尺處惡水倒映山影；空氣裡流動著熱浪，天湛藍得不見雲朵，舉目鹽地沙漠，地底卻流出泉水。

死亡谷嗅不出死亡氣息，火山、沙丘、岩石更透露生命的軌跡。優比喜比火山口（Ubehebe Crate）底，鮮豔的野花已逼使3,000年前火山營造的色彩遜色；沙丘最愛隨風起舞，風離去時，必定在沙丘留下行走過的痕跡。死亡谷的岩石因富含的礦物質呈現繽紛色彩；風與水在山脊上譜下一稜稜耳鬢廝磨的戀情。

滿懷夢想的淘金客脫困後，採銀及硼砂的礦工，進駐死亡谷，華人也在其中。硼砂廠留下華工的身景，燒製木炭熔解銀礦的炭窯（Charcoal Kilns），據說也出自華工巧手。

如今，華工故事大多湮沒，老混混沃特·史考特（Walter Scott）在沙漠裡蓋起的豪宅，依然聲名響亮；他的傳說，隨著史考特城堡（Scotty's Castle）的導遊，一直在死亡谷流傳。

1.死亡谷 / 2.黃金峽谷 / 3.硼砂廠遺址 / 4.蘑菇石 / 5.麥斯奎沙丘 / 6.但丁景觀點

死亡谷國家公園 必遊景點

死亡谷東部及中部景點，由加州190號州道串連，其中又出前往但丁觀景點的道路尾端又窄又彎，不適合大車行駛；騾車大隊峽谷為圓環單行道，要避免逆向進入。西邊的惡水路行向西半球最低點的惡水，中途叉入的藝術家景觀道也是環形單行道，唯有長度小於7.6公尺(25英尺)的車輛才能行駛。史考特路引向公園北邊的史考特城堡及優比喜比火山口。

190 號州道 (CA-190) 沿線

但丁觀景點 (Dante's View)

死亡谷最佳觀景地點。從CA-190切入Dante's View Road，西南向14英里(22公里)，抵達1,669公尺的山頂。舉目四望，腳下惡水鹽地一片蒼茫，遠眺「望遠鏡山」(Telescope Peak)頂天立地，死亡谷最低與最高兩點盡入眼底。夏日在高山上不覺炎熱，冬日卻要力抗冷風。登山攬勝最佳的時刻是清晨。

1,2.騾車大隊峽谷 / 3,4.查布
里斯基點

騾車大隊峽谷
(Twenty Mule Team Canyon)

單向環形車道　2.7英里

1880年代，死亡谷生產硼砂，20頭騾拉的大車，將產品送到260公里外的火車站輸出。騾車日行17英里，單程耗時10天，後來更因用作硼砂產品的廣告和商標而家喻戶曉。峽谷以騾車大隊命名，卻不在騾車行經的路徑；驅車沿著狹窄的土石路進入峽谷，風雨侵蝕的惡地地貌令人目不暇給。

查布里斯基點 (Zabriskie Point)

步道　單程300公尺
從停車場徒步上行

這條步道可以環顧四周的侵蝕地貌（惡地，Badlands）。若要深入惡地，可以從停車場開始，繞行惡地圓環（Badlands Loop），全程4.4公里。查布里斯基點是以硼砂廠老工人命名。黃土山丘被自然侵蝕成一條條肋骨，部分山脊上還留著火山的黑色灰燼。幾百萬年前，這裡曾經是湖床，而今黃土山脊也宛若湖波盪漾。

煉爐溪 (Furnace Creek)

死亡谷雖創下西半球57°C的高溫記錄（1913年7月10日），但煉爐溪卻不因高溫命名。事實上附近真有熔礦的火爐（1860年建造），而溪已不復見。煉爐溪是死亡谷的活動中心，有遊客中心、博物館、郵局、加油站、高爾夫球場、商店及旅館，提供多種服務。

1.煉爐溪／2.硼砂廠遺址／
3.硼砂廠騾車及芥末峽谷／
4.硼砂礦石／5.死亡谷鹽鱂／
6.鹽溪步道

和諧硼砂廠 (Harmony Borax Works) 步道 來回600公尺

和諧硼砂場步道（Harmony Borax Works Interpretive Trail），高低落差15公尺，沿途有木牌解說歷史。煉爐溪北邊的岩層，富含硼砂礦。1880年代開始，先後有企業家投資設廠採礦，促使死亡谷的硼砂產量曾經領先世界其他地方。1883～1889年設置的和諧硼砂廠如今已成廢墟，20頭騾拉的大車，也在遺址間見證當年礦工，尤其是華工的辛勤。華工不但採礦，更在鹽地裡修築車道，將硼砂出口。從和諧硼砂廠還可遙望芥末黃渲染的芥末峽谷（Mustard Canyon）景色。

鹽溪步道 (Salt Creek Interpretive Trail) 步道 來回800公尺

木板步道沿溪架設，沿途有木牌解說鹽鱂（Pupfish）生態。位於煉爐溪西北方14英里（22公里），從190州道向西又出約1.2英里的碎石路，引向鹽溪畔。鹽溪是古早大湖的殘餘，沿溪木板步道，可觀賞瀕危的鹽鱂。原文中的Pup意為小狗（Puppy），雄鹽鱂在交配季節，不但身體泛藍，迅速移動以護衛領地的行為，更彷若嬉鬧的小狗，因而獲名。鹽鱂通常乍看只是側體有條紋的銀色小魚，死亡谷鹽鱂特別的是，可在鹽分高於海水4倍，水溫高達47°C或低到0°C的環境下存活。

1,2.麥斯奎沙丘 / 3.炭窯 / 4.
史考特城堡內的舊打字機

麥斯奎沙丘 (Mesquite Flat Sand Dunes) 步道 來回3.2公里

沙丘中沒有固定步道，最高可爬升至65公尺，全程歷時約1.5小時。死亡谷有7處沙丘，但僅煙囪井(Stovepipe Wells)附近的麥斯奎沙丘可驅車直達。沙丘留下的足跡洩露動物的行蹤，豆科灌木緊緊抓住沙土構築生態圈；不妨在沙丘裡翻滾或從沙丘頂下滑，測試石英細沙的柔軟。清晨及黃昏的沙丘最美。

炭窯 (Charcoal Kilns)

CA-190轉向西南，經過Emigrant後，又往東南向的Emigrant Canyon Road，遇Wildrose Canyon Road東行，即可抵達炭窯。

為燒炭以將純銀從礦石中提煉，礦工於1875年修築了窯。10個窯一列排開，平均高度7.7公尺，直徑9公尺，外型像似東正教的圓尖頂，窯從底部向上逐漸變薄，窯裡松子的氣味彷彿並未全然散盡，但其實炭窯在1880年左右已因不符經濟效益停用。

史考特城堡路 (Scotty's Castle Road) 沿線

史考特城堡 (Scotty's Castle)

史考特(Walter Scott)是個混混，他卻說動了芝加哥的保險商亞伯特‧強森(Albert Johnson)投資200萬美元，在沙漠裡建築25間房的豪宅，並四處吹噓豪宅是因他挖金礦發財得以興建，史考特城堡因此傳開。

城堡裡目前有公園導遊解說，將時光拉回到1939年。城堡外的鐘塔是掩蓋熱水槽的裝飾；枕木峽谷(Tie Canyon)還散置當年強森花費1,500美元

購買加上2萬5千美元運費，搬回城堡卻不適合做燃料的枕木。每分鐘湧出200加侖的泉水，仍然汩汩地流著；未完工的泳池就任由荒廢，據說原本要貼泳池壁的瓷磚還堆滿倉庫。2015年10月的暴雨，導致城堡必須關閉整修，估計到2020年才能重新開放。

優比喜比火山口
(Ubehebe Crate)

環形步道▲2.4公里
高低落差150公尺

3,000年前，地底的岩漿上升，將滲入地下的水燒成蒸汽，爆炸出800公尺寬、150公尺深的火山口。火山邊緣往下望，爆炸的煙硝隱約還在，底部卻已生長出植物；冬日遠山白雪皚皚，與火山口一稜稜的紅色相映，一冷一熱景致特殊。

1,2.史考特城堡 / 3.優比喜比火山口 / 4.魔鬼高爾夫球場

惡水路 (Badwater Road) 沿線

魔鬼高爾夫球場
(Devil's Golf Course)

古老湖泊乾涸後，留下挾雜細石、厚逾300公尺的鹽地。地表不時有地下水滲出並帶出鹽分，日曬蒸發水分，形成結晶的鹽塊，風雨侵蝕鹽地，更將晶鹽雕刻成高低起伏的樣貌。仔細聆聽，會聽到鹽塊迸裂的聲音，放眼四望，除了魔鬼，似乎沒有人能在這片鹽地上打高爾夫球。

黃金峽谷步道 (Golden Canyon Trail)

進入黃金峽谷，東行1.6公里遇到分叉，在叉路轉東北，行走800公尺前往紅教堂（Red Cathedral）；叉路轉東南，大約500公尺可接近曼力燈塔（Manly Beacon）。從曼力燈塔續東南行800公尺，即接上惡地圓環（Badlands Loop）。如果不走圓環而向東直行，1.8公里可抵達查布里斯基點停車場。

黃昏夕照將峽谷岩壁染成金黃，原住民多用峽谷的紅色黏土繪臉。峽谷入口在Badwater Road上，可步行穿越到CA-190上的查布里斯基點。峽谷的主要景點包括紅色岩壁組成的紅教堂、尖聳的曼力燈塔及惡地。

藝術家景觀道 (Artist's Drive)

9英里(14公里)單行道圓環，可驅車直入，藝術家景觀道兩旁山丘色彩繽紛，最多彩、最令人歎為觀止的景點為藝術家調色盤（Artist's Palette）。雲母、褐鐵礦、赤鐵礦，岩石富含的礦物質都呈現在表面，五顏六色卻看不出章法，也許，畫家才開始調色？或是創作之神已完成任意揮灑的傑作？

1.黃金峽谷 / 2,3.惡水 / 4.藝術家景觀道 / 5.藝術家調色盤

惡水 (Badwater)

惡水無毒，只因含鹽分不適合飲用。惡水是死亡谷也是西半球最低點，低於海平面86公尺，一漥漥水塘映著山色，腳下踩的是厚厚的鹽地，像是初雪過後，感覺卻沒有雪的清涼。來回1.6公里的步道是沒有明顯標示的平坦路途，踩在鹽上，便置身於面積332平方公里的鹽地中。

行程規畫

從拉斯維加斯或洛杉磯出發,都可由CA-127和CA-190交接點Death Valley Junction入園遊覽。拉斯維加斯取道NV-160到Death Valley Junction約95英里;洛杉磯經由CA-127到Death Valley Junction約260英里。以下1日遊與2天1夜遊供參考。

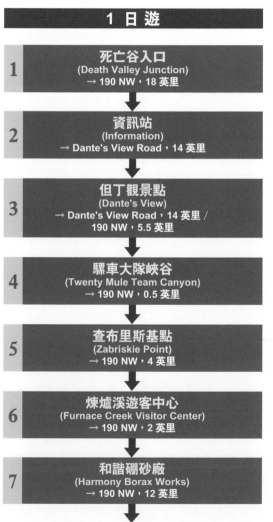

1 日 遊

1 死亡谷入口
(Death Valley Junction)
→ 190 NW,18 英里

2 資訊站
(Information)
→ Dante's View Road,14 英里

3 但丁觀景點
(Dante's View)
→ Dante's View Road,14 英里 /
190 NW,5.5 英里

4 騾車大隊峽谷
(Twenty Mule Team Canyon)
→ 190 NW,0.5 英里

5 查布里斯基點
(Zabriskie Point)
→ 190 NW,4 英里

6 煉爐溪遊客中心
(Furnace Creek Visitor Center)
→ 190 NW,2 英里

7 和諧硼砂廠
(Harmony Borax Works)
→ 190 NW,12 英里

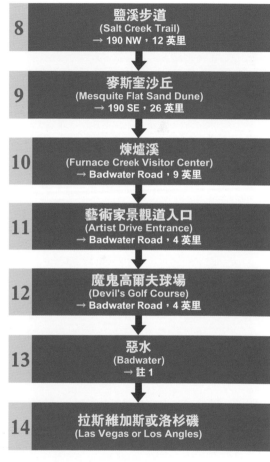

8 鹽溪步道
(Salt Creek Trail)
→ 190 NW,12 英里

9 麥斯奎沙丘
(Mesquite Flat Sand Dune)
→ 190 SE,26 英里

10 煉爐溪
(Furnace Creek Visitor Center)
→ Badwater Road,9 英里

11 藝術家景觀道入口
(Artist Drive Entrance)
→ Badwater Road,4 英里

12 魔鬼高爾夫球場
(Devil's Golf Course)
→ Badwater Road,4 英里

13 惡水
(Badwater)
→ 註 1

14 拉斯維加斯或洛杉磯
(Las Vegas or Los Angles)

註1:

■ **Badwater至Los Angles:** Badwater(CA-178 SE,56英里) → Shoshone(CA-127 S,56英里) → Baker(I-15 SW,65英里) → Barstow(I-15 SW,73英里) → I-10(I-10 W,36英里) → Los Angeles。全程286英里(458公里)。

■ **Badwater至Las Vegas:** Badwater(CA-178 SE,56英里) → Shoshone(CA-178 SE / NV-372 NE,27英里) → Pahrump(NV-160 E,63英里) → Las Vegas。全程146英里(233.6公里)。

2 天 1 夜 行 程

Day 1

1 死亡谷入口
(Death Valley Junction)
→ 190 NW，18 英里

2 資訊站
(Information)
→ Dante's View Road，14 英里

3 但丁觀景點
(Dante's View)
→ Dante's View Road，14 英里 /
190 NW，5.5 英里

4 騾車大隊峽谷
(Twenty Mule Team Canyon)
→ 190 NW，0.5 英里

5 查布里斯基點
(Zabriskie Point)
→ 190 NW，4 英里

6 煉爐溪遊客中心
(Furnace Creek Visitor Center)
→ 190 NW，2 英里

7 和諧硼砂廠
(Harmony Borax Works)
→ 190 SE，2 英里

8 煉爐溪遊客中心
(Furnace Creek Visitor Center)
→ Badwater Road，3 英里

9 黃金峽谷
(Golden Canyon)
→ Badwater Road，6 英里

10 藝術家景觀道入口
(Artist Drive Entrance)
→ Badwater Road，4 英里

12 魔鬼高爾夫球場
(Devil's Golf Course)
→ Badwater Road，4 英里

13 惡水
(Badwater)
→ Badwater Road，17 英里

14 煉爐溪遊客中心
(Furnace Creek Visitor Center)

貼心 小提醒

公園管理員導覽

　12～3月，公園管理員每天會定時在黃金峽谷、麥斯奎沙丘、惡水以及和諧硼砂廠提供免費導覽。從停車場出發，每次時間30～45分鐘；週末另有觀星等特別導覽。確切的時間、地點，可在遊客中心查詢。

Day 2 (A)

1 煉爐溪遊客中心
(Furnace Creek Visitor Center)
→ 190 N，14 英里

2 鹽溪
(Salt Creek)
→ 190 NW，12 英里

玩樂篇 死亡谷國家公園

3	麥斯奎沙丘 (Mesquite Flat Sand Dune) → 190 E，5 英里／ Scotty's Castle Road，33 英里

↓

4	管理員站 (Grapevine Ranger Station) → NW，5.3 英里

↓

5	優比喜比火山口 (Ubehebe Crater) → SE，5.3 英里

↓

6	管理員站 (Grapevine Ranger Station) → Scotty's Castle Road，3 英里

↓

7	史考特城堡 (Scotty's Castle) → NV-267 NE，26 英里

↓

8	史考特接口 (Scotty's Junction) → US-95，35 英里

↓

9	比蒂鎮 (Beatty) → US-95，118 英里

↓

10	拉斯維加斯 (Las Vegas)

─┤ **Day 2 (B)** ├─

1	煉爐溪遊客中心 (Furnace Creek Visitor Center) → 190 N，14 英里

↓

2	鹽溪 (Salt Creek) → 190 NW，12 英里

↓

3	史考特城堡 (Scotty's Castle) → Scotty's Castle Road SW，33 英里

↓

4	管理員站 (Grapevine Ranger Station) → NW，5.3 英里

↓

5	優比喜比火山口 (Ubehebe Crater) → SE，5.3 英里

↓

6	管理員站 (Grapevine Ranger Station) → Scotty's Castle Road，33 英里／ 190 SW，9 英里

↓

7	麥斯奎沙丘 (Mesquite Flat Sand Dune) → 190 SW，8 英里／ Emigrant Canyon Road S，21 英里／

↓

8	野玫瑰峽谷 (Wildrose Canyon) → Wildrose Canyon Road E，9 英里

↓

9	炭窯 (Charcoal Kilns) → Wildrose Canyon Road W，9 英里／ Trona-Wildrose Road S，40 英里

↓

10	特洛納鎮 (Trona) → 178 SW，25 英里

↓

11	里奇克萊斯特鎮 (Ridgecrest) → US-395／CA-14／I-5，154 英里

↓

12	洛杉磯 (Los Angeles)

死亡谷國家公園資訊

■ **網址**：www.nps.gov/deva

■ **開放時間**：每天08:00～17:00

■ **門票**：壯麗美國年票$80；非商用汽車每車$30(7天有效)，死亡谷國家公園年票$55

■ **設置**：1994年10月31日

■ **面積**：13,650.30平方公里

■ **位置**：加州東南邊，莫哈維沙漠北緣，緊鄰內華達州邊界

■ **時區**：太平洋時區

■ **最適旅遊季節**：10～4月日間溫暖，雖然日夜溫差大，還是比較適合旅行；感恩節～聖誕節間遊客最少。如果雨量足夠，3月中旬起，沙漠野花從平地向山坡逐漸綻開。夏天來自世界各地的遊客依然會走訪死亡谷，刻意挑戰谷地高溫

■ **氣候**：月平均最高溫與最低溫(℃)，請參考右頁

■ **地圖**：

遊客中心

■ **煉爐溪遊客中心(Furnace Creek Visitor Center)**：全年開放，提供公園地圖、報紙及遊覽資訊。設有洗手間，展覽室播放影片，販售紀念品並有書店。手機可通訊。

自駕

■ **拉斯維加斯(Las Vegas)出發**：可取道95號國道於Scotty's Junction轉NV-267，由公園東北的史考特城堡(Scotty's Castle)入園；或於Beatty轉NV-374，接CA-190進入煙囪井(Stovepipe Wells)地區；或於Lathrop Wells轉NV-373南下，接CA-127到Death Valley Junction換CA-190西北行入園。從拉斯維加斯也可取道NV-160西向，於Pahrump左轉Bell Vista Avenue，接上Bell Vista Road續行，進入加州境內路名變成State Line Road，遇CA-127北行，換CA-190西北行入園。

■ **洛杉磯(Los Angels)出發**：可先取I-10東行，轉I-15北行，於Baker轉CA-127北行，於Shoshone換CA-178；或是到Death Valley Junction換CA-190西北行入園。取I-5北向，轉CA-14北上，接395國道，在Ridgecrest換CA-178，或再往北，在Olancha取道CA-190東向入園。若從395國道南向，可在Lone Pine轉CA-136，接CA-190東向入園。

生活機能

■ **飲食**：死亡谷內的4間旅館都附設餐廳，但是價格不便宜。其中三處還設有雜貨店，販售一些零食、飲料。距離死亡谷最近的超市在NV-160上的Pahrump鎮。

■ **住宿**：公園內旅館資訊請參考內右頁。

　http 訂房：www.deathvalleyhotels.com、www.oasis atdeathvalley.com、www.panamintsprings.com

■ **露營**：公園共有7處營地，僅煉爐溪(Furnace Creek)可在6個月～4天前預訂，其他都是先到先得，資訊請參考右頁。

　http 訂位：www.recreation.gov

通訊

■ **手機及無線網路**：死亡谷訊號不佳，但遊客中心及The Inn at Death Valley可使用手機及Wi-Fi。

■ **公共電話**：在煉爐溪、煙囪井、史考特城堡、惡水等景點和其他旅館都有公共電話。緊急求援撥打911。

玩樂篇 死亡谷國家公園

各月分氣溫 (℃)

月分	1月	2月	3月	4月	5月	6月	7月	8月	9月	10月	11月	12月
最高溫	19.4	22.9	27.8	32.5	38.1	43.3	46.9	45.9	41.4	33.8	25.1	18.4
最低溫	4.4	7.9	12.7	16.7	22.6	27.3	31.3	29.8	24.2	16.4	8.9	3.5

公園內旅館

旅館	開放時間	房間數	約略價格	備註
Stovepipe Wells Village＊	全年	83	$144～170	餐廳、加油站、雜貨店
The Inn at Death Valley＊＊	全年	88	$399～469	餐廳、加油站、高爾夫球場
The Ranch at Death Valley＊＊	全年	224	$229～249	餐廳、加油站、雜貨店、營地
Panamint Springs Resort＊＊＊	全年	24	$89～129	餐廳、加油站、雜貨店、營地

＊訂房：www.deathvalleyhotels.com。

＊＊訂房：www.oasisatdeathvalley.com。另有Fiddler's營地。營地靠近遊客中心，自助洗衣、淋浴之外，還設有排球、網球及籃球場。營地每夜$18。

＊＊＊訂房：www.panamintsprings.com。另有帳篷小屋及22營地。

公園外圍旅館

　　提供住宿的城鎮包括Beatty(www.beattynevada.org)；Pahrump(visitpahrump.com)；Shoshone Village(www.shoshonevillage.com)；Shoshone南邊的Tecopa有溫泉旅館(www.tecopahotsprings.org)。

公園內營地＊

營地	開放時間	單位(個)	約略價格	備註
Furnace Creek	全年	136	$22	海平面下60公尺，自來水、沖水馬桶、野餐桌、烤架
Sunset	10月中～4月中	270	$14	海平面下60公尺，自來水、沖水馬桶
Texas Springs	10月中～5月中	92	$16	自來水、沖水馬桶、野餐桌、烤架
Stovepipe Wells	9/15～5/10	190	$14	自來水、沖水馬桶
Mesquite Spring	全年	30	$14	海拔550公尺，自來水、沖水馬桶、野餐桌、烤架
Emigrant	全年	10	免費	海拔640公尺，自來水、沖水馬桶
Wildrose	全年	23	免費	海拔1,250公尺，自來水、野餐桌、烤架

＊持終生年票(金齡終生票等)者訂園內營地半價。

＊公園餐廳、旅館與營地之資訊如有異動，請以官方公告為準。本書其他國家公園亦同。

▲ 公路沿線地貌令人驚歎

▲ 從但丁景觀點俯視谷底鹽地

約書亞樹國家公園
Joshua Tree National Park

1

約書亞樹生長的沙漠
攀岩與觀星勝地

　　約書亞樹國家公園，就是以遍布於沙漠間、形狀怪異的約書亞樹命名。約書亞樹名稱來自摩門教徒，對西遷尋求墾殖土地的摩門教徒而言，約書亞樹向上伸展的樹幹，彷若聖經中領導追隨者尋找樂土的約書亞。

　　約書亞樹是莫哈維沙漠的標誌，也代表海拔1,200～1,800公尺的高地沙漠。除了莫哈維沙漠，國家公園東南邊，也包括了海拔較低的科羅拉多沙漠。兩處沙漠造就了景象各異其趣的公園特色。

　　錯落分布的怪石山丘由沙漠中拔起，使得約書亞樹國家公園成為攀岩愛好者的聖地。怪石以二長花崗岩（Monozgranite）為主，約形成於1～2.45億年前。當北美大陸板塊與太平洋板塊碰撞時，

太平洋板塊下沉，地殼深層的熱將岩塊熔成岩漿，從板塊受壓產生的垂直裂縫上竄，卻無法突破地殼，逐漸冷卻成花崗岩。

　　造山運動隨後所造成的裂縫，與原有的裂隙形成X型線條，滲水將岩石稜角磨光，俟岩石露出地表，再經風吹雨淋，看起來就像是巨人堆疊的積木。

　　沙漠漆黑晴朗的夜空，是觀星最佳場所，公園管理員的星空解說，也受天文迷歡迎。

　　原住民是最早的居民，19世紀採礦及墾荒的移民陸續進入，也留下各自的蹤跡；華爾街礦場（Wall Street Mill）、巴克水壩（Barker Dam）及專人嚮導的戚氏牧場（Keys Ranch），都縮影了公園的人文歷史。

1,3.約書亞樹 / 2.攀岩 / 4.走鵑(Roadrunner) / 5.路旁野生植物景觀

玩樂篇 約書亞樹國家公園

豆知識

約書亞樹 Joshua Tree

約書亞樹為絲蘭屬(Yucca)，每年視雨量多寡生長，因為沒有年輪，只能以身高推算年齡；通常10公尺高的樹身，約有900歲高齡。

葉片沒有絲蘭長，因此也稱「短葉絲蘭」，但是約書亞樹卻能安排葉片位置，尖端垂直，以下呈螺旋狀平行排列，目的在吸收最多陽光以利光合作用，因而陽光不足的冬天也能成長。冬天零下溫度往往凍裂樹梢，卻也開啟新的生機；傷口在春天迸放奶白花朵後，便開始生長新的枝葉。

只有絲蘭蛾(Yucca Moth)才能幫忙約書亞樹繁殖。蛾於夜間蒐集花粉捻成球，然後到另一朵花的雌蕊產卵，並將花粉球按到柱頭，確定授粉。花謝後蛾的幼蟲也孵化，部分種子成為幼蟲食物，部分落地長成約書亞樹。

鳥在樹上築巢，鼠用樹葉造窩，倒地的約書亞樹經白蟻分解化作塵土，將取自土地的養分回歸土地。原住民食用約書亞樹花及種子，用纖維編織鞋、蓆和衣服；拓荒者以樹幹當籬笆、圍畜欄，礦場燒樹幹提供動力。人類與約書亞樹共生的痕跡，仍然遺留在公園廢墟。

約書亞樹國家公園必遊景點

從公園西北入口的公園大道(Park Boulevard)由西向東穿過公園，串連位於莫哈維沙漠的景點，並轉北到馬拉綠洲。而在公園大道轉折處往東南行的Pinto Basin Road，經過科羅拉多沙漠，銜接I-10高速路。

1.黑絲鶲(Phainopepla) /
2.棕曲嘴鷦鷯(Cactus Wren)
/ 3.馬拉綠洲。淘礦及拓荒墾植的白人，也曾以此為家，如今為遊客中心所在 / 4.牧豆樹

莫哈維沙漠 Mojave Desert

馬拉綠洲 (Oasis of Mara) 　環形步道 800公尺

約書亞樹國家公園內斷層縱橫，地下水遇到斷層岩壁阻擋去路，就上湧形成綠洲。「Mara」的原住民語意即「有水與草的地方」。傳說，原住民移居的第一年，出生了29名男嬰，因而種植29株扇棕櫚(California Fan Palms，或譯絲葵)，綠洲所在地因此命名29棕櫚鎮(Twentynine Palms)。

扇棕櫚像是撐開的遮陽傘，擋去沙漠驕陽；牧豆樹(Mesquite)圍繞四周，鳥兒不時在枝梢間跳躍(見本頁圖1與圖2)。扇棕櫚可存活近百歲，卻不修邊幅，任由枯葉下垂及地成圍裙。甲蟲是扇棕櫚剋星，可以在樹身上耗5年，從裡往外啃，直到啃出洞後交配繁殖才死亡；年輕的棕櫚還經得起啃食，老幹往往不支倒地，汰弱存強的自然法則，似乎由甲蟲執行。不過，甲蟲理直氣壯的啃食聲正好提供啄木鳥線索，生活與生命，就這般不斷在沙漠綠洲中循環。

玩樂篇 約書亞樹國家公園

科羅拉多沙漠 Colorado Desert

White Tank營地往南即進入科羅拉多沙漠，約書亞樹消失蹤影，在到丘雅仙人掌園（Cholla Cactus Garden）之前的威爾森峽谷（Wilson Canyon）是春花燦爛的路段。過了仙人掌園南行1.5英里，道路兩旁長著幾叢墨西哥刺木。續往南可達木棉遊客中心（Cottonwood Visitor Center），接上10號州際高速路。

丘雅仙人掌園 (Cholla Cactus Garden)  環形步道 400公尺

丘雅仙人掌家族親戚眾多，外表看起來都是一節節圓柱組合，但是圓柱有長有短，身上的細刺色彩及長短各異，有的組合似鹿角，有些像拐杖，有些細如鉛筆，有些細刺泛銀光，各依特色訂名。

丘雅仙人掌園以泰迪熊丘雅（Teddy Bear Cholla）勢力最大，滿園丘雅渾身細刺閃閃金光，像極了毛茸茸的玩具熊，手臂上粉綠色小花恣意伸展，炫耀它擁有最多陽光。泰迪熊丘雅別名「跳躍丘雅」（Jumping Cholla），據說丘雅節莖會跳到人或動物身上，隨著人畜移動，一旦落地立即生根，也就將版圖擴張。

其實仙人掌不會「跳」，容易折斷的關節，正是丘雅仙人掌繁殖的祕技；落地的部分很快生根成為新生命，仙人掌園便一天天擴大。

環形步道繞行仙人掌園，敘述丘雅仙人掌及沙漠生態。

1.丘雅仙人掌花 / 2,3.丘雅仙人掌

 豆知識

墨西哥刺木叢 Ocotillo Patch

墨西哥刺木沒有分枝，沙漠烈日下多半只見光禿帶刺的長枝零亂，彷彿已在垂死邊緣。但只要一點雨水滋潤，滿身立即長滿綠葉，加速光合作用；一旦失去水分，葉片即刻枯黃落地以節約能源。葉片生死似乎都在轉瞬間，因此有人稱墨西哥刺木為「沙漠奇蹟」。原住民賞識墨西哥刺木的實用價值，用枝幹圍籬，將根磨粉用作浸浴消除疲勞，採花泡茶，種子更是可食用的高蛋白食物。墨西哥刺木的紅花宛若一串串直立枝頭的炮竹，是為春天過境蜂鳥（Hummingbird）準備的美食。

1

2

3

1.鴨舌帽 / 2.骷髏頭 / 3.拱門石

怪石 Rocks

多數怪石都在莫哈維高地沙漠，或在路旁，或在營地，部分沿公園大道分布。

隱藏谷 (Hidden Valley)  環形步道 1.6公里

據說此地曾為馬賊藏身之處，步道入口相當隱蔽，要通過石間窄道才能進入怪石包圍的谷地。沙漠植物散布谷地，這裡也經常見到新人和老手攀岩。

鴨舌帽石 (Cap Rock)  環形步道 600公尺

鴨舌帽石在隱藏谷往Keys View的路上，小帽顫巍巍地頂在亂石堆上，俯看眼下的約書亞樹。步道可通輪椅，沿路的解說牌，介紹植物生態，也說明動植物如何適應沙漠環境。

骷髏頭石 (Skull Rock)  環形步道 1.1公里&2.9公里

公園大道路邊即可觀賞眼窩深陷的骷髏頭石。有兩條步道可沿路觀賞怪石，比較短的「發現步道」(Discovery Trail)可接上裂石(Split Rock)步道；較長的「自然步道」(Nature Trail)，通過巨石(Jumbo Rocks)營地，瀏覽沿途奇石。

拱門石 (Arch Rock)  環形步道 500公尺

不在公園大道，而是坐落在兩處沙漠交界的White Tank營地。8公尺寬、5公尺高的石拱框起藍天。有興趣可以向上攀爬，並與石拱合影。

印地安灣 (Indian Cove)  環形步道 1公里

印地安灣在約書亞樹鎮(Joshua Tree)與29棕櫚鎮(Twenty-nine Palms)之間往南的叉路，步道有坡，跨過洩洪溝，可近距離觀察植物，並由解說牌得知植物的醫療用途。

人文歷史 Historical

　　高地沙漠不僅有馬賊，曾經出產過金、銀礦，也有墾殖移民落戶經營的牧場。前往礦場廢墟的步道都不易，最短的華爾街礦場（Wall Street Mill）來回3.2公里。倒是牧民蓄水的巴克水壩（Barker Dam）繞行環形步道1.8公里，可能與飲水的大角羊不期而遇。戚氏牧場則必須在綠洲遊客中心購票才能參觀，詳情可查詢國家公園官網。

▲ 巴克水壩

行程規畫

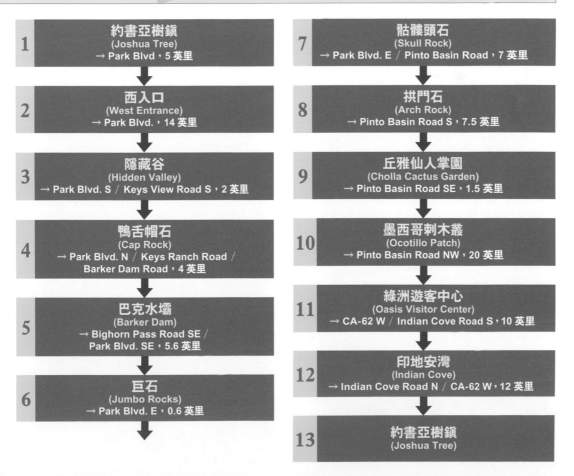

1 **約書亞樹鎮** (Joshua Tree) → Park Blvd，5 英里

2 **西入口** (West Entrance) → Park Blvd.，14 英里

3 **隱藏谷** (Hidden Valley) → Park Blvd. S / Keys View Road S，2 英里

4 **鴨舌帽石** (Cap Rock) → Park Blvd. N / Keys Ranch Road / Barker Dam Road，4 英里

5 **巴克水壩** (Barker Dam) → Bighorn Pass Road SE / Park Blvd. SE，5.6 英里

6 **巨石** (Jumbo Rocks) → Park Blvd. E，0.6 英里

7 **骷髏頭石** (Skull Rock) → Park Blvd. E / Pinto Basin Road，7 英里

8 **拱門石** (Arch Rock) → Pinto Basin Road S，7.5 英里

9 **丘雅仙人掌園** (Cholla Cactus Garden) → Pinto Basin Road SE，1.5 英里

10 **墨西哥刺木叢** (Ocotillo Patch) → Pinto Basin Road NW，20 英里

11 **綠洲遊客中心** (Oasis Visitor Center) → CA-62 W / Indian Cove Road S，10 英里

12 **印地安灣** (Indian Cove) → Indian Cove Road N / CA-62 W，12 英里

13 **約書亞樹鎮** (Joshua Tree)

約書亞樹國家公園資訊

■**網址**：www.nps.gov/jotr

■**開放時間**：全年

■**門票**：壯麗美國年票\$80；非商用汽車每車\$30(15人以下，7天)；公園年票\$55

■**設置**：1994年10月31日

■**面積**：3,196平方公里

■**位置**：洛杉磯東邊140英里(224公里)的沙漠地區；莫哈維沙漠及科羅拉多沙漠在園內交界

■**時區**：太平洋時區

■**最適旅遊季節**：位在沙漠，約書亞樹國家公園呈現夏日高溫與日夜溫差大的典型沙漠氣候。高溫之外，夏季還有暴雷雨。如果12～3月雨量充足，公園3～5月公園會野花遍地，此時氣溫宜人，夜空星光燦爛，是最適合的旅遊季節

■**氣候**：月平均最高溫與最低溫(℃)，請參考右頁

■**地圖**：

機場

距離約書亞樹最近的機場為棕櫚泉機場(Palm Springs Airport，PSP)，Alaska(網址www.alaskaair.com)及Virgin America有班機從西雅圖及舊金山往來棕櫚泉。棕櫚泉機場租車公司有Alamo、Avis、Budget、Dollar、Enterprise、Hertz、National、Thrifty。

公共交通

約書亞樹國家公園內有穿梭車運行，也有班車從棕櫚泉機場往來國家公園。詳細路線及時刻，可上網址www.nps.gov/jotr/planyourvisit/shuttle-buses.htm查詢。

自駕

■**洛杉磯(Los Angels)出發**：

1.走I-10往西北或北門入口：

(a)I-10東行，CA-62東北向，先抵達約書亞樹鎮(Joshua Tree)，從西北入口入園。距離140英里(224公里)。

(b)I-10東行，CA-62東北向，先抵達約書亞樹鎮(Joshua Tree)。續東行15英里(24公里)，抵達29棕櫚鎮(Twentynine Palms)，從北門入園。距離155英里(248公里)。

2.走I-10往木棉遊客中心：

I-10東行，出168號出口北向7英里，抵達木棉遊客中心。距離163英里(261公里)。

■**棕櫚泉(Palm Springs)出發**：

1.走CA-62往西北或北門入口：

(a)CA-62東北向，抵達約書亞樹鎮(Joshua Tree)，從西北入口入園。距離34英里(54公里)。

(b)CA-62續東行15英里，抵達29棕櫚鎮，從北門入園。距離50英里(80公里)。

遊客中心

■**約書亞樹遊客中心(Joshua Tree Visitor Center)**：全年08:00～17:00開放。提供地圖及公園資訊，備有飲水、沖水馬桶、書店。

■**綠洲遊客中心(Oasis Visitor Center)**：全年08:00～17:00開放。提供地圖及公園資訊，備有飲水、沖水馬桶、書店、野餐桌。

▲綠洲遊客中心標誌

■**木棉遊客中心(Cottonwood Visitor Center)**：全年08:30～16:00開放。提供地圖及公園資訊，備有飲水、沖水馬桶、書店。

生活機能

■**飲食**：不僅食物，水在公園內也極度缺乏，僅綠洲遊客中心、西門入口、黑石營地(Black Rock Camp-ground)、木棉營地(Cottonwood Campground)以及印地安灣管理員站(Indian Cove Ranger Station)有飲水。

■**住宿**：公園內沒有旅店，距離公園最近的城鎮包括Yucca、Joshua Tree、Twentynine Palms、Desert Hot Springs。可上訂房網站搜尋。

■**露營**：公園內營地資訊請參考下表。

http 訂位：www.recreation.gov。

通訊

■**手機及無線網路**：手機在公園內幾乎收不到訊號。黑石營地有時有訊號。

■**公共電話**：公園內緊急電話只設置在印地安灣管理員站，及靠近隱藏谷營地(Hidden Valley Campground)停車場的Intersection Rock。

各月分氣溫 (℃)

月分	1月	2月	3月	4月	5月	6月	7月	8月	9月	10月	11月	12月
最高溫	16.7	18.3	22.2	26.7	31.7	36.7	39.4	38.3	35	28.3	20.6	15.6
最低溫	5	6.7	8.9	12.2	17.2	21.1	24.4	23.9	20	13.9	7.8	4.4

公園內營地

＊資訊如有異動，請以官方公告為準。

營地	開放時間	單位(個)	約略價格	備註
Black Rock	全年	99	$20	水、沖水馬桶、野餐桌、烤架、廢水處理。6個月前即可預訂10～5月營地
Cottonwood	全年	62	$20	水、沖水馬桶、野餐桌、烤架、廢水處理。6個月前即可預訂10～5月營地
Indian Cove	全年	101	$20	無水馬桶、野餐桌、烤架。6個月前即可預訂10～5月營地
Jumbo Rocks	全年	124	$15	無水馬桶、野餐桌、烤架。6個月前即可預訂10～5月營地
Belle	全年	18	$15	無水馬桶、野餐桌、烤架。先到先得
Hidden Valley	全年	44	$15	無水馬桶、野餐桌、烤架。先到先得
Ryan	全年	31	$15	無水馬桶、野餐桌、烤架。先到先得
White Tank	全年	15	$15	無水馬桶、野餐桌、烤架。先到先得

▲露營地

▲怪石

巨柱仙人掌國家公園
Saguaro National Park

沙漠裡的巨人

正如約書亞樹只生長在莫哈維沙漠，巨柱仙人掌是索諾倫沙漠的標誌。從一粒小於針頭的種子，經過一世紀，長成沙漠裡的巨人，巨柱仙人掌體質得天獨厚。這個國家公園的設置就為了保護巨柱仙人掌。

古老的傳說裡，印地安聖人眉梢滴落的汗珠，就長成巨柱仙人掌；也有人說，巨柱仙人掌是跌落蜘蛛洞裡的小孩變成的。無論是汗珠或孩童化身，仰望巨柱仙人掌的龐大身軀，就明白為什麼印地安人稱它「大」仙人掌。

巨柱仙人掌是最典型的沙漠植物，根只肯淺淺地深入地底約8公分，卻盡可能地向四周擴散吸水，伸展範圍直徑直追身高。手風琴似的身體更是收放自如。雨水多，身體就開懷地飲，甚至可儲存一年用量，科學家因而稱巨柱仙人掌為「駱駝仙人掌」；雨水少，布滿針刺及臘質的表面就緊緊地保存著水分，不准蒸發，身體自然也就清瘦。

仙人掌果實是原住民夏日生存的主要資源，種子可磨成粉，果實加工成果醬與糖漿，糖漿發酵成酒；挺直的骨架則是籬笆、家具、鳥籠、屋頂的材料。每年春分，印地安人舉行祭典祈雨，期盼果實豐收；而果實成熟的7月，是印地安年曆的開始。

1.仙人掌森林 / 2.仙人掌森林夕照 / 3,4.仙人掌花 / 5.管風琴仙人掌 / 6.仙人掌果實

2

3

4

5

巨柱仙人掌
國家公園
必遊景點

國家公園東區(Saguaro East)於1950年代設置，海拔較高，園區較大；西區(Saguaro West)於1994年設置，面積較小，但巨柱仙人掌密度較高。

西區：土桑山區 (Tucson Mountain District)

發現沙漠自然步道 (Desert Discovery Nature Trail)

環形步道 800公尺

在紅崗遊客中心北邊1英里處，繞著巨柱仙人掌介紹沙漠生態。

沖積扇圓環車道 (Bajada Loop Drive)

5英里車道，包括Hohokam Road及部分Golden Gate Road；Hohokam Road部分路段為單行道。全程沙土路但可通車。另有兩處步道。

**2天1夜
自駕**

行程規畫

├ Day 1 ┤	├ Day 2 ┤

Day 1

1 土桑機場
(Tucson Airport，TUS)
→ S. Tucson Road, N／Valencia Road W／
I-19 N／AZ-86 W／Kinney Road NW，21 英里

↓

2 亞歷桑那 - 索諾拉沙漠博物館
(Arizona- Sonora Desert Museum)
→ Kinney Road N，2 英里

↓

3 國家公園西區紅崗遊客中心
(Red Hills Visitor Center)
→ West Saguaro NP，5 英里圓環

↓

4 沖積扇圓環車道
(Bajada Loop Drive)
→ Kinney Road／Gates Pass Road／
Speed Blvd. E，24 英里

↓

5 土桑 夜宿
(Tucson)

Day 2

1 土桑
(Tucson)
→ Speedway Blvd. E，14 英里／Freeman Road S
，4 英里／Old Spanish Trail E，0.25 英里

↓

2 國家公園東區雷康山遊客中心
(Rincon Mountain Visitor Center)
→ East Saguaro NP，8 英里圓環

↓

3 仙人掌森林圓環車道
(Cactus Forest Drive)
→ Old Spanish Trail S／Escalante Road W／
Houghton Road S／Irvington Road W／
Kolb Road S／Valencia Road W／
S Tucson Road S，16 英里

↓

4 土桑機場
(Tucson Airport，TUS)

玩家充電站

亞歷桑那-索諾拉沙漠博物館
Arizona-Sonora Desert Museum

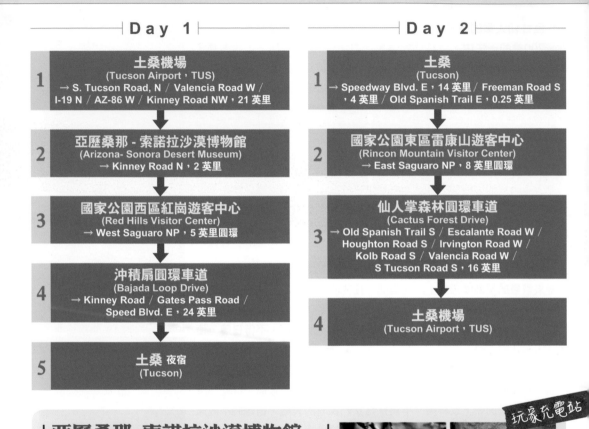

1952年設置，亞歷桑那-索諾拉沙漠博物館雖然不屬於國家公園，卻更完整縮影了索諾倫的沙漠生態。博物館85%在室外，包含仙人掌園、沙漠植物園、淡水及海水水族館、鳥園等設施，還有專為蜂鳥設置的生活空間。如果時間充裕，消磨一天都不嫌多，至少需要2小時才能走一遭。

http www.desertmuseum.org

1.蜂鳥／2.大角羊(Bighorn Sheep)／3.沙漠植物

巨柱仙人掌國家公園資訊

- **網址**：www.nps.gov/sagu
- **開放時間**：全年。西區每天從日出至日落。東區每天07:00開放通車。自行車及行人24小時可進入
- **門票**：壯麗美國年票$80；非商用汽車每車$20 (15人以下，7天)；公園年票$40。東、西兩區通用
- **設置**：1994年10月14日
- **面積**：370.1平方公里
- **位置**：亞歷桑那州東南的土桑市(Tucson)，屬於索諾倫沙漠地帶。I-10州際高速路將國家公園分成東西兩部分，西區在土桑山(Tucson Mountain)，東區在雷康山(Rincon Mountain)
- **時區**：山區時區，不實施夏令日光節約時間
- **最適旅遊季節**：3～4月氣候溫和，如果去年冬天雨量足夠，一年生草本會遍地開花。但要觀賞巨柱仙人掌及其他仙人掌開花，要等到4月底～5月初；巨柱仙人掌採果則在6月中
- **氣候**：月平均最高溫與最低溫(℃)，請參考下表
- **地圖**：

機場

美航(AA)、達美(DL)及西南(WN)航空公司都有班機從洛杉磯直飛土桑機場(TUS)。土桑國際機場租車公司包括：Alamo、Avis、Budget、Dollar、Enterprise、Hertz、National。

公共交通

- **美鐵**：美鐵的Sunset Limited及Texas Eagle，每週有三班車從洛杉磯到土桑，車程約9.5小時，詳情請見官網www.amtrak.com。
- **灰狗巴士**：每天有4班車從洛杉磯到土桑，車程約10小時，詳情請見官網www.greyhound.com。

遊客中心

西區為紅崗遊客中心(Red Hills Visitor Center)，東區為雷康山遊客中心(Rincon Mountain Visitor Center)。兩處中心除聖誕節外，每天09:00～17:00開放，提供資訊。

生活機能

- **飲食**：公園就在土桑市區邊緣，購買食物相當方便。
- **住宿**：公園內無住宿設施，可透過訂房網站在土桑訂旅館。分布於海拔1,400～2,400公尺之間的6處野地露營區，無路可通車，最近的一處從步道起點要步行4英里才能抵達。公園東區的Manning Camp有水，但只有6個營地，其他5處各有三個營地，但無水。野地露營必須事先申請許可。詳情請查詢國家公園官網。

通訊

東、西兩區都沒有無線網路，手機訊號不穩定。

各月分氣溫 (℃)

月分	1月	2月	3月	4月	5月	6月	7月	8月	9月	10月	11月	12月
最高溫	17.7	20	22.2	27.2	31.7	37.2	36.7	36.1	34.4	28.9	22.8	18.3
最低溫	3.3	4.4	6.7	10	13.9	19.4	23.3	22.2	19.4	13.9	7.2	3.9

卡爾斯巴德岩洞國家公園 Carlsbad Cavern National Park

沙漠地下別有洞天

位於奇娃娃沙漠（Chihuahuan Desert），卡爾斯巴德岩洞地上具沙漠景觀，地下別有洞天。卡爾斯巴德岩洞也是石灰岩洞，卻不似一般岩洞是由滲水成河，溪河沖刷出通道、擴大成岩洞，而是硫酸侵蝕的結果。

2億多年前，岩洞所在是淺海邊緣，海洋生物殘骸在水裡堆積成礁岩。礁岩底部為石油礦藏，礦藏裡蘊含的氫化硫上升，遇到水裡的氧，混合成硫酸，便侵蝕岩石成洞。

造山運動舉起礁岩，形成瓜達露佩山（Guadalupe Mountains），帶有二氧化碳的雨和雪從裂縫滲入，並溶解石灰岩成碳酸鈣。水分在洞頂沉澱蒸發，形成各種形狀的石鐘乳，洞底的碳酸鈣則造就石筍。

貼心 小提醒

岩洞遊覽規則

自行遊覽有入洞和出洞時間，譬如最早08:00與最晚16:00；門票必須在遊客中心櫃檯購買。管理員導覽有固定時間場次，可先上網訂票，最遲在開場半小時前取票。

自行遊覽兩處岩洞時，可以使用閃光燈及三角架，若是參加岩洞導覽，則不得使用三角架。蝙蝠出洞不准照相。

遊覽岩洞不能帶食物及飲料，只能帶飲水。

可以帶手電筒及醫療手杖，但手杖底部需有軟墊。

請著平底、防滑的鞋子；握把處可多加利用。

攜帶一件外套或毛衣，避免洞內低溫。

只行走在步道上；勿走到無燈光的路徑。

1,5.王宮 / 2,3.大堂 / 4.奇娃娃沙漠裡的黃色野花

卡爾斯巴德岩洞國家公園 必遊景點

　　卡爾斯巴德岩洞附近陸續發現逾百個岩洞，但只有少數開放參觀。大堂(Big Room)及天然入口步道(Natural Entrance Trail)可以自行遊覽，付費的導覽行程中，最熱門的為王宮(King's Palace)。

http 導覽購票www.recreation.gov

天然入口步道
(Natural Entrance Trail)

步道 單程2公里
落差229公尺

　　電梯於1932年裝置完成前，步道就是岩洞的天然入口，蝙蝠也從洞口進出。步道陡峭，到洞底相當於走下79層樓。沿途會經過魔鬼池(Devil's Spring)、鯨魚口(Whale's Mouth)、冰山石(Iceberg Rock)及巫婆指(Witch's Fingers)等怪岩奇石。

大堂 (Big Room)

環形步道 2公里
也可走半程折返

長1,220公尺，寬191公尺，高78公尺，大堂是北美第五大岩洞，人走進洞裡立即感覺自己的渺小，尤其站在巨人廳(Hall of Giants)的高大石筍面前。圖騰柱一柱擎天，娃娃劇場(Doll's Theater)裡滿布吸管，天花板上吊燈富麗，腳下無底洞深不可測，水晶圓頂(Crystal Spring Dome)還在汩汩流淌的泉水滋潤中成長，中國戲院(Chinese Theater)不知在上演哪齣戲，登上老人石(Rock of Ages)環顧大堂，不得不讚歎自然的奧妙。

王宮 (King's Palace)

步道 1.6公里

步道下到地下250公尺，導覽歷時90分鐘。雖然不似天然入口困難，這個行程還是有上下坡。4個大房間裡裝飾著窗簾、石柱、石枝、吸管等，皇后的宮殿(Queen's Chamber)尤其堂皇。導遊會故意關掉所有燈光，讓遊客傾聽岩洞的呼吸和滴落的水聲。

玩家充電站

| 蝙蝠出洞 |

4月中～10月中，大群蝙蝠從南美遷回卡爾斯巴德岩洞繁殖。每天日落後，蝙蝠成群出洞覓食，螺旋狀的飛行模式，宛如一股上升的黑煙。同樣的黑煙，在1903年或更早，促使岩洞被發現，而蝙蝠的排泄物則被開採運出，用作加州種植的柑橘肥料。蝙蝠出洞解說地點在露天劇場，5月底～10月中每天黃昏一場。確切時間可向遊客中心櫃檯查詢。

玩樂篇
卡爾斯巴德岩洞國家公園

行程規畫
1天 自駕+徒步

遊覽王宮及大堂。王宮在國殤日及勞工節之間每天4場導覽，其他時段多僅一場，因此要先把握導覽時間，接著再自行遊覽大堂，時間上較有彈性。

1 艾爾帕索機場
(El Paso Airport)
→ I-180 E / US-62 E，138 英里

2 懷特城
(Whites City)
→ NM-7 E，7 英里

3 國家公園遊客中心
(Carlsbad Cavern National Park Visitor Center)

公園資訊

■**網址：** www.nps.gov/cave
■**開放時間：** 全年開放。新年、感恩節、聖誕節除外
■**門票：1.年票：** 壯麗美國年票$80，金齡年票$20。即使使用年票，還是要到遊客中心憑證索取免費票；持年票者本人之外，可另帶三人 / **2.一般門票：** 成人$15，三天有效，可參觀自行遊覽地區 / **3.** 管理員帶領的解說另外付費，時間及費用可上公園官網查詢。訂票網址www.recreation.gov
■**設置：** 1930年5月14日
■**面積：** 189.3平方公里
■**位置：** 新墨西哥東南部，屬奇娃娃沙漠區
■**時區：** 山區時區，不實施夏令日光節約時間
■**最適旅遊季節：** 4~5月和9~10月，氣候比較合適。如沒有異常氣候，4月中~10月中有蝙蝠出洞解說。

岩洞裡溫度經常保持在攝氏13度
■**氣候：** 月平均最高溫與最低溫(℃)，請參考下表
■**地圖：**

機場

距離岩洞最近的機場在卡爾斯巴德西南、德州境內的艾爾帕索機場(El Paso Airport，ELP)，車程145英里。美航(AA)及西南航空(WN)有班機從洛杉磯直飛，忠實航空(G4)從拉斯維加斯直飛。艾爾帕索機場的租車公司包括：Advantage、Alamo、Avis、Budget、Dollar、Enterprise、Hertz、National、Payless、Thrifty。

公共交通

灰狗巴士有班車從艾爾帕索到卡爾斯巴德，車程約3小時。即使從洛杉磯出發，也要在艾爾帕索轉車。

遊客中心

Carlsbad Caverns National Park Visitor Center位於東邊入口。5月國殤日~9月勞工節08:00~19:00開放，9月勞工節~5月國殤日則是08:00~17:00開放。提供資訊，影片、展覽、書店、洗手間及快餐。出售公園門票，下到岩洞的電梯即在櫃檯邊。

生活機能

■**飲食：** 遊客中心櫃檯對面有快餐店，電梯底有小型販賣部。距離公園7英里的懷特城(White's City)，有幾家原住民經營的商店；東北18英里外的卡爾斯巴德(Carlsbad)有較多餐飲店。
■**住宿：** 公園內無住宿設施及營地。懷特城(Whites City)有一家汽車旅館，卡爾斯巴德有較多的住宿設施，可上訂房網站查看。

通訊

岩洞內沒有訊號，手機設飛航模式可省電。

各月分氣溫 (℃)

月分	1月	2月	3月	4月	5月	6月	7月	8月	9月	10月	11月	12月
最高溫	14	17	21	26	31	35	35	34	31	25	19	13
最低溫	-3	-1	3	7	13	18	20	19	15	8	1	-3

木餾油叢 (Creosote bush)

木餾油叢是沙漠最常見的灌木，臘質小葉片能減少水分蒸發，遇旱還會落葉保根，兩年沒下雨也能存活。根部強大的吸水能力，讓周圍植物，甚至自身種子無法生存，因此繁殖只能從根部進行無性繁殖(clone)。

木餾油叢也是原住民的藥材箱，不但可治療呼吸道疾病、緩和風濕及坐骨神經痛，也可當作外傷抗生素。木餾油叢黃花並不眩目，揉搓細葉飄出的油味，才恍然大悟灌木名稱由來。

牧豆樹 (Mesquite)

由於繁殖迅速，而且枝葉濃密妨礙樹下草木生長，牧豆樹已被視為有害生態的植物。但是，春天開放的黃色條狀花富含蛋白質，結成豆莢後也提供原住民及牲口食物。牧豆樹木材曾被西班牙人用為造船材料，零碎木段燒製的木炭，則是最受歡迎的燻烤肉類燃料。

綠樹 (Palo Verde)

綠樹最常生長在沙漠排水良好的洩洪溝(Wash)或山麓沖積扇(Bajada)附近，也是沙漠生存高手，葉片與枝幹雙管齊下吸收陽光產生能量；即使綠葉落盡，綠色枝幹也能進行光合作用。滿樹黃花熱烈迎春，也能食用。

鐵樹 (Desert Ironwood)

稱作鐵樹，因為密度比水還大，會沉到水底而不漂浮水面。鐵樹是索諾倫沙漠(Sonoran Desert)的標誌之一，紫色花期與巨柱仙人掌相當。堅硬的木材處理不易，通常用作刀把；下加州本地人會將木頭雕刻成動物，用作裝飾或紀念品。

玩樂篇 主題之旅

麻黃 (Mormon Tea)

麻黃在沙漠中常見，即使開花也不出色，也許因摩門教徒用枝梗泡茶而獲名。麻黃與其他具藥效的花粉，曾在6萬年前的伊拉克墓葬中出土，猜測古人早已知道麻黃的醫療功能。據說原住民用麻黃茶治氣喘、花粉熱及感冒。

驚豔仙人掌花

桶狀、圓柱節、扁平葉，仙人掌奇形怪狀，紅、橙、黃色彩繽紛，雖然全身帶刺，仍然讓人忍不住想靠近。蜂採粉花粉表示激賞，人只能拿起相機拍照，留下驚豔的回憶。

荷荷巴 (Jojoba)

蠟質小葉片，不但防水分蒸發，還會利用空氣動力產生的螺旋效果，將花粉從公株傳到母株。黃綠色小花並不起眼，動物可食用類似橡果的果實；果實內的種子則有經濟價值。

18世紀進入下加州 (Baja California) 的傳教士已注意到，當地人將荷荷巴果實烤軟，取出種子內含的油脂護髮及護膚。用作保養品外，荷荷巴油脂成分接近鯨油，也能作潤滑劑或軟化皮革。目前荷荷巴是沙漠商業種植規模僅次於扇棕櫚的植物。

科羅拉多高原
Colorado Plateau

玩樂篇　科羅拉多高原

從北亞歷桑那州的**大峽谷**，到猶他州西南的**錫安**及**布萊斯峽谷**，科羅拉多高原一階階升高，岩石從磚紅、奶黃、巧克力、朱紅、白、灰色，轉成迷人的粉紅色，形成色彩眩目的大階梯(The Grand Staircase)。一路拾級而上，億萬年來河流、風沙、雨雪與高原相互切磋的往事，點點滴滴展現在峽谷間；也一頁頁呈現地球20億年的滄桑。

大階梯的岩層，經過億萬年層層積累、石化，造山運動隨後將岩層舉起成高原，自然的侵蝕，剖開岩層也揭露地球的歷史。石灰岩岩層中發現的貝類、海綿化石，顯示峽谷所在曾經是海洋；砂岩及頁岩中，存留了陸棲爬蟲類足跡及陸地植物化石，證明海洋消退。

科羅拉多高原東北邊的**石拱國家公園**，用錯落分布的石拱、石窗訴說岩石的故事；東南邊**石化森林**存留恐龍咆哮於地球時原始森林的殘骸；原住民在**綠台**岩洞建構的崖居，記錄高原上人類生活的蛛絲馬跡。

大峽谷國家公園
Grand Canyon National Park

1

巨型峽谷，
科羅拉多河鬼斧神功的傑作

大峽谷是峽谷中的峽谷。峽谷長446公里，寬16～22公里，深近1.6公里，在科羅拉多高原眾峽谷中最大，也因少有其他峽谷能超越其規模，故名大峽谷。

對地質學家來說，大峽谷是科羅拉多河（Colorado River）及支流鬼斧神工的創作。「Colorado」西班牙文意即「紅色」，1963年格蘭峽谷水壩（Glen Canyon Dam）建成前，河流經常挾帶峽谷沖刷下來的泥沙，使得水色變紅而獲名。

發源於洛磯山，科羅拉多河走過美國西南地區2,320公里，一路切山割地造成峽谷，最後在加州灣（Gulf of California）入海。600萬年前行經如今的大峽谷時，科羅拉多河每一英里落差2.4公尺；流過全程，落差達600公尺，在峽谷裡造成逾160處急湍，也成就它傳世的雕刻傑作。

科羅拉多河不但切割出峽谷，也透過峽谷暴露的岩層，揭開地球近20億年的紋理。沿著緣邊步道行走，能見到貼著河流的咖啡色毗濕奴（Vishnu）岩層，那是峽谷最底層的火成岩及變質岩，形成於18億年前；而遊人腳下的開巴伯岩層（Kaibab Formation），只有2億7千萬歲。

無論年輕或年老，岩層內涵透露出大峽谷所在，曾經是淺海、砂丘、沼澤與河口，地理位置更在赤道以南。經過沉積、舉起及侵蝕的過程，形成如今展現在峽谷中的金字塔、山丘、緩坡以及懸崖峭壁。

1,2.大峽谷／3.騎騾／
4.沙漠景觀瞭望塔／
5.梅德點／6.眺望點
作坊

6

豆知識

大峽谷的人文歷史

　　1848年美墨戰爭結束，美國獲得如今西南地區土地，開始派員探勘。1857年軍官喬瑟夫・艾維斯(Joseph Ives)率兵穿越大峽谷後寫道：「這是一塊鳥不生蛋的土地，我們恐怕是最先，也將是最後踏上這塊土地的白人。」

　　事實上，白人涉足前，原住民早已在峽谷裡採集及耕種，留下的廢墟見證大峽谷人文歷史。艾維斯以後，內戰退伍的獨臂軍官約翰・W・鮑沃(John W. Powell)，於1869及1872年兩度沿科羅拉多河探勘大峽谷，並將大峽谷繪製在地圖上。

　　採礦的白人，繼鮑沃之後陸續來到大峽谷，也開始發展大峽谷觀光業。20世紀初銅價大跌，礦坑被廢棄，「鳥不生蛋」的地方，如今成為每年數百萬遊客造訪的熱門觀光景點。

大峽谷
國家公園
必遊景點

大峽谷南緣分東、西兩線。西線只在12～2月穿梭車停駛的時期，能自駕遊覽景點，其餘時候必須搭乘穿梭車或沿緣邊步道步行賞景。東線只能自駕，或參加公園承包商提供的付費巴士遊覽。北緣除了遊客中心附近的光明天使點外，都必須自駕遊覽。

1.時光步道 / 2.梅德點 / 3.亞瓦派點 / 4.何匹屋

南緣 South Rim

緣邊步道 (Rim Trail)

全長20.6公里，沿著大峽谷緣邊行走。可以從距離大峽谷遊客中心（Grand Canyon Visitor Center）最近的梅德點（Mather Point）一路西向1.1公里，抵達亞瓦派點及地質博物館（Yavapai Point and Geology Museum）。亞瓦派點至佛坎普遊客中心（Verkamp's Visitor Center）之間的2.3公里，又稱為「時光步道」（Trail of Time），展示不同年齡的岩層，清晰呈現峽谷地層變化。

1

2

3

4

峽谷村 (Village)

佛坎普遊客中心以西即是歷史建築區「峽谷村」。村內建築自東向西包括：佛坎普遊客中心（1906年）、何匹屋（Hopi House，1905年）、艾爾托瓦旅館（El Tovar Hotel，1905年）、火車站（Train

Depot，1910年)、光明天使客棧(Bright Angel Lodge，1935年)、眺望點作坊(Lookout Studio，1914年)以及柯伯兄弟作坊(Kolb Studio，1904年)。

1.柯伯兄弟作坊 / 2.眺望點作坊 / 3.隱士居

玩樂篇 大峽谷國家公園

光明天使步道起點 (Bright Angel Trailhead)

　　柯伯兄弟作坊續西行，即是光明天使步道起點，行人及騾隊都由此下行谷底。南緣紅線穿梭車的起點，就在西邊不到100公尺，可搭車走訪隱士居(Hermits Rest)及沿路景點。

緣邊至峽谷底步道

　　除了緣邊步道，南緣另有三條步道下到谷底，包括南開巴伯步道(South Kaibab Trail)、光明天使步道(Bright Angel Trail)及隱士步道(Hermits Trail)。隱士步道陡峭且欠缺維修，不建議行走。其他兩條步道分別在谷底渡過科羅拉多河後，於Bright Angel露營地會合。對於欠缺經驗的觀光客，建議依以下資訊，量力而為。通常上行要耗費下行兩倍時間；5～9月尤其驕陽炎熱，必須帶夠飲水。如果有興趣與體力走得更長，可向Backcountry Information Center查詢可行性並索取地圖。

南開巴伯步道：全程 11.3 公里，海拔變化 1,430 公尺，沿路無水也無處遮陽

地點	來回距離	與緣邊落差	耗時	設施
Ooh Aah Point	2.8公里	230公尺	1～2小時	-
Cedar Ridge	4.8公里	340公尺	2～4小時	廁所
Skeleton Point	9.6公里	620公尺	4～6小時	-

光明天使步道：全程 15.3 公里，海拔變化 1,320 公尺

地點	來回距離	與緣邊落差	耗時	設施
Lower Tunnel	2.8公里	180公尺	1～2小時	-
1 1/2-Mile Resthouse	4.8公里	340公尺	2～4小時	廁所 / 5～9月供水 / 緊急電話
3-Mile Resthouse	9.6公里	645公尺	4～6小時	廁所 / 5～9月供水 / 緊急電話
Indian Garden Campground	14.4公里	925公尺	6～9小時	廁所 / 水 / 緊急電話 / 營地 / 急救

玩家充電站

| 如何玩南緣西線「隱士路」(Hermit Road) |

隱士路在3/1～11/30不准私人車輛通行，只能搭乘穿梭車或徒步遊覽，部分路段開放單車乘騎。穿梭車往來頻繁，可依站上下。最值得徒步的路段在鮑沃點(Powell Point)到莫哈維點(Mohave Point)間，可參考下表。

景點	與前一景點距離(公里)	飲水	廁所	穿梭車	備註
梅德點 Mather Point	-	√	√	橙線	距遊客中心最近，可欣賞日出、日落
亞瓦派點 Yavapai Point	1.1	√	√	橙線	有地質博物館，可蓋公園護照紀念戳章
佛坎普遊客中心 Verkamp's Visitor Center	2.3	√	√	-	自此西行經歷史區
光明天使步道口 Bright Angel Trailhead	0.8	√	√	-	最近藍／紅線轉運站；下行峽谷起點
步道景觀 Trailview Overlook	0.8	-	-	紅線	觀賞腳下光明天使步道的蜿蜒路徑
馬力柯帕點 Maricopa Point	1.1	-	-	紅線	峽谷景色
鮑沃點 Powell Point *	0.8	-	-	紅線	紀念鮑沃1869年首度沿河探勘峽谷
何匹點 Hopi Point	0.5	-	√	紅線	5處河景，西線最高點，賞日落熱門點
莫哈維點 Mohave Point *	1.6	-	-	紅線	可觀賞河景以及日出、日落，有野餐桌
深淵 The Abyss	1.8	-	-	紅線	峽谷直下914公尺
紀念溪景觀 Monument Creek Vista	1.6	-	-	紅線	峽谷景色
皮馬點 Pima Point *	2.9	-	-	紅線	可觀賞河景及日出、日落
隱士居 Hermit's Rest	1.6	√	√	紅線	西線終點，可賞河景，有紀念品店

＊回程(東向)經停點。
＊＊資訊如有異動，請以現場實際狀況為主。
(製表／沈正柔)

▲ 鮑沃點

▲ 莫哈維點

玩樂篇 大峽谷國家公園

東線 Desert View Drive

大峽谷南緣東線未設穿梭車，也沒有緣邊步道。從遊客中心到最東邊的沙漠景觀點（Desert View Point），約25英里（40公里）路程，如果不參加公園付費的遊覽車遊覽，只能自駕。取道沙漠景觀路（Desert View Drive）東行，除土沙揚原住民遺址及博物館（Tusayan Ruin and Museum）外，景點都在狹谷邊緣。

大景觀點 (Grandview Point)

這裡曾經生產銅礦，設置大峽谷最早的旅館。但礦產無利可圖，1901年火車進入峽谷，觀光焦點西移到峽谷村後，大景觀點逐漸沒落。如今，運銅礦的驢路成為步道，但陡峭難行；由於地勢較高，雨量較多，橡、松、柏樹成蔭。

莫連點 (Moran Point)

湯瑪斯・莫連（Thomas Moran）的地景畫作，將大峽谷美景公諸於世，也促成國家公園設置。從莫連點放眼四望，泥黃的石灰岩、紅色砂岩及峽谷底層最老的深色火成岩清晰可見，科羅拉多河在腳底蜿蜒。

自駕路線

http www.nps.gov/grca(點選 MAPS，下方可見Desert View Drive地圖)

1,2.大景觀點 / 3,4.莫連點

土沙揚原住民遺址及博物館
(Tusayan Ruin and Museum)

土沙揚廢墟是大峽谷國家公園發現的4,000處原住民遺址之一，據建材年輪推斷，這裡約建於西元1185年，最多曾有20位居民。行走200公尺步道，可見到存留的基瓦（Kiva，原住民聚會及祭祀的圓屋，見P.219）、儲藏室及居所。農地及周圍的松、柏和絲蘭提供食物、建材、燃料等物資。博物館內的展覽及書店，還原原住民生活歷史。

李盤點 (Lipan Point)

李盤是阿帕契原住民的一支。科羅拉多河在此處形成S形，支流沖刷而下的砂石，在河上造成白淵，在河邊形成沖積扇；原住民在沖積扇上留下生活痕跡，目前考古挖掘仍然進行中。

納瓦荷點 (Navajo Point)

納瓦荷點已經接近沙漠景觀點，隱約可見崖邊的眺望塔。西線看不到的「大峽谷超級岩群」（Grand Canyon Supergroup），在李盤點及納瓦荷點現蹤。地質學家相信，8

1,2.土沙場 / 3.李盤點 / 4.納
瓦荷點

～12億年前，「大峽谷超級岩群」經歷舉起、傾斜、斷層等地殼運動，有些不堪動盪土崩瓦解，有些則不敵自然侵蝕消磨殆盡，只有少數地區還存留岩層。

1.瞭望塔 / 2.瞭望塔內的原住民壁畫創作 / 3.瞭望塔頂的大峽谷景色

沙漠景觀點 (Desert View)

沿著峽谷邊緣構築的瞭望塔，是大峽谷南緣最高點。瞭望塔在美國西南原住民居住區相當普遍，或用作防衛，或用以囤積穀糧，說法不一。大峽谷瞭望塔第一層設計成原住民基瓦，展示原住民祭典儀式，周圍壁畫敘述原住民的信仰與祈雨傳說，其中的生活刻劃，譬如狩獵、耕種，以及牙月上的兔子、吃魚的鳥都饒富趣味。沿梯上行85階到達瞭望塔頂，只見原住民的聖山「聖法蘭西斯山」(San Francisco Peaks)在納瓦荷(Navajo)、何匹(Hopi)保留區拔地而起，也能360度全方位觀賞峽谷及沙漠景觀。

北緣 North Rim

光明天使點 (Bright Angel Point)  步道 來回800公尺

步道不長但陡，可從停車場或旅館餐廳後門陽台下行到底，一路觀賞峽谷風光。此處也是適合欣賞落日的景點。

1,2.帝王點 / 3.瓦哈拉眺望點

帝王點 (Point Imperial)

位於海拔2,683公尺,是大峽谷最高點。海頓山(Mount Hayden)一柱獨立於峽谷中,傾聽鳥鳴松濤。

瓦哈拉眺望點 (Walhalla Overlook)

900年前,原住民曾經居住瓦哈拉高原,以採集及農耕維生。冬天高原酷寒,原住民便沿安卡溪(Unkar Creek)步行到科羅拉多河畔三角洲耕作;1967年在安卡三角洲發現52處原住民生活遺址。從瓦哈拉眺望點可看到科羅拉多河轉彎形成的三角洲。

1,2.天使窗 / 3.毗濕奴神廟 / 4.戰神奧丁寶座

皇家岬 (Cape Royal)  步道 來回1.3公里

步道易行,沿路可見植物較南緣高大,顯示雨雪較豐沛。天使窗(Angels Window)因石灰岩遭侵蝕而鏤空,正好框起一段科羅拉多河;站在窗頂望向峽谷,反而見不到腳下的「窗」。從皇家岬可近距離觀賞毗濕奴神廟(Vishnu Temple)及戰神奧丁寶座(Wotans Throne)。大峽谷的長度由科羅拉多河創作,寬度則由兩旁匯入科羅拉多河的支流切割而成。支流先將緣邊侵蝕成半島,繼續切割成孤島,獨立在峽谷中的孤島逐漸形成孤丘,地質學家依孤丘形狀命名,毗濕奴神廟及奧丁寶座因此獲名。

行程規畫

玩樂篇　大峽谷國家公園

┤ **Day 1** ├	┤ **Day 2** ├
南緣西線(步行＋穿梭車)	南緣東線(自駕／公園付費遊覽車行程)

1 大峽谷遊客中心
(Grand Canyon Visitor Center)
→ 步行500公尺

2 梅德點
(Mather Point)
→ 步行1.1公里

3 亞瓦派點及地質博物館
(Yavapai Point and Geology Museum)
→ 步行2.3公里(時光步道)

4 佛坎普遊客中心
(Verkamp's Visitor Center)
→ 步行800公尺

5 光明天使步道起點
(Bright Angel Trailhead)
→ 步行100公尺

6 紅線穿梭車起點
(Hermits Rest Route Transfer)
→ 搭紅線 7 英里

7 隱士居
(Hermits Rest)
→ 紅線回程 7 英里

8 紅線穿梭車起點
(Hermits Rest)
→ 搭藍線返遊客中心

1 大峽谷遊客中心
(Grand Canyon Visitor Center)
→ Desert View Drive E，9.9 英里

2 大觀景點
(Grandview Point)
→ 6.7 英里

3 莫連點
(Moran Point)
→ 4.2 英里

4 土沙揚原住民遺址及博物館
(Tusayan Museum and Ruin)
→ 2 英里

5 李盤點
(Lipan Point)
→ 1.7 英里

6 納瓦荷點
(Navajo Point)
→ 0.8 英里

7 沙漠景觀點
(Desert View)
→ 0.7 英里

8 東門出口
(Desert View Entrance Station)

Day 3
北緣(徒步＋自駕)

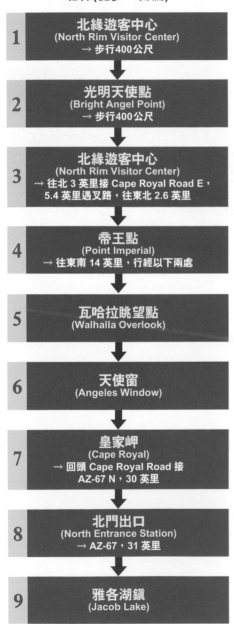

1 北緣遊客中心
(North Rim Visitor Center)
→ 步行400公尺

2 光明天使點
(Bright Angel Point)
→ 步行400公尺

3 北緣遊客中心
(North Rim Visitor Center)
→ 往北 3 英里接 Cape Royal Road E，
5.4 英里遇叉路，往東北 2.6 英里

4 帝王點
(Point Imperial)
→ 往東南 14 英里，行經以下兩處

5 瓦哈拉眺望點
(Walhalla Overlook)

6 天使窗
(Angeles Window)

7 皇家岬
(Cape Royal)
→ 回頭 Cape Royal Road 接
AZ-67 N，30 英里

8 北門出口
(North Entrance Station)
→ AZ-67，31 英里

9 雅各湖鎮
(Jacob Lake)

行家祕技 徒步及穿梭車以外的旅遊方式

■**遊覽車**：如果不想搭穿梭車或步行，不妨參加由專人導覽的付費行程。南緣西線行程包括到隱士居的各景點，以及觀賞日出、日落的行程。遊覽車也經營南緣東線。價格和時刻可上網查詢。
http www.grandcanyonlodges.com

■**騎騾**：騎騾遊峽谷是熱門的活動，可在13個月前預訂；臨時報名可在前一天往光明天使客棧(Bright Angel Lodge)的交通台(Transportation Desk)候補。目前兩條路線，一是當天來回的峽谷景觀線，一是下峽谷到幻影莊(Phantom Ranch)過夜的2天1夜行程。騎騾有年齡及體重限制，運營時間及相關細節可上網查詢。
http www.grandcanyonlodges.com

■**自行車**：在大峽谷可以租自行車遊覽，也能參加租車行舉辦的自行車團。自行車團有兩條路線，東線從遊客中心到亞基點(Yaki Point)，西線從何匹點到隱士居，時間都是3小時。運營時間及費用，詳情可上網查詢。
http www.bikegrandcanyon.com

■**船艇**：從科羅拉多河河面仰望大峽谷是另一種視角與經驗。河上行船，最簡單的行程有半天的橡皮艇，全天的摩托船或電動船(Helio)，大抵從佩吉(Page)的格蘭峽谷水壩(Glen Canyon Dam)出發，行水25公里，由李氏渡口(Lee's Ferry)上岸。運營時間及價格，可至網址www.raftthecanyon.com查詢。水路遊峽谷也有3～18天的長途行程，詳情可上網查詢。
http www.nps.gov/grca/planyourvisit/river-concessioners.htm

■**飛機**：從空中俯瞰峽谷，也是遊覽大峽谷的方式之一，能節省時間，但費用較高。通常是從位於土沙揚(Tusayan)的大峽谷機場起飛的直升機或小飛機，行程約45分鐘，價格在$150左右。也有從拉斯維加斯或鳳凰城往返大峽谷或西峽(Grand Canyon West)的一日行程。詳情可上經營公司網站查詢。
http **Papillon**：www.papillon.com
http **Maverick**：www.maverickhelicopter.com
http **Grand Canyon Scenic Airlines**：
www.grandcanyon airlines.com
http **Westwind Air Service**：
www.westwindairservice.com

大峽谷國家公園資訊

- **網址**：www.nps.gov/grca
- **開放時間**：大峽谷南緣全年開放；北緣僅於5/15～10/15開放
- **門票**：壯麗美國年票$80；非商用汽車每車$35 (15人以下，7天)；公園年票$70
- **設置**：1919年2月26日
- **面積**：4,926平方公里
- **位置**：亞歷桑那州西北部。海拔760～2,440公尺
- **時區**：山區時間(亞歷桑那州不實施日光節約時間)
- **最適旅遊季節**：大峽谷南緣雖然全年開放，較適合旅遊的季節是春末秋初。北緣海拔高於南緣300公尺，冬季更長且易因下雪而道路阻斷，因此只在5月中～10月中開放。谷底溫度較高，5～9月日夜溫差大，如果一定要下行，應避免正午徒步行走，且需要準備足夠飲水
- **氣候**：月平均最高溫與最低溫(℃)，請參考P.188
- **地圖**：

自駕

　　從以下機場租車至大峽谷南緣。洛杉磯、拉斯維加斯、鳳凰城都有美航(AA)班機飛往旗桿鎮，前兩地班機都不直飛，須經停鳳凰城。

機場／網址	至南緣行車里程
洛杉磯機場(LAX) www.lawa.org	494英里(790公里)
拉斯維加斯機場(LAS) www.mccarran.com	278英里(445公里)
鳳凰城機場(PHX) www.skyharbor.com	231英里(370公里)
旗桿鎮機場(FLG) www.flagstaff.az.gov	81英里(130公里)

公共交通

- **美鐵**：http www.amtrak.com
  1. 搭乘美鐵西南酋長線(Southwest Chief)至旗桿鎮站(Flagstaff)下車，轉搭亞歷桑那穿梭車(Arizona Shuttle)前往大峽谷。
  2. 搭乘美鐵至威廉斯轉運站(Williams Junction)下車，搭接駁車至大峽谷鐵路旅館(Grand Canyon Railway Hotel)，再轉大峽谷火車(Grand Canyon Railway)，或亞歷桑那穿梭車前往大峽谷。

- **大峽谷火車(Grand Canyon Railway)**：
  http www.thetrain.com
  火車使用的多是翻修的古舊車廂，每天來往威廉斯及大峽谷，夏季加開一班。單程65英里(104公里)，行車時間2小時15分鐘，09:30從威廉斯出發，11:45抵達，15:30從大峽谷返程。票價依設施及服務分成6級。

豆知識

大峽谷火車

　　1901年，火車駛入大峽谷，取代耗時且昂貴的馬車，成為旅行峽谷的時髦交通工具，也使大峽谷旅遊相關的餐飲及住宿行業應運而生。1968年，因州際高速路的競爭，大峽谷火車停駛，直到1989年才復出，營運至今。

■ **亞歷桑那穿梭車(Arizona Shuttle)**：穿梭車有三條路線，「鳳凰城－旗桿鎮」、「旗桿鎮－大峽谷」、「威廉斯大峽谷鐵路旅館－大峽谷」，票價及時刻請上網查詢www.arizonashuttle.com。

■ **灰狗巴士**：由拉斯維加斯到旗桿鎮，約5.5小時，中間停靠Kingman半小時；票價因班次而異。由鳳凰城到旗桿鎮，直達約3小時。到達旗桿鎮後，可轉搭亞歷桑那穿梭車前往大峽谷。灰狗巴士上車地點、票價及時刻請上網查詢www.greyhound.com。

■ **大峽谷南、北緣穿梭車(Transcanyon Shuttle)**：大峽谷南緣到北緣的直線距離接近18英里(30公里)，只能徒步抵達；繞行公路里程約215英里(340公里)，耗時4.5小時。南北峽谷的穿梭車5/15～10/16雙向固定發車各兩班，詳情查詢www.trans-canyonshuttle.com。另有來往旗桿鎮的穿梭車，也經營南、北狹谷穿梭車，詳見www.flagshuttle.com。

國家公園穿梭車

4條路線，除紅線外，都以遊客中心為起迄點。紅線必須先搭藍線，在轉運站(Hermits Rest Route Transfer)轉乘。同一站可能有兩個站牌，也有不同方向使用同一站牌，上車前要先確定方向。

■ **藍線(Village Route)**：穿梭於遊客中心、火車站、市場、營地和旅館間。其中從Shrine of the Ages、Train Depot、Bright Angel Lodge、Hermits Rest Route Transfer等站下車，近距離步行即可見峽谷。

▲ 藍線(Village Route)

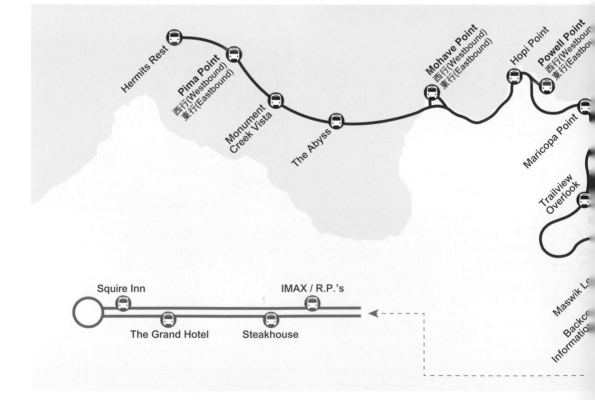

■**橙線(Kaibab Rim)**：Mather Point、Yavapai Geology Museum、Pipe Creek Vista等站都能沿緣邊步道欣賞峽谷；South Kaibab Trailhead站往下行是谷底的步道起點；Yaki Point站不開放汽車通行，只能搭乘穿梭車抵達。

■**紅線(Hermits Rest)**：串起大峽谷南緣西線的主要景點。3/1～11/30運營。西向9站，東向僅3站；其中Hopi Point站有廁所，Hermit Rest站有飲水、無水馬桶及紀念品店。

■**紫線(Tusayan Route)**：位於大峽谷南緣南邊的土沙揚(Tusayan)，是距離公園最近的小鎮。小鎮有數家旅館、餐廳及360度螢幕的IMAX戲院。搭車可省去堵在等候入園的車陣及繞行尋找停車位的麻煩。3/1～9/30運營，上車前即需要有入園門票。

遊客中心

全年開放，時間因季節而異。中心提供影片、展覽、地圖及資訊。可步行到梅德點(Mather Point)觀賞峽谷，藍線、橙線、紫線公園穿梭車以此為起、終點。另外，南緣峽谷村診所(Clinic)全年提供服務。

▲ **橙線(Kaibab Rim)**

▲ **紅線(Hermits Rest)**

▲ **紫線(Tusayan Route)**

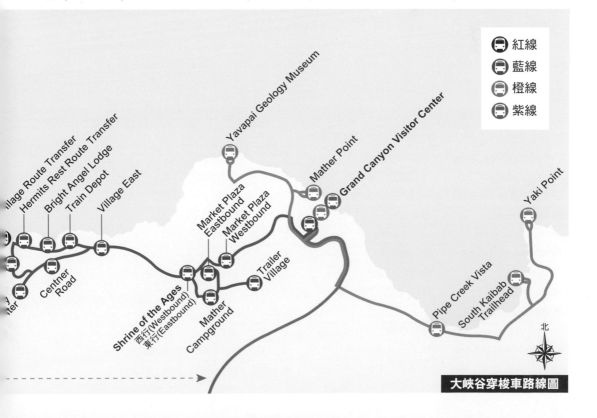

🚌 紅線
🚌 藍線
🚌 橙線
🚌 紫線

大峽谷穿梭車路線圖

北

生活機能

- **飲食**：大峽谷的飲食設施多與旅館配套，南緣峽谷村市場中心(Market Plaza)設有雜貨店，也販售新鮮蔬果及三明治。公園以外，南緣南邊7英里的土沙揚(Tusayan)，設有旅館、餐廳及麥當勞等速食店；北緣除唯一的旅館餐廳外，最近的餐飲在北行18英里的開伯客棧(Kaibab Lodge)。(請參考下表)
- **住宿**：公園內旅館資訊請參考右頁。
  🔗 訂房：www.grandcanyonlodges.com
- **露營**：公園內營地資訊請參考右頁。
  🔗 訂位：www.recreation.gov

通訊

公園內訊號不佳，在遊客中心、公園總部(Park Head-quarter)和峽谷村市場的上班及營業時間，可使用免費Wi-Fi；旅館的網路連線多限於前廳。

▲北緣遊客中心

各月分氣溫 (℃)

月分	1月	2月	3月	4月	5月	6月	7月	8月	9月	10月	11月	12月
南緣	5/-8	7/-6	10/-4	15/0	21/4	27/8	29/12	28/12	24/8	18/2	11/-3	6/-7
谷底	13/2	17/6	22/9	28/13	33/17	38/22	41/26	39/24	36/21	29/14	20/8	14/2
北緣	3/9	4/-8	7/-6	12/-2	17/1	23/4	25/8	24/7	21/4	8/-4	8/-4	4/-7

＊斜線左為最高溫，右為最低溫。

公園內餐廳

地區	餐廳	營業項目	開放時間
市場中心(Market Plaza)，位於南緣，藍線穿梭車行經			
Canyon Village Market	Delicatessen	早、午、晚餐三明治	全年
Yavapai Lodge	旅館餐廳／咖啡廳／酒吧	餐廳：早、午、晚餐；酒吧：午、晚餐	全年
峽谷村歷史區(Village Historic District)，位於南緣，藍線穿梭車行經			
El Tovar Hotel	旅館餐廳	早、午、晚餐＊	全年
Bright Angel Lodge	Arizona Room	午、晚餐	全年
	旅館餐廳	早、午、晚餐	全年
	咖啡廳／酒吧	早上咖啡、輕食／晚上酒水、輕食	全年
Maswik Lodge	Food Court / Pizza Pub	早、午、晚餐	全年
大峽谷北緣(North Rim)			
Grand Canyon Lodge	旅館餐廳	早、午、晚餐＊	5月中～10月中
	Deli in the Pines	午、晚餐三明治	
	咖啡廳／酒吧	早上咖啡、輕食／晚上酒水、輕食	

＊晚餐須預訂。

公園內旅館

旅館	開放時間	房間數	約略價格	備註
El Tovar Hotel	全年	78	$217～263	位於緣邊，國家歷史建築(1905)
Kachina Lodge	全年	47	$225～243	位於緣邊，在El Tovar Hotel登記入住
Bright Angel Lodge	全年	90	$97～217	位於緣邊，國家歷史建築(1935)
Thunderbird Lodge	全年	55	$225～243	位於緣邊，在Bright Angel Lodge登記入住
Maswick Lodge	全年	280	$112～215	大峽谷第一家汽車旅館
Yavapai Lodge	全年	358	$95～250	訂房：www.visitgrandcanyon.com
Grand Canyon Lodge(北緣)	5月中～10月中	219	$137～227	訂房：www.grandcanyonforever.com
Phantom Ranch	全年	11	$51～149	谷底唯一住宿，見下方介紹

| 幻影莊 Phantom Ranch |

圖片提供／ NPS Photo

　　幻影莊是大峽谷谷底唯一住所，包括可容納2～10人的小屋11棟，和專門保留給徒步遊客的男、女生宿舍各兩間，還有餐飲設施。建於1920年代，除就地取得石材外，所有建材都靠騾子馱下。幻影莊充分顯示女建築師瑪莉‧柯特(Mary Colter)與自然融合的設計風格。

　　由於騎騾、步行和乘船艇而至的旅客都需求有限床位，幻影莊採取樂透抽籤(Lottery)及電話訂位方式營運。預訂入住的15個月前即可申請參加抽籤，次月揭曉，剩餘床位在13個月前開放預訂。譬如2020年3月要入住，2019年1/1～1/25可參加樂透，2月結果揭曉若落榜，還有機會在3/1起電話預定。電話：888-297-2757(免費)或303-297-2757。網址：www.grandcanyonlodges.com/lodging/lottery

　　若訂不到幻影莊卻想在谷底露營，不妨向Backcountry Information Center申請Indian Garden或Bright Angel營地的露營許可。

公園內營地

營地	開放時間	單位(個)	約略價格	備註
Mather	全年 *	319	$18	飲水、沖水馬桶、投幣洗衣、洗澡
Desert View	4月中～11月中	50	$12	先到先得，信用卡自助機付款
North Rim	5月中～10月底	90	$18～25 **	飲水、沖水馬桶、投幣洗衣、洗澡

＊冬季只開放 265 ～ 319 號營地和團體營地，不預訂，先到先得。　　＊＊銀髮年票及身障卡半價。

＊公園餐廳、旅館與營地之資訊如有異動，請以官方公告為準。本書其他國家公園亦同。

順道遊

蹄鐵彎
Horseshoe Bend

■地圖

位於佩吉南邊5英里的US-89國道544～545里程碑之間，從停車場到觀景懸崖單程1.2公里。科羅拉多河在蹄鐵彎轉了270度，繼續往西南流。河面與觀景的懸崖落差300公尺，站在沒有圍欄的懸崖上觀賞綠水修飾的馬蹄鐵型紅色砂岩，是一種視覺震撼；起風時飛沙走石，更是一種驚悚體驗。

上午大約10時以前馬蹄鐵及河面都有陰影，正午光強，淡化岩石紋理層次；午後背光，照相需要更有技巧。什麼時候遊覽最好？見仁見智。除了蹄鐵彎，懸崖周圍的砂岩也很性格。仔細考察岩石表面的粒狀突起，那該是遠古前的雨滴，石化後再因地表侵蝕重見天日。

1

2

3

1.蹄鐵彎懸崖周圍的砂岩 / 2.岩石表面的粒狀突起 / 3.科羅拉多河在蹄鐵彎轉了270度

順道遊

羚羊峽谷
Antelope Canyon

■地圖

羚羊峽谷分上(Upper)、下(Lower)兩部分，基本都是狹縫型峽谷(Slot Canyon)，由洪水挾帶大量砂石快速沖刷而成；峽谷壁上的紋路，便是洪水施暴留下的痕跡。兩處峽谷都在洪水沖刷的路徑上，暴雷雨後，大水先經過上峽谷，然後才進入下峽谷，因而有上下之分。

其實，兩處峽谷內部大同小異各有千秋，1997年開放參觀以來，上峽谷較受青睞，可能因為單程400公尺路途平坦，正午時分陽光透過縫隙投射的光束令人稱奇。也因此，11:30的觀光場次

4

5

4.上峽谷 / 5.正午時分上峽谷裡的光束，透露迷幻感 / 6,7.下峽谷

門票最貴。不過,光束只發生於3月下旬～10月初的晴天,夏至尤其耀眼。

　　下峽谷從地面先經扶梯下行,進入谷後再步步上升,終點回到地面。下峽谷長度為上峽谷一倍,雖然不見光束,內部光線似乎較上峽谷明亮。兩處峽谷都在納瓦荷印地安保留地(Navajo Indian Reservation),行程由原住民經營,必須預先購買門票,由導遊領隊進入。同樣90分鐘的上峽谷,因賣票商家不同,價格可能有差異;下峽谷行程75分鐘,場次較多,票價與上峽谷差不多。

行程查詢及訂位

上峽谷

Antelope Canyon Tours:
http www.antelopecanyon.com

Antelope Slot Canyon Tours:
http www.antelopeslotcanyon.com

Antelope Canyon Navajo Tours:
http www.navajotours.com

下峽谷

Lower Antelope Canyon Tours:
http www.antelopelowercanyon.com

Kens Tours:
http www.lowerantelope.com

錫安國家公園
Zion National Park

水雕鑿高塔和巨石，
風在紅岩上留下行走痕跡

錫安公園所在曾經是淺海、沙漠、湖床及縱橫交錯的溪床。一億多年前，沙漠風吹遍美西也吹到錫安。風捲起的砂塵，逐漸累積在沼澤及溪畔，一層層砂壓著泥，砂又壓著砂，泥砂經石灰的礦物質黏合，形成頁岩（Shale）與砂岩（Sandstone），更累積成厚重的納瓦荷砂岩層（Navajo Sandstone Formation）。

造山運動舉起了岩層，原本懶散的維琴河(Virgin River)變得熱切，開始奮力侵蝕出峽谷，並用巨石、高塔裝飾河畔。藏在岩層裡的礦物質重見天日後，為巨石彩妝，含鐵的岩石氧化成不同程度的褐色、紅色和黃色，帶錳的岩石透露紫色；缺乏礦物質的只能素顏相見。

侵蝕的力量也顯示在岩石凹壁。流水的凹壁上，細菌吸收空氣中的礦物質，順著水流為岩壁染色，也營造懸吊的空中花園，錫安最顯著的空中花園在哭石（Weeping Rock）；岩壁不見水流，但中心脆弱的岩石不抵風霜崩落，逐漸形成拱，拱未被穿透前不透光，被稱為「盲拱」，錫安公園最顯眼的盲拱在錫安－卡梅爾山高速路（Zion-Mount Carmel Highway）隧道下。

出公園東門前，岩石改變面相，交錯層理（Cross-bedding）的紅岩散布，訴說幾千萬年前風行和砂丘遷移的方向。樹努力在貧瘠的砂岩上紮根，卻來不及長大就已成為沙漠大角羊的口糧。

原住民、傳教士都曾經落腳錫安，1863年，一名摩門教拓荒者埃塞克·畢乎寧（Isaac Behunin）進入峽谷屯墾。一天傍晚，他坐在住屋前仰望峽谷，突然覺得峽谷景致有如聖經〈以賽亞書〉談到在山上的一處聖地錫安（Zion），錫安峽谷因而獲名並沿用至今。

1.錫安 / 2.交錯層理的紅砂岩 / 3.大角羊 / 4.守望者石 / 5.狹峽步道

主要遊覽景點分布在錫安峽谷景觀道(Zion Canyon Scenic Drive)，然而峽谷景觀道在2月中～11月中，只能搭乘穿梭車，搭配行走步道遊覽。從峽谷交口(Canyon Junction)東行盤旋上山，沿途都能見到東殿(East Temple)，通過隧洞後景觀丕變，呈現交錯層理的紅砂岩地貌，大角羊(Bighorn Sheep)經常成群出沒。

錫安峽谷景觀道 Zion Canyon Scenic Drive

錫安峽谷遊客中心 (Zion Canyon Visitor Center)

穿梭車的起點和終點，有最多停車位。守望者(Watchman)岩石高踞山頭，守護腳下的營地和停車場。

1.西殿 / 2.蜂巢 / 3.祭壇 /
4,5.綠寶池步道 / 6.族長院

錫安人類史博物館 (Zion Humam History Museum)

穿梭車第二站。博物館保存了公園的人文歷史，更吸引人的是後院維琴河創作的維琴塔群 (Towers of the Virgin)。西殿 (West Temple，2,380公尺) 和祭壇 (Altar of Sacrifice，2,287公尺)，呈現納瓦荷砂岩的厚度，奶黃的岩壁上一抹抹鮮紅，彷如遠古留下的血跡，顯示氧化鐵的特效；由於岩層裡缺少礦物質，日晷 (Sundial，2,313公尺) 和蜂巢 (Beehives，2,104公尺) 只能顯現白色。

1

2

3

族長院 (Court of the Patriarchs)

穿梭車第四站。族長院為三塊並列石頭，以聖經裡的三位人物命名為亞伯拉罕、以撒和雅各。短短的步道，落差達12公尺。

錫安客棧 (Zion Lodge)

步道 來回1.9公里
落差21公尺

穿梭車第五站。過橋前行是綠寶池下步道 (Lower Emerald Pool Trail)，水多時，欣賞小瀑布飛灑而下綠叢間；水少時，崖壁水流過的痕跡歷歷在目。

4

5

6

洞窟 (The Grotto)

 洞窟步道 🚶 來回1.6公里
落差11公尺

 天使坪步道 🚶 來回8.7公里
落差259公尺

穿梭車第六站。洞窟步道與錫安客棧相通，常見騾鹿行走於道旁林地間。天使坪步道（Angels Landing via West Rim Trail）登頂前要借助鐵索經過陡峭的山脊，並不適合一般遊客。

哭石 (Weeping Rock)

 步道 🚶 來回600公尺
落差30公尺

穿梭車第七站。哭石岩壁是頁岩和砂岩的組合，水能滲透入崖壁砂岩，遇頁岩卻無法通過，只能另尋出路從崖邊灑落，連成一道淚汪汪的水簾。水培養了苔蘚，種子在苔蘚上著床，更營造出空中花園，招引水棲的豆娘（Damselfly）飛舞。

大彎 (Big Bend)

穿梭車第八站。維琴河在此大轉彎，鋪陳在眼前的是大白寶座（The Great White Throne）、管風琴及天使坪（Angels Landing），紅、白色砂岩對比，也突顯納瓦荷岩層的特色。

1.天使坪 / 2.哭石 / 3.大白寶座

希納華瓦殿
(Temple of Sinawava)

河濱步道　來回2.2公里
落差17公尺

狹峽步道　來回22.5公里
落差102公尺

穿梭車第九站。從希納華瓦殿起始，河濱步道（Riverside Walk）依山傍水，鐵莧蕨垂掛山壁渲染翠綠，黃金褸斗草補上幾抹鮮黃，維琴河水潺潺，大膽的岩黃鼠一路相隨乞食。河濱步道盡頭是錫安公園最有名的溯溪步道「狹峽步道」（The Narrows），行走於切割峽谷的維琴河。狹峽溯溪從河濱步道盡頭開始，因為在水中石頭上行走，即使只是稍試一小段，也必須有相當裝備，夏季還要嚴防暴雷雨。

1,2.河濱步道沿途風光 / 3.狹峽步道 / 4,5.錫安紅砂岩 / 6.東殿 / 7.棋盤台

錫安—卡梅爾山高速路 Zion-Mount Carmel Highway

穿梭車運行的季節，自行開車到穿梭車的第三站峽谷交口（Canyon Junction）就不能向前，只能轉東行，經由錫安—卡梅爾山高速公路出公園東門（East Entrance）。25英里的高速路建於1927～1930年，道路曲折，1.1英里的隧道在岩壁上鑿了6處開口通風照明。錫安—卡梅爾山高速路工程艱難，縮短了錫安與大峽谷北緣和布萊斯峽谷距離，也被列入國家史跡名錄。

出隧道後，厚重的巨石，被交錯層理的岩石取代。白色棋盤台（Checkerboard Mesa）上線條縱橫交織，沿途紋理交錯的紅色砂岩層層相疊，可惜的是，往往美景當前卻難停車，只能一路東奔。

1天 自駕+穿梭車 行程規畫

公園內須搭乘穿梭車遊覽；東行的UT-9州道上，沿途有多處路邊停車點，可以從不同高度欣賞壯觀的東殿巨石群。

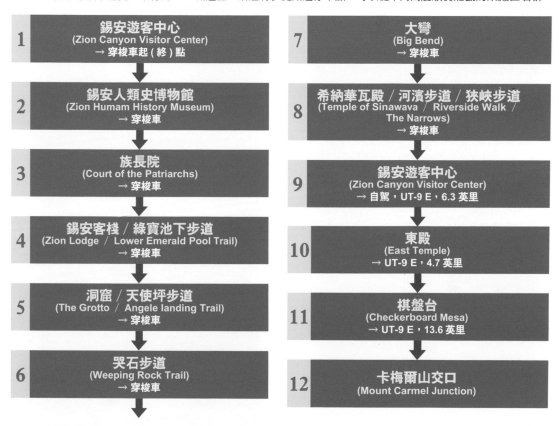

1 錫安遊客中心
(Zion Canyon Visitor Center)
→ 穿梭車起（終）點

2 錫安人類史博物館
(Zion Humam History Museum)
→ 穿梭車

3 族長院
(Court of the Patriarchs)
→ 穿梭車

4 錫安客棧／綠寶池下步道
(Zion Lodge／Lower Emerald Pool Trail)
→ 穿梭車

5 洞窟／天使坪步道
(The Grotto／Angele landing Trail)
→ 穿梭車

6 哭石步道
(Weeping Rock Trail)
→ 穿梭車

7 大彎
(Big Bend)
→ 穿梭車

8 希納華瓦殿／河濱步道／狹峽步道
(Temple of Sinawava／Riverside Walk／The Narrows)
→ 穿梭車

9 錫安遊客中心
(Zion Canyon Visitor Center)
→ 自駕，UT-9 E，6.3 英里

10 東殿
(East Temple)
→ UT-9 E，4.7 英里

11 棋盤台
(Checkerboard Mesa)
→ UT-9 E，13.6 英里

12 卡梅爾山交口
(Mount Carmel Junction)

▲穿梭車

▲錫安

錫安國家公園資訊

- ■**網址：** www.nps.gov/zion
- ■**開放時間：** 公園全年開放
- ■**門票：** 壯麗美國年票$80；非商用汽車每車$35 (15人以下，7天)；公園年票$60
- ■**設置：** 1919年11月19日，猶他州首座國家公園
- ■**面積：** 593.26平方公里
- ■**位置：** 猶他州西南角
- ■**時區：** 山區時區
- ■**最適旅遊季節：** 春秋兩季較適合旅遊。如果只能在夏季去，注意補充水分以免中暑
- ■**氣候：** 月平均最高溫與最低溫(℃)，請參考右頁圖表
- ■**地圖：**

機場

- ■美西國際機場中，以拉斯維加斯國際機場(LAS)距離錫安國家公園最近，約170英里，車程3小時。
- ■地區機場中，以聖喬治地區機場(St. George Regional Airport，SGU)距離錫安國家公園最近，約45英里，車程1小時。飛往該機場多是50人座的小飛機，且大部分由SKywest航空公司承接聯合(UA)、美航(AA)及達美(DL)業務，因此要從丹佛(Denvor)、鳳凰城及鹽湖城(Salt Lake City)轉機。

穿梭車

- ■公園提供兩條免費穿梭車路線，一線行走公園，錫安峽谷景觀道(Zion Canyon Scenic Drive)，從遊客中心到希納華瓦殿(Temple of Sinawava)共9站，2月中～11月中運行。穿梭車營運期間，自駕僅能行駛到景觀道與錫安-卡梅爾山高速公路交口。
- ■另一線從遊客中心行駛到西門外的小鎮斯普林代爾(Springdale)，營運期間為3月中～10月底。此外，4～9月有公園管理員隨穿梭車導覽的行程，可在遊客中心預約。

遊客中心

僅錫安峽谷遊客中心(Zion Canyon Visitor Center)一處，全年開放，提供資訊、展覽、書店、飲水及洗手間，也是穿梭車起、終點。

行家祕技　分辨穿梭車方向

穿梭車站牌乍看似乎沒有方向，兩個站牌排成一線，更不知何去何從？

看仔細，同樣是STOP 6，底下的字就透露訊息。「To TEMPLE OF SINAWAVA」表示往北邊公園裡走；「To VISITOR CENTER」表示返回出發點，選定方向就不會滿臉茫然。

玩樂篇 錫安國家公園

生活機能

■ **飲食**：公園內餐廳依附旅館營運，西門外的小鎮史普林代爾(Springdale)有較多選擇，請參考下表。

■ **住宿**：錫安國家內只有一處旅館，包含旅館、木屋及套間(請參考下表)。西門外的小鎮史普林代爾倒是旅館林立。

　http 訂房：www.zionlodge.com

■ **露營**：公園內營地資訊請參考下表。

　http 訂位：www.recreation.gov

通訊

公園內手機訊號及無線上網都有限，錫安客棧也只有在前廳能上網。斯普林代爾的旅館及餐飲設施通訊較方便。

▲ 小雀鳥站在木樁上練嗓子　　▲ 綠寶池

各月分氣溫 (℃)

月分	1月	2月	3月	4月	5月	6月	7月	8月	9月	10月	11月	12月
最高溫	12.2	15	18.9	23.9	30	35	37.8	37.2	32.8	26.1	17.8	12.2
最低溫	-1.1	1.1	3.9	7.2	12.2	17.2	21.1	20	16.1	8.9	2.8	-1.1

公園內餐廳

地區	餐廳	營業項目	開放時間
Zion Lodge	Red Rock Grill	早、午、晚餐	全年
	astle Dome Cafe	早、午、晚簡餐／速食	全年，露天座位可能受天候影響

公園內旅館

營地	開放時間	房間數	約略價格	備註
Zion Lodge	全年	122	$217～227	-

公園內營地

營地	開放時間	單位(個)	約略價格	備註
South	3～11月	121	$20	14天前可預訂；沖水馬桶、飲水、野餐桌、烤架
Watchman	全年	178	$20	6個月可預訂；沖水馬桶、飲水、野餐桌、烤架

＊公園餐廳、旅館與營地之資訊如有異動，請以官方公告為準。本書其他國家公園亦同。

布萊斯峽谷國家公園
Bryce Canyon National Park

1

水、風、岩石合力創作出「巫毒」(Hoodoos)

1875年，摩門教徒伊班奈瑟·布萊斯(Ebenezer Bryce)攜家帶眷到如今的布萊斯峽谷拓荒，他一心修路運輸木材，建渠道引水灌溉農田，以利定居。對布萊斯來說，開荒夠忙了，根本無心觀賞峽谷美景，他常說：「牛要是失落在這鬼地方就糟了！」鄰居稱他住所後院的峽谷為布萊斯峽谷。

原住民比布萊斯更早看到峽谷，他們相信，峽谷錯落散布的巫毒奇岩是臉上畫著五彩的壞蛋，因為郊狼的魔咒無法還原，只好在峽谷中相互推擠。而今，站在峽谷任何一點，絕對聽不到詛咒，此起彼落的只有讚美和驚歎，布萊斯峽谷聚集的巫毒數量舉世無匹！

大峽谷是由一條主要河流侵蝕而成，布萊斯峽谷不然，它是不同河流分別侵蝕，而形成的大小圓形劇場及峽谷。奇形怪狀的巫毒及尖塔，雖然不是河流造成，也是水的傑作。位於海拔2,700公尺上下，布萊斯峽谷每年至少200天夜晚達攝氏零度或更低，水在石隙間結凍、膨脹，一點點擴大裂縫，剝落岩石，夏天的雷雨將縫隙碎石清除，年復一年，逐漸將岩石切割成石鰭(Fin)。

一塊塊分離的石鰭，從脆弱的中心剝落成窗；窗日益擴大，上面的窗框最終崩潰，一支支獨立或成群的巫毒因而形成。侵蝕也圍繞峽谷邊緣進行，為巫毒提供展示的圓形露天劇場。

雕刻巫毒的材料，來自數千萬年前克拉龍湖(Lake Claron)底石化的沉積岩。混入鐵礦的岩石，因氧化而呈現紅、粉及橙黃，氧化錳則帶紫色；有些巫毒頂端的白色，表示在岩石形成時，水清不挾帶礦物質。侵蝕創造奇特的巫毒石林，也終於會將巫毒銷蝕殆盡。地質學家估計，每百年消失0.6～1.4公尺，300萬年後巫毒將不復見。

1.日落點 / 2.女王花園步道 / 3.從布萊斯點俯瞰圓形露天劇場 / 4.走緣底步道更近巫毒 / 5.雷神鎚

布萊斯峽谷 國家公園 必遊景點

公園的景觀道路從遊客中心到「彩虹點」(Rainbow Point)路程18英里(29公里),串起13處景點;而在遊客中心前,有1.6公里的叉路前往「仙境點」(Fairyland Point)。其中最精采的是由「日出點」、「日落點」、「靈感點」和「布萊斯點」包圍的圓形露天劇場(Bryce Amphitheater)。

露天劇場的4處觀景點都有穿梭車站,因此可搭車一站站停靠觀賞。如果體力和腳程不錯,其實從日出點開始,行走緣邊步道(Rim Trail)4.4公里,即可居高臨下,一路飽覽劇場風景。

1.人在牆街顯得渺小 / 2.緣邊
松樹 / 3.靈感點 / 4.日出點

緣邊步道 Rim Trail

日出點 (Sunrise Point，海拔2,446公尺)

雖然命名「日出」，面向正東卻剛好逆光。遠處傾斜的「沉船」
（Sinking Ship），見證斷層運動。腳下巫毒錯落，一稜稜砂丘由已消蝕的
巫毒堆疊而成；而在緣邊，一株裸露樹根的松樹，掙扎著維持生命，也
控訴自然侵蝕的無情。

日落點 (Sunset Point，海拔2,438公尺)

站在日落點往左看，頂天立地的雷神錘（Thor's Hammer）硬是矮化了
環繞周圍的巫毒；視線右移，牆街（Wall Street）從谷底拔起60公尺，緊鄰
的直立岩壁，只容許一絲光線滲透；再往右看，成群巫毒遍布，真像受
了詛咒而不再騷動，造就了「沉默城」（Silent City）。

靈感點 (Inspiration Point，海拔2,469公尺)

沉默城是靈感點的主場秀，溝壑間緊密排列的岩壁，已被侵蝕成併肩
而立的巫毒，旁支添亂，使得沉默城更像一座錯綜複雜的迷宮。

布萊斯點 (Bryce Point，海拔2,529公尺)

緣邊步道終點，步道從此轉入緣底（Under-the-Rim　Trail），綿延37公

里通往「彩虹點」。彷若有意壓軸，從日出點延伸的圓形露天劇場，在布萊斯峽谷畫上完美句點。圈圈排列的巫毒，像是坐滿劇場的觀眾；雕鑿巫毒的力量，加碼在岩壁上創造洞窟；頑固的灰色岩層，像是趴在巫毒上的鱷魚，也為孕育中的巫毒戴上帽子；地鼠及花栗鼠知道布萊斯點熱鬧，經常出沒討食。愛好攝影的人士認為，布萊斯點的日出最上鏡頭。

1.岩壁上的洞窟 / 2.巨大鱷魚岩塊 / 3.女王花園步道 / 4.牆街

緣底熱門步道 Rim Trail

若時間充裕，不妨下到峽谷底部，由下往上看。以下為幾條較易行走的步道。

從日出點出發

女王花園步道
(Queen's Garden Trail)

步道　來回2.9公里
落差109公尺

步道盡頭是女王花園。其實花園並沒有花，倒是有些樹，而外形神似維多利亞女王的岩石，似乎隨時恭候大駕。

塔橋步道
(Tower Bridge Trail)

步道　來回4.8公里
落差245公尺

為仙境圓環步道的一段，可觀賞中國牆（Chinese Wall）及貌似英國倫敦塔橋的石柱。

從日落點出發

納瓦荷圓環步道
(Navajo Loop Trail)

環形步道　來回2.1公里
落差168公尺

從日落點出發，可近距離觀賞雷神錘、雙橋及牆街的一線天。兩株500～700歲的道格拉斯冷杉（Douglas Fir）在一線天的狹縫裡，向上生長爭取陽光。

納瓦荷＋女王花園步道

從日落點下行納瓦荷圓環步道的一邊，再前行1.3公里，接上女王花園步道，最後從日出點出。這是公園裡最熱門的步道。

從彩虹點出發

狐尾松圓環步道 (Bristlecone Pine Loop Trail)

　　彩虹點是公園最高點（海拔2,778公尺），進入針葉林帶。雖然不下谷底，行走狐尾松圓環步道，仍然可以觀賞針葉密布枝椏、看似狐狸尾巴的狐尾松（Bristlecone Pine，亦稱刺果松）。狐尾松不但能存活於高寒帶，而且長壽，步道的狐尾松有些逾千歲。

觀景車道 Scenic Drive

　　觀景車道即是UT-63號州道，景點都沿車道東邊分布，比較長的叉路是Bryce Point Road，導進靈感點、布萊斯點、巴瑞亞點。離開巴瑞亞點後回UT-63，驅車南行直達終站彩虹點，然後才一站站北返至遊客中心，更北向仙境點。除彩虹點外，中途都是路邊停車，不妨停靠：西黃松峽谷、天然橋及遠景點。

巴瑞亞點 (Paria Point)

　　背對布萊斯點，巴瑞亞點是拍攝落日的首選景點。黃溪(Yellow Creek)為巫毒切割出小型圓劇場，直立在巴瑞亞點的巫毒身形高大，因為侵蝕已進入下層的灰岩，而有整段克拉龍岩層(Claron Formation)厚度；更從谷底拔起150公尺迎向夕照。

彩虹點與尤溫帕點 (Rainbow Point and Yovimpa Point)

　　觀景道終點也是最高點。可俯視南猶他州的景色，能見度好的時候甚至可看入亞歷桑那州及新墨西哥州。粉紅色崖壁呈現巫毒的生與死，紅

色上面的奶白色岩石，對照克拉龍岩層「上白下粉」的特性。緣邊乳白岩石刻畫出的貴賓狗，似乎已擺好姿勢等待入鏡。

西黃松峽谷 (Ponderosa Canyon)

海拔已在雲杉和冷杉生長的區域，但西黃松還是盤踞較低且乾燥的谷底，襯托著岩壁上的巫毒。

天然橋 (Natural Bridge)

立在斜坡上，腳下不見水流，稱作石拱也許更合適。天然橋像個紅色相框，框起坡下濃綠的西黃松森林，附近幾叢白楊，秋天會在綠林中渲染金黃。

遠景點 (Farview Point)

天空清朗的時日，從遠景點遠眺，視野甚至能達到大峽谷北緣。由此向南，地勢上升，逐漸進入高寒針葉林帶。

仙境點 (Fairyland Point)

仙境點也是小型圓形露天劇場，「沉船」是主要布景。觀賞劇場裡風霜雕塑成的巫毒，可以充分發揮想像力，比對童話故事人物，即使造型不夠相似，也已生動得令人眼花撩亂。

1,4,5.仙境點 / 2.西黃松峽谷 / 3.天然橋

2天1夜 自駕+步行 行程規畫

Day 1

徒步+穿梭車遊覽邊緣步道

1
遊客中心
(Visitor Center)
→ 行走緣邊步道單程 4.4 公里，或搭穿梭車各站下車遊覽

↓

2
日出點
(Sunrise Point)
→ 步行 800 公尺

↓

3
日落點
(Sunset Point)
→ 步行 1.2 公里

↓

4
靈感點
(Inspiration Point)
→ 步行 2.4 公里

↓

5
布萊斯點
(Bryce Point)
→ 穿梭車

↓

6
遊客中心
(Visitor Center)

Day 2

谷底步道步行+景觀車道自駕

1
遊客中心
(Visitor Center)
→ 穿梭車

↓

2
日出點或日落點下到谷底，沿谷底步道
穿梭於露天劇場間，近距離觀賞巫毒
→ 穿梭車

↓

3
遊客中心
(Visitor Center)
→ 自駕 UT-63 S/ Bryce Point Road，3.4 英里

↓

4
巴瑞亞點
(Paria View)
→ Bryce Point Road /UT-63 S，16.9 英里

↓

5
彩虹點與尤溫帕點
(Rainbow Point and Yovimpa Point)
→ UT-63 N，3.1 英里

↓

6
西黃松峽谷
(Ponderosa Canyon)
→ UT-63 N，2.6 英里

↓

7
天然橋
(Natural Bridge)
→ UT-63 N，1.8 英里

↓

8
遠景點
(Farview Point)
→ UT-63 N，9.5 英里

↓

9
遊客中心
(Visitor Center)
→ UT-63 N / Fairyland Point Road，2 英里

↓

10
仙境點
(Fairyland Point)
→ 轉回 UT-63 N，出國家公園

布萊斯峽谷國家公園資訊

- **網址**：www.nps.gov/brca
- **開放時間**：公園全年開放，冬季下雪道路會暫時封閉
- **門票**：壯麗美國年票$80；非商用汽車每車$35 (15人以下，7天)；公園年票$40
- **設置**：1928年5月25日
- **面積**：145平方公里
- **位置**：猶他州西南部、錫安國家公園東北方。與錫安國家公園距離約72英里，車程約1.5小時
- **時區**：山區時區
- **最適旅遊季節**：布萊斯峽谷景點位於海拔2,500～2,800公尺之間，11～4月都有可能下雪，避免因下雪而道路封閉，最好在5月初～10月下旬遊覽
- **氣候**：月平均最高溫與最低溫(℃)，請參考P.208
- **地圖**：

機場

- 距離布萊斯峽谷最近的兩處國際機場是拉斯維加斯(LAS，270英里)和鹽湖城(SLC，260英里)，車程都須約4.5小時。
- 地區機場有聖喬治機場(St. George Airport，SGU)和錫達城機場(Cedar City Airport，CDC)，都只飛限乘50人座以下的小飛機，且大部分由SKywest航空公司承接聯合(UA)、美航(AA)及達美(DL)業務，因此要從丹佛、鳳凰城及鹽湖城轉機。

- 從聖喬治穿過錫安公園至布萊斯峽谷里程125英里，約2.5小時；錫達城經「錫達布雷克斯國家保護區」(Cedar Break National Monument)里程77英里，約1.5小時。

公園內交通

- 布萊斯峽谷國家公園於4月中，或5月初～10月下旬開通免費公園穿梭車。雖然不像大峽谷南緣西線及錫安公園有強制性，搭乘穿梭車不但能減碳，也不用為停車煩惱。路線與站點見下圖。
- 穿梭車每15分鐘一班，行駛於旅館、遊客中心、營地及主要景點之間，全程50分鐘。
- 公園也提供到彩虹點的免費穿梭車導覽(Rainbow Point Shuttle Tour)，每天上下午各一班，全程40英里，歷時3.5小時。由於導覽限額40名，必須預訂。詳情見公園官網，點擊「Plan Your Visit」→「Shuttle Service」。

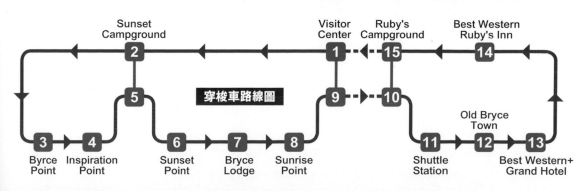

穿梭車路線圖

- Sunset Campground 2
- 5
- 3 Byrce Point
- 4 Inspiration Point
- 6 Sunset Point
- 7 Bryce Lodge
- 8 Sunrise Point
- Visitor Center 1
- 9
- Ruby's Campground 15
- 10
- 11 Shuttle Station
- Old Bryce Town 12
- 13 Best Western+ Grand Hotel
- Best Western Ruby's Inn 14

遊客中心

只有一處遊客中心，提供資訊、展覽、書店、飲水和洗手間。開放時間因季節而異，5～9月08:00～20:00；感恩、聖誕節和新年關閉。

生活機能

■ **飲食：** 公園內餐廳依附客棧營業，包商同時經營披薩店提供簡餐速食。雜貨店除提供露營旅客需求，也販售冷熱食。公園附近旅館如Best Western Ruby's Inn、Best Western Grand Hotel、Bryce View Lodge多附設餐飲。

■ **住宿：** 公園內僅有一處旅館，但進入公園前的UT-12及UT-63州道上有不少旅館，2英里內有Best Western Ruby's Inn、Best Western Grand Hotel、Bryce View lodge。其中Best Western Ruby's Inn已有百年歷史，還設有露營地、雜貨店。旅館淡季、旺季價格差異很大，例如Best Western Grand Hotel，11月中～3月初的兩床標準間只要約$89.95，其他季節約$209.95。

🔗 訂房：www.zionlodge.com
■ **露營：** 公園內營地資訊請參考下表。
🔗 訂位：www.recreation.gov

通訊

■ **Wi-Fi：** 公園遊客中心有免費Wi-Fi；Bryce Canyon Lodge大廳可連線，但只提供住客使用；公園附近旅館多有無線網路。

■ **郵局：** 遊客中心可投郵；Best Western Ruby's Inn也設有郵局，週一～六開放。

▲ 騎馬輕鬆走入巫毒天地

各月分氣溫 (℃)

月分	1月	2月	3月	4月	5月	6月	7月	8月	9月	10月	11月	12月
最高溫	2.8	3.3	7.2	12.2	17.7	23.9	26.7	25	21.1	14.4	7.2	2.2
最低溫	-9.4	-8.3	-3	-1.7	2.8	7.2	11.7	10	5.5	0	-5	-9.4

公園內餐廳

地區	餐廳	營業項目	開放時間
Bryce Canyon Lodge	旅館餐廳	早、午、晚餐	配合旅館營業
	Valhallo Pizzeria & Coffee Shop	早、午、晚餐	5月中(或6月)～9月中
General Store	-	披薩、湯、三明治、雜貨	4月中～10月中

公園內旅館

營地	開放時間	房間數	約略價格	備註
Bryce Canyon Lodge	全年(冬天部分開放)	114	$176～271	4種房型供選擇

公園內營地

營地	開放時間	單位(個)	約略價格	備註
North	全年(冬天部分開放)	99	$20	休旅車(RV)＋帳篷；沖水馬桶、飲水、烤架、野餐桌
Sunset	4月中～10月中	100	$20	休旅車(RV)＋帳篷；沖水馬桶、飲水、烤架、野餐桌

＊公園餐廳、旅館與營地之資訊如有異動，請以官方公告為準。本書其他國家公園亦同。

順道遊

錫達布雷克斯國家保護區
Cedar Breaks National Monument

■地圖

布萊斯峽谷西邊的錫達布雷克斯國家保護區，可以視為遊覽布萊斯峽谷的序曲。長達5公里的圓型露天劇場，規模較布萊斯峽谷稍小，巫毒並不擁擠，卻更見自然雕鑿的山脊與峽谷。穿越保護區的UT-148和143州道，短短7.5英里設了4處眺望點，每處都超過海拔3,000公尺，居高臨下，氣勢非凡。🌐 www.nps.gov/cebr

順道遊

紅峽谷
Red Canyon

■地圖

UT-12號道路雖然是猶他州道，卻是全美風景小道(All-American Road)，也是進入布萊斯峽谷必經路徑。

從89號國道轉進UT-12東行不久，出現在視野的紅峽谷，讓人眼睛一亮。蔚藍的天空下，朱砂色的岩石錯落分布，石間夾著綠松，像似毫無章法的擺設，卻又光鮮脫俗。

紅峽谷屬於迪克西國家森林(Dixie National

Forest)轄區，因為鄰居布萊斯峽谷的名氣，多數遊客都匆匆路過。其實，如果願意花點時間行走步道，也許更能避開人潮，任由想像力在石林中馳騁。

石拱國家公園
Arches National Park

1

地球上石拱最集中的地區

石拱國家公園散落著石拱、尖塔、獨石，其中石拱數量逾2,000座，是全球石拱最集中的地區。

每座石拱都敘說鹽、水和時光共同催生的故事。故事開始在3億年前，現今石拱國家公園所在地原來是海洋，海洋幾度進出後撤退，海水逐漸蒸發成1,500公尺厚的鹽地。往後地表積累的砂、石及殘渣覆蓋鹽地，受擠壓的鹽地向西移動，遇見斷層擋路，向上突起成鹽丘。隨後因為板塊擠壓作用，鹽丘上的岩石形成平行裂縫(Joints)。

科羅拉多高原舉起後，河流沖刷露出裂縫，水滲入裂縫溶解鹽丘，鹽丘上的岩石崩落造成鹽谷(Salt Valley)；鹽谷邊緣的裂縫侵蝕持續，將岩石分隔成一片片彷若魚鰭(Fins)的薄壁。

空氣中的二氧化碳，被雨水帶進垂直的岩石薄壁間，產生碳酸；碳酸溶解黏合砂石的碳酸鈣，砂岩因此日益剝離，終於穿石成洞造就石拱。

拱的形成並非全然從下而上，岩壁頂部凹陷造成壺穴，壺穴被穿透鏤空也能成拱；岩壁上實心的凹洞，顯現頑石的堅持，也稱「盲拱」，一旦岩石鬆懈，自然侵蝕加強，石拱便就成形。

水少無力侵蝕，水多可能將岩石完全崩解；石拱國家公園每年雨量平均20～25公分，不多不少地成為石拱的主要推手；冬季低溫結水成冰，體積擴大，更加大侵蝕力度。水和冰交替用力，塑造一座座石拱；但是，地心引力也不遑多讓，石拱脆弱的岩石，有時候會被牽引而下，石拱因而消失。

1.玲瓏拱 / 2.壺穴拱 / 3.三人閒話石 / 4.石鰭 / 5.伊甸園，巨石上有位攀岩者

攝像光影

石拱國家公園基本看不到樹木，天很藍，太陽很烈，只有清晨與黃昏光線才適合攝影，夕照更使砂岩的紅色既飽滿又柔和。

上午順光的景點包括：三人閒話石、綿羊石、角塔拱、雙拱及景觀拱。

下午順光的景點包括：公園大道、法院塔區、石化砂丘、平衡石、伊甸園、南北窗、玲瓏拱、熔爐，以及天際拱及魔鬼花園周邊的石鰭。

豆知識

拱 Arch、窗 Window
天然橋 Natural Bridge

石拱和天然橋外型乍看並無差異，彷彿異卵雙胞。基本上，拱是由滲入岩石的水，從內部及底部剝離岩石形成，天然橋則多跨越溪流，由水從外部切割岩石而成。

石拱國家公園有窗區(The Windows Section)，「窗」其實也是石拱，只是從穿透岩石的洞口就能看到風景，石拱就像似框起景觀的一片窗。

石拱
國家公園
必遊景點

石拱國家公園由18英里的景觀道(Arches Scenic Drive)貫穿，其中窗區及玲瓏拱觀景點則由主幹分叉東向，是不可錯失的主要景點。

1.綿羊石，像極一隻閉眼微笑的綿羊／2.別巴塔／3.鹽山觀景點／4.公園大道／5.管風琴

法院塔區 Courthouse Towers Viewpoint

法院塔區其實無關法院，而是因區內巨石聳立，有如法院建築一樣雄偉。以管風琴命名的巨石The Organ，比任何教堂的管風琴都壯觀；巴別塔(Tower of Babel)在傳說中高聳入雲，因而也稱通天塔，兩石併肩媲美。三人閒話石(Three Gossips)及綿羊石(Sheep Rock)各領風騷，高大不如巨石，卻以形似取勝。

公園大道觀景點與步道起點
(Park Avenue Viewpoint & Trailhead)

 步道 單程1.6公里

從 觀景點進入就是公園大道步道，行走於峽谷、巨石間，從法院塔觀景點(Courthouse Towers Viewpoint)走出，接上主路，全程落差98公尺。如果無人能在出口等侯，必須折回起點取車才能繼續行程。

三人閒話石
綿羊石
巴別塔
法院塔

平衡石 (Balanced Rock)  環形步道 500公尺

沿著公園大道繼續北行，來到平衡石。這裡有一處圓環步道，可繞著39公尺高、逾3百萬公斤的平衡石品頭論足。

1

窗區 The Windows Section

伊甸園 (Garden of Eden)

可下車俯視窗區，遠處山頭若白雪未融景致更美；近處仰頭偶見巨石頂端攀岩人渺小的身影。

南、北窗與角塔拱
(South Window、North Window & Turret Arch) 環形步道 1.6公里

走上步道，可觀賞南、北窗和角塔拱。角塔拱狀似砲台，南北窗鑿在同一石鰭，遠望徬若架在鼻梁上的眼鏡，但眼鏡沒有鏡片，更像框起風景的窗框，若時間不趕，不妨坐上窗框入畫。

雙拱 (Double Arch) 步道 來回800公尺

雙拱是石拱國家公園的明星之一，南面的拱橫跨44公尺，位居公園第二長；從平地向上垂直開口達34公尺，也是公園裡最高的拱。鄰近的象群遊行（Parade of Elephants）維妙維肖。

2

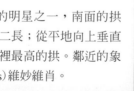

3

4

1.平衡石 / 2.伊甸園 / 3.南北窗 / 4.角塔拱 / 5.象群遊行 / 6.雙拱

5

6

玲瓏拱觀景區 Delicate Arch Viewpoint

沃爾夫牧場 (Wolfe Ranch)

1898～1910年，美國內戰退伍軍人約翰・衛斯理・沃爾夫 (John Wesley Wolfe) 曾在此地牧牛，當年的小屋已重修，並被列入國家史蹟保護。

玲瓏拱觀景點 (Delicate Arch Viewpoint)

印在猶他州車牌上，玲瓏拱在山崖上孤單的身影，隨著州民縱橫國內而家喻戶曉，成為國家公園最亮眼的石拱。有三條步道得以觀賞玲瓏拱：

1. 以沃爾夫牧場為起點，來回近5公里，落差146公尺，歷時2.5～3小時，沿途無樹遮蔭。這是最困難的步道，但卻最能擁抱玲瓏拱。

2. 上觀景點 (Upper Delicate Arch Viewpoint) 以距離沃爾夫牧場東邊1.6公里的停車場為起點，來回800公尺，可爬上較接近玲瓏拱的山脊上觀賞。

3. 下觀景點 (Lower Delicate Arch Viewpoint) 來回不到100公尺，就在停車場邊遠眺。

熔爐區 Fiery Furnace

熔爐觀景點 (Fiery Furnace Viewpoint)

從觀景點俯視，腳下散落的石頭，像似不久前才熄火的熔爐，尖端還留著灰燼。步道錯綜複雜，如入迷宮，有時還須手腳並用攀爬，因此必須由公園管理員導覽。全程大約2.5～3小時，11～2月須在遊客中心購票，先到先得；3～10月可上www.recreation.gov預訂。

1,2.玲瓏拱／3.熔爐景觀點的石頭似乎帶著灰燼

砂丘拱與斷裂拱
(Sand Dune Arch & Broken Arch)

沙丘拱步道　來回500公尺　　斷裂拱步道　來回2.1公里

從路邊停車處下車，走250公尺即可見砂丘拱隱藏在岩石間，拱下粉紅細砂，見證水和冰在砂岩上經年琢磨的功力。

斷裂拱看似留有刀疤，但還是屹立不倒；直立在曠野草場，老遠就能看見，走訪一圈距離卻超過2公里。

1.沙丘拱下砂質細緻／2.斷裂拱上方岩石形似兩隻手比成的愛心／3.天際拱／4.與其他石拱相比，景觀拱相對秀氣

1

2

魔鬼花園區 Devils Garden

天際拱 (Skyline Arch)

步道　來回600公尺

遠在天邊，近在眼前。天際拱在路邊即可觀賞，爬坡沿途石拱若即若離，在藍天下顯得特立獨行。

魔鬼花園步道起點
(Devils Garden Trailhead)

步道　來回2.6公里

魔鬼花園步道雖然串連多座石拱，但行走困難。前段1.3公里較容易，而且能看到石拱國家公園跨度最長的景觀拱（Landscape Arch）。

景觀拱高度3.3公尺，憑空橫掛93.3公尺，最纖細的部位，是在1991年9月瞬間剝落18公尺的殘餘，落石仍然留在景觀拱腳下，而石拱彷彿隨時可能斷落。

3

4

1天
自駕

行程規畫

自駕，沿景觀道路(Arches Scenic Drive)從南往北再返南。

1 遊客中心 (Visitor Center) → Scenic Drive，3.6 英里	**6** 魔鬼花園步道起點 (Devils Garden Trailhead) → Scenic Drive，3.7 英里
2 法院塔區 (Courthouse Towers Viewpoint) → Scenic Drive，5.3 英里	**7** 熔爐觀景點 (Fiery Furnace Viewpoint) → Scenic Drive／Delicate Arch Road，4.1 英里
3 平衡石 (Balanced Rock) → Scenic Drive／The Windows Road，1.1 英里	**8** 沃爾夫牧場 (Wolfe Ranch) → Delicate Arch Road，1.2 英里
4 伊甸園 (Garden of Eden) → The Windows Road，0.9 英里	**9** 下玲瓏拱觀景點 (Delicate Arch Viewpoint) → Delicate Arch Road／Scenic Drive，13.8 英里
5 南北窗、角塔拱、雙拱 (South & North Window，Turret Arch，Double Arch) → The Windows Road／Scenic Drive，10.2 英里	**10** 遊客中心 (Visitor Center)

▲ 伊甸園的壯麗美景

石拱國家公園資訊

- ■ **網址**：www.nps.gov/arch
- ■ **開放時間**：全年
- ■ **門票**：壯麗美國年票$80；非商用汽車每車$30(15人以下，7天)；公園年票$55
- ■ **設置**：1971年11月12日
- ■ **面積**：308平方公里
- ■ **位置**：猶他州東南邊；海拔1,219～1,723公尺
- ■ **時區**：山區時區
- ■ **最適旅遊季節**：3～10月；每天08:00以前及15:00以後較不擁擠
- ■ **氣候**：月平均最高溫與最低溫(℃)，請參考下表
- ■ **地圖**：

自駕

- ■ 由I-70州際高速路182出口(Exit 182，Crescent Junction)，轉US-191號國道，南行35公里，公園入口在左手邊。

- ■ 若從公園入口南邊8公里的摩押(Moab)北上，入口在右手邊。

遊客中心

每天07:30～17:00開放(聖誕節關閉)，提供資訊及地圖，設有飲水機、沖水馬桶及公用電話。

生活機能

- ■ **飲食**：公園內沒有餐飲設施，但設有野餐區。所有飲食需求都要在摩押解決。摩押鎮網址：www.discovermoab.com。
- ■ **住宿**：摩押鎮提供各式住宿設施，露營地裡甚至也設小木屋。網址www.discovermoab.com。
- ■ **露營**：公園裡只有魔鬼花園營地提供50個搭帳篷的營地，180天～4天前可透過網址www.recreation.gov預訂；11/1～2/28期間，1～24號營地不開放預訂，先到先得。詳情可查詢石拱國家公園網址。

通訊

公園裡手機訊號不佳，遊客中心、平衡石、熔爐觀景點可能可以收發語音通訊；Wi-Fi只在遊客中心才有。魔押的旅館、餐廳甚至營地多提供Wi-Fi。

各月分氣溫 (℃)

月分	1月	2月	3月	4月	5月	6月	7月	8月	9月	10月	11月	12月
最高溫	6.7	11.1	17.8	21.7	27.8	33.9	37.8	36.1	31.1	23.3	13.3	7.2
最低溫	-5.5	-2.2	1.7	5.6	10.6	15.6	19.4	18.9	12.8	5.6	-1.1	-5

▲ 公園裡紅砂岩地景中，隱約能見到形成中的平衡石

▲ 正在醞釀中的石拱

綠台國家公園
Mesa Verde National Park

1

呈現西元550～1300年
原住民善用地形的建築智慧

綠台與黃石公園是美國最先列入聯合國世界遺產的兩處國家公園，綠台更是唯一以文化取勝的美國國家公園。

綠台國家公園保存的是美國西南地區原住民建築工藝，時間從西元550～1300年，地點在海拔2,600公尺的台地，其中大規模的崖居（Cliff Dwellers）更是北美僅存。

西元550～750年，原住民住屋為坑居（Pit House），也就是在地上挖圓坑，以4支柱子撐起屋頂，這個時期的工藝以編織草籃為主，考古學家稱為「草籃製作時期」。

西元750～1150年，原住民不再挖坑造屋，而是在台地上以木材及黏土構建房舍並形成聚落（Pueblo）。聚落的建築工藝更逐漸進步到以石材砌成2～3層樓高的房屋，台地上開闢出更多農地，陶器取代草籃，以白底黑紋裝飾為主。

西元1190～1300年，原住民紛紛從地面上移居岩壁凹洞（Alcove），建成著名的崖居，卻在1,300年全部撤離。移居的原因不明，撤退的原因也還是謎。有些科學家猜測，1276～1299年連續乾旱導致農作欠收，地力及森林、動物資源用盡，人口多造成爭奪資源壓力、引發聚落間的爭戰等，都可能是原住民棄守崖居的原因。

原住民離開500多年後，1888年底，在附近放牧的韋德羅兄弟（Richard & Al Wetherill）發現崖宮、雲杉居及塔居，崖居才重見天日，開始整修，並依據1906年通過的《古蹟法案》設立國家公園。

1.千窗居 / 2.綠台秋色 / 3.綠台 / 4.契屏台地考古博物館收藏品 / 5.陽台居的入口木梯

玩樂篇 綠台國家公園

2

3

4

5

🌰 豆知識

基瓦 Kiva

　　無論坑居、聚落或是崖居，原住民的建築中必定包含「基瓦」。居屋一直在改善，「基瓦」建築也與時俱進。

　　原住民語言中的「基瓦」，在西元900年後基本定型，構造包含6支石柱支撐屋頂，柱間設有環繞圓坑的坐位。在圓坑邊緣有一通風口，將空氣經過坑壁挖鑿的風口引進坑內；空氣進入後，立即由風口的擋板分流，也避免直接吹到設在中央的火坑。風口、擋板、火坑成一直線，在尾端有一小孔，稱作Sipupa，原住民相信，人從地下出生，死後又回地下，小孔代表祖先入世的出口。

　　「基瓦」出現在綠台所有較具規模的崖居，大部分有相鄰的庭院，推測為公共儀式、集會與工作場地。

綠台國家公園裡散布5,000個原住民遺址，崖居有600處；分布於契屏台地及韋德羅台地的三處崖居遺址，按時由專人導覽，必須事先(最早兩天前)親自到場買票。主要購票地點在山下的遊客中心，距離遺址大約為21～27英里，1～1.5小時車程；莫菲管理站(Morefield Ranger Station)以及契屏台地考古博物館(Chapin Mesa Archeological Museum)也有售票。

綠台國家公園景點開放資訊

景點	開放時間	參觀方式	參觀時間	票價	距離遊客中心
遠景遺址	全年(路況許可)	自行參觀	-	-	16.5英里
雲杉居	全年(路況許可) *	自行參觀	-	-	21英里
崖宮	5月底～9月底	付費導覽	1小時	$5	23英里
陽台居	5月底～10月中	付費導覽 **	1小時	$5	25英里
方塔居	全年(路況許可)	自行參觀 ***	-	-	24英里
長居	5月底～10月底	付費導覽	2小時	$5	27英里
階居	5月底～10月底	自行參觀	-	-	27英里

＊ 2015 年 8 月起，雲杉居因落石停止入內參觀，只能從平台俯視。修復時日未定。 (製表 / 沈正柔)
＊＊另有早鳥特別導覽：5月底～ 9月初，每天 08:00。2月中旬即可訂票，網址 www.recreation.gov/ticket/facility/tour/295。
＊＊＊另有特別導覽：5月底～ 10月中，週一、四、六 08:00。2月中旬即可訂票，網址 www.recreation.gov/ticket/facility/tour/296

契屏台地 Chapin Mesa

遠景遺址
(Far View Sites)

 步道 1.2公里

崖壁：-
建築：70間房
年代：西元900～1300年

遠景遺址以遠景居(Far View House)及煙管壇(Pipe Shrine House)為中心，四周散落著農地、水庫和村落，郊狼村(Coyote Village)是其中之一。遠景居為兩層樓房，樓下40間，樓上30間，房間門成直線，顯然是經過規畫的建築。煙管壇因挖掘時在基瓦裡發現裝祭祀用香的煙管而獲名。兩處都建於西元1000年。郊狼村於西元975年首建，往後數次被棄置又重建，直到1250年不再重建；村內基瓦通風孔建得像是鑰匙孔，還有基瓦設暗道通往塔台。

1,2.遠景遺址

1

2

玩樂篇 綠台國家公園

雲杉居
(Spruce Tree House)

步道 來回1公里
落差30公尺

| 崖壁：66公尺長，27公尺深 |
| 建築：130間房，8處基瓦 |
| 年代：西元1211～1278年 |

雲杉居是綠台國家公園內第三大崖居，因崖居前的杉樹獲名。下行前往雲杉居的步道兩旁綠意盎然，泉水滋養植物，植物提供食物、建材與燃料。三層高的樓牆開口，是長方型與T型，T型門似乎有特別用途，猜測門內不僅一戶，或門內是宗教場所，多數T型門通往基瓦及庭院；而2樓的灰泥牆上還見裝飾圖案。雲杉居保留了西元1200年大部分的建築原貌，岩壁頂的黑煙遺跡和發掘的石磨，見證原住民生活的痕跡。

崖宮
(Cliff Palace)

步道 400公尺(含木梯)
落差30公尺

| 崖壁：66公尺長，27公尺深 |
| 建築：150間房，21處基瓦 |
| 年代：西元1190～1280年 |

1,2,3.雲杉居 / 4,5,6.崖宮

崖宮是北美規模最大的崖居，1888年底被發現後，陸續引來好奇的遊客。1889年登山家費德瑞克‧契屏（Frederick Chapin）由韋德羅兄弟引導，最先垂繩下降到崖宮，他形容崖宮像座城堡廢墟，錯落分布著護牆、碉堡、塔台；前緣已經崩壞，但第二層及第三層建築仍然存在，預端還有小室。

根據使用的樑木年輪鑑定，崖宮始建於西元1190年，1260～1280年的20年間更是緊鑼密鼓施工，建成150間房，21個基瓦規模。奇怪的是，150間房只有25間有使用爐灶的痕跡，顯示曾經用作住家；專家因而猜測，崖宮可能是行政或祭祀中心。

契屏當年看到的城堡已經修復，800年前的熱鬧景象卻不復見。高低有致的重重建築，和獨立或依岩壁而建的圓塔、方塔，突顯崖宮的與眾不同，但當遊客散去後，崖宮只能守著持續百年的孤寂。

陽台居
(Balcony House)

步道 433.5公尺
含木梯─隧洞─木梯─石階

| 崖壁：80公尺長，12公尺深 |
| 建築：38間房，2處基瓦 |
| 年代：西元1180～1270年 |

若說原住民從台地遷往崖居是為了防衛敵人，也許只有陽台居符合這個需求。走訪陽台居先要攀爬近10公尺的木梯，側身通過石縫，才能看到「陽台」，進入崖居主體。陽台居只是中型的兩層樓崖居，兩處基瓦庭院背後有居民賴以生活的水源；與其他崖居不同的是，面向峽谷的邊緣圍著短牆，易守難攻。

目前入口的木梯，是1930年代由公園管理局架設，而原住民的原始入口為現今出口。進來不易，出去更難，攀爬木梯及岩壁開鑿的石階之前，先要仆伏前進穿過3.7公尺長、45公分寬的隧道，才得重見天日。

1.陽台居的「陽台」／2.陽台居最後一段的木梯與石階／3.陽台居短牆／4.陽台居隧道／5.方塔居點指標／6.方塔／7.太陽廟／8.橡樹居

方塔居
(Square Tower House)

步道 500公尺
抵達眺望點

| 崖壁：- |
| 建築：60間房，7處基瓦 |
| 年代：西元1200～1300年 |

長6英里的台地環形車道（Mesa Top Loop Drive）分布著包括太陽廟（Sun Temple）、橡樹居（Oak Tree House）等12處遺址，演繹了原住民從坑居、聚落到崖居的過程，其中最精采的是方塔居。方塔其實是崖居建築的部分，但在周圍建築頹廢散落後，顯得獨樹一格，崖居也因此獲名。方塔有門窗和地板，內牆還抹了灰泥；在重建過程中，考古學家發現居民使用的水源。原來80間居室，如今只存留60間。

1.長居的引水渠道及集水坑洞／2,3,4.長居／5.階居左側石階通道現已成亂石堆，右側為坑居／6.階居岩畫

韋德羅台地 Wetherill Mesa

長居
(Long House)

步道 來回3.6公里(含木梯)
落差40公尺

崖壁：91公尺長
建築：150間房，21處基瓦
年代：西元1145～1279年

1891年，瑞典科學家古斯塔夫‧諾登史基德（Gustaf Nordenskiöld）在韋德羅家族引導下抵達長居，他看到高拱的岩洞下，一長排倒塌的牆，因此命名長居。長居規模與崖宮相當，還有一處很大的庭院，猜測用作附近居民交易、集會及祭祀或慶典場所；發掘出的大量工具、食物殘餘和生活用品，顯示長居也是原住民的家。

最有趣的是，由地底冒出的泉水，還在滋養草本及苔蘚，為崖居增添綠色；而原住民在岩石表面挖鑿的引水渠道及集水坑洞，揭露了當年的「水利工程」。前往長居步道最長，途中樹木都因火災凋敝，香蕉絲蘭的花、果卻呈現生機；枝頭偶見賽氏菲比霸鶲（Say's Phoebe），還有環頸蜥（Collared Lizard）曝曬在陽光下積蓄能源。除階居和長居，6英里的長居環形步道（Long House Loop）連接其他遺址，可步行或騎單車參觀。

階居
(Step House)

環形步道 1.6公里

崖壁：91公尺長
建築：坑居及崖居，兩種不同年代及性質的住居
年代：西元616～627年、1226～1300年

崖居居民通常經由在岩壁上挖鑿的手腳洞，往來於居所與台地之間，階居旁的山坡，竟然營造了石階通道（現已成亂石堆），階居因而獲名。由步道下行，最先入眼的是重建的坑居。考古挖掘發現，西元625年左右，曾經有5戶坑居聚集在崖壁下。

崖居在西元1226年才建成，不規則地依靠或圍繞大石頭組成聚落，其中一塊石頭上刻著岩畫。在發掘過程中，考古學家認定崖居的基瓦，由坑居演化而成；階居的基瓦牆上曾經裝飾了一圈大角羊圖案，1989年被取下保存。一如其他崖居，建築群頂端的小間，是糧食儲藏間，通常有石板封閉以防鼠、防潮；需要時，居民可經由手腳洞或木梯取用。

1天 自駕+徒步 行程規畫

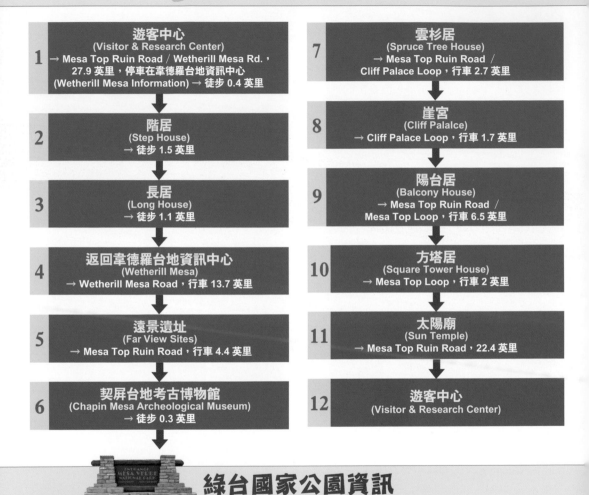

1 遊客中心 (Visitor & Research Center) → Mesa Top Ruin Road / Wetherill Mesa Rd.，27.9 英里，停車在韋德羅台地資訊中心 (Wetherill Mesa Information) → 徒步 0.4 英里	**7** 雲杉居 (Spruce Tree House) → Mesa Top Ruin Road / Cliff Palace Loop，行車 2.7 英里
2 階居 (Step House) → 徒步 1.5 英里	**8** 崖宮 (Cliff Palalce) → Cliff Palace Loop，行車 1.7 英里
3 長居 (Long House) → 徒步 1.1 英里	**9** 陽台居 (Balcony House) → Mesa Top Ruin Road / Mesa Top Loop，行車 6.5 英里
4 返回韋德羅台地資訊中心 (Wetherill Mesa) → Wetherill Mesa Road，行車 13.7 英里	**10** 方塔居 (Square Tower House) → Mesa Top Loop，行車 2 英里
5 遠景遺址 (Far View Sites) → Mesa Top Ruin Road，行車 4.4 英里	**11** 太陽廟 (Sun Temple) → Mesa Top Ruin Road，22.4 英里
6 契屏台地考古博物館 (Chapin Mesa Archeological Museum) → 徒步 0.3 英里	**12** 遊客中心 (Visitor & Research Center)

綠台國家公園資訊

- **網址**：www.nps.gov/meve
- **開放時間**：崖居多在5月底～9月底開放參觀
- **門票**：壯麗美國年票$80。公園普通票1～4月及11～12月$15；5～10月$20(7天有效)。公園年票$50
- **設置**：1906年6月29日
- **面積**：212平方公里
- **位置**：科羅拉多州西南角落，海拔2,300～2,800公尺
- **時區**：山區時區
- **最適旅遊季節**：5月底～9月底，公園裡的契屏台地

及韋德羅台地崖居遺址都開放參觀，可一網打盡。6～8月日夜溫差大，且要防範午後雷陣雨；9月也許最適合。入秋驅車盤旋上山，更見林木色彩斑斕

- **氣候**：月平均最高溫與最低溫(℃)，請參考右頁
- **地圖**：

玩樂篇 綠台國家公園

機場

距離公園較近的機場，在公園東邊36英里外的杜蘭戈鎮(Durango，DGO)。但從西岸主要門戶城市飛往杜蘭戈，少有直飛班機，不如自駕方便。

自駕

綠台國家公園在石拱國家公園東南方，車程僅2小時，而距離位於西南的石化森林國家公園車程不到4小時，開車旅行可將石拱、綠台和石化森林連成一氣。而從公園西邊進入，取道US-491在柯提茲鎮(Cortez)轉US-160往東10英里，即可入門。

遊客中心

綠台國家公園只有一處遊客中心，提供公園資訊，展覽公園地質及原住民歷史文化，設有洗手間及飲水機。在此購買由專人導覽的崖居遺址門票，時間上有較多選擇。全年開放(感恩節、聖誕節和新年除外)，時間因季節而異。

生活機能

■ **飲食**：公園內食物供應有限，除契屏台地考古博物館對面的Spruce Tree Terrace Cafe全年營業，其他餐廳多在4月中～10月中下旬供餐。(請參考下表)
■ **住宿**：公園內旅館資訊請參考下表。
   http 訂房：www.visitmesaverde.com
■ **露營**：公園內營地資訊請參考下表。
   http 訂位：www.visitmesaverde.com

通訊

進入公園後手機訊號有限。Wi-Fi在Morefield營地商店、旅館、Far View Terrace Cafe及Spruce Tree Terrace Cafe可使用。

▲ 遊客中心

各月分氣溫 (℃)

月分	1月	2月	3月	4月	5月	6月	7月	8月	9月	10月	11月	12月
最高溫	4.6	6.8	10.2	10.8	21.7	28.1	30.8	29.3	24.2	18.7	10.7	5.4
最低溫	-7.5	-7.1	-3.1	1	6.4	11	14.1	13.1	9	4	-2.3	-6.2

公園內餐廳

地區	餐廳	營業項目	開放時間
Far View	Metate Room(旅館附設)	晚餐	4月中～10月底
Far View	Far View Terrace Cafe	早、午、晚餐；咖啡吧	5月初～10月初
Chapin Mesa	Spruce Tree Terrace Cafe	傳統美式及西南風味餐	全年(新年、感恩節、聖誕節外)
Morefield Campground	Knife Edge Cafe	早、午、晚餐	4月底～10月中

公園內旅館

營地	開放時間	房間數	約略價格	備註
Far View Lodge	4月中～10月底	150	$121～166	-

公園內營地

營地	開放時間	單位(個)	約略價格	備註
Morefield Village	4月中～10月中	267	$30	鬆餅早餐、自助洗衣、免費淋浴

＊公園餐廳、旅館與營地之資訊如有異動，請以官方公告為準。本書其他國家公園亦同。

石化森林國家公園
Petrified Forest National Park

①

矽化木遍地，
記錄地球自然歷史

石化森林是世界上矽化木最集中的地區之一，也是橫貫美國的第一條高速路——66號國道（Route 66，代號US-66)唯一通過的國家公園。

2億2千5百萬年前的三疊紀後期，現今公園所在是一片沖積平原，水流縱橫，鐵蘇、蕨類植物遍布，恐龍咆哮於大地。

火山爆發和滾滾河泥將針葉折枝剝皮，一路沖刷到台地遺棄。僅剩的軀幹，很快被火山灰及淤泥掩埋，卻因缺氧而不易腐化。

火山灰裡的矽和水裡的礦物質逐漸滲入並填滿樹幹中的組織空隙，矽更結晶成石英，閃亮著雪白或不同層次的灰；鐵創造了黃、橙和紅色，錳與碳則添加了藍、紫和黑色。

彩色森林不該藏在地底。風和雨耐心地洗盡拂去埋葬森林的泥灰；科羅拉多高原形成將土地舉起，卻粗魯地折斷已變得脆硬的樹幹；一段段樹幹整齊排列，彷若伐木工人才收工離去。

19世紀中葉，美國陸軍勘測人員發現石化森林以前，原住民已經在林間屯墾。發掘的廢墟，透露原住民生活的蛛絲馬跡；岩石刻畫像是刻意製作的圖文公告板，可惜少有人能解讀；反而是隱藏在彩色化石裡的動植物殘骸，無意間記錄了地球數百萬年的自然歷史。

⑥

1.水晶森林裡，一段段樹幹整齊排列，彷若伐木工人才收工離去 / 2.藍台 / 3.瑪瑙屋 / 4.印地安帳篷 / 5.彩色沙漠 / 6.絲蘭陪伴碧玉森林矽化木

玩樂篇　石化森林國家公園

2

3

4

5

🦎 豆知識

US-66

　　66號國道又稱「美國大道」(Main Street of Ameri-ca)或「母路」(The Mother Road)，是橫貫美國的第一條高速路。1926年始建，1938年完成，從伊利諾州的芝加哥(Chicago)，西南向到達加州太平洋岸的聖塔莫尼卡(Santa Monica)，全長3,940公里，經過伊利諾、密蘇里、堪薩斯、奧克拉荷馬、德克薩斯、新墨西哥、亞歷桑那、加利福尼亞共8州。

　　1956年《州際高速路法案》(The Federal Aid Highway Act)通過，州際高速路網開始縱橫美國，66號國道路線逐漸被取代，到1985年除役。但各州仍然保存部分道路成為歷史路線，66號國道標誌也偶爾得見。

ROUTE
US
66

石化森林國家公園必遊景點

國家公園夾在I-40州際高速路和US-180國道之間，南北各設遊客中心，距離26英里(42公里)，景點就分布於兩中心之間的石化森林路(Petrified Forest Road)兩側。中途叉出的藍台景觀路沿線地貌特殊；從南門進入所看到的矽化木較北邊集中。

1.國家公園入口／2.長木步道沿途景色／3.彩色沙漠客棧／4.普埃可聚落遺跡石上的岩刻／5.彩色沙漠／6.藍台／7.瑪瑙橋長約33.5公尺／8.巨大的老忠實矽化木／9.普埃可聚落遺跡

彩色沙漠 (Painted Desert)

 步道 來回1.6公里

介於塔華(Tawa Point)和卡奇納點(Kachina Point)之間，可以沿緣邊欣賞彩色沙漠景觀。彩色沙漠散布著暗紅色的丘陵；不嫌土壤貧瘠的植物，企圖在砂岩上維持生命。

彩色沙漠客棧 (Painted Desert Inn)

位於卡奇納點的客棧，接待過行經US-66號國道的旅客，目前成為博物館。博物館除展示過往歷史，曾經用作餐廳的牆壁，仍然得見彩繪的原住民傳說與生活故事。

普埃可聚落 (Puerco Pueblo)

 環形步道 500公尺

西元1200～1400年間，普埃可河邊曾經聚居100戶原住民。而今聚落已成廢墟，散落的石塊滿面風霜；依稀可見的岩刻，卻透露原住民刻石觀測日影移動的智慧，也記錄水畔鳥類及動物生態。

玩樂篇 石化森林國家公園

新聞石 (Newspaper Rock)

亂石堆中的岩刻一片熱鬧，可惜無人能解讀。

印地安帳篷 (The Tepees)

印地安帳篷因為地景類似原住民居住的營帳獲名。帳篷因為岩石含赤鐵礦，基本色調為紅色，上層較深的紅色是粉砂岩，白色砂岩宛如帳篷的橫飾帶，帳篷頂端的黑色則是含炭的黏土。

藍台 (Blue Mesa)  環形步道 1.6公里

環繞藍台景觀路（Blue Mesa Scenic Road）一圈約3英里，沿途山丘、谷地散落者矽化木，蒼茫中風景特異。步道並不平易，但可置身風景中，近距離觀察自然侵蝕的惡地（badlands）景觀。

瑪瑙橋 (Agate Bridge)

一條矽化木橫跨乾河床；為保護橫木，樹幹下架起水泥柱，反而殺風景。

碧玉森林 (Jasper Forest)

碧玉森林又稱第一森林，早期旅客乘篷車遊覽石化森林，最先進入的就是碧玉森林。

水晶森林 (Crystal Forest)  環形步道 1.2公里

跌跌落谷地的矽化木多在腳下，富含石英及紫水晶的部分因質地硬脆，斷裂後還整齊排列。步道上也能見未完全矽化的樹幹，樹皮及內部組織依然色澤鮮明。

彩虹森林博物館 (Rainbow Forest Museum)

巨木步道(Giant Logs Trail)  環形步道 600公尺

從博物館後門起始。步道階梯間矽化木錯落陳列，「老忠實」（Old Faithful）長10.6公尺，重近4萬公斤，為公園裡最大的矽化木。

長木步道(Long Logs) 環形步道 2.5公里

從博物館停車場出發。步道上就見矽化木堆擠，兩株最長的樹幹長約40公尺，估計原高60公尺。

瑪瑙屋步道(Agate House Trail)  步道 來回3.2公里

從博物館停車場出發。與長木步道合併則為4.2公里。全由矽化木架構的8間房建築，推測約建於700年前，黏合工藝存留在跌落的矽化木間，雖粗糙，卻見證原住民早已在此處生活。

7

8

9

1天 自駕+徒步 行程規畫

可由北往南,也能由南而北。若還要行走長木及瑪瑙屋步道,一天時間會相當緊湊。

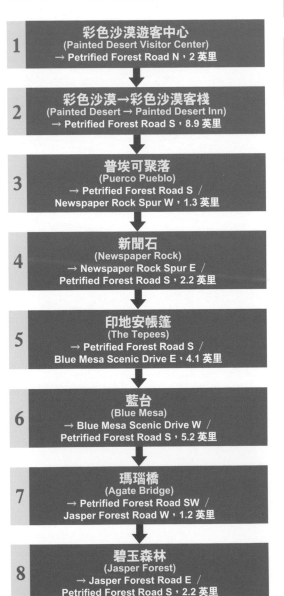

1
彩色沙漠遊客中心
(Painted Desert Visitor Center)
→ Petrified Forest Road N,2 英里

2
彩色沙漠→彩色沙漠客棧
(Painted Desert → Painted Desert Inn)
→ Petrified Forest Road S,8.9 英里

3
普埃可聚落
(Puerco Pueblo)
→ Petrified Forest Road S /
Newspaper Rock Spur W,1.3 英里

4
新聞石
(Newspaper Rock)
→ Newspaper Rock Spur E /
Petrified Forest Road S,2.2 英里

5
印地安帳篷
(The Tepees)
→ Petrified Forest Road S /
Blue Mesa Scenic Drive E,4.1 英里

6
藍台
(Blue Mesa)
→ Blue Mesa Scenic Drive W /
Petrified Forest Road S,5.2 英里

7
瑪瑙橋
(Agate Bridge)
→ Petrified Forest Road SW /
Jasper Forest Road W,1.2 英里

8
碧玉森林
(Jasper Forest)
→ Jasper Forest Road E /
Petrified Forest Road S,2.2 英里

9
水晶森林
(Crystal Forest)
→ Petrified Forest Road SW,5.8 英里

10
彩虹森林博物館與步道
(Rainbow Forest Museum and Trails)
→ Petrified Forest Road SW /
US-180 NW,21 英里

11
霍爾布魯克鎮
(Holbrook)

貼心 小提醒

國家公園規定

聯邦法律禁止撿拾、移動任何矽化木或破壞公園自然環境與人文遺址。違法將被處罰鍰或入獄。其實,石化森林國家公園只圈入亞歷桑那東北部20%的矽化木,若想購買矽化木留念,公園外的私人土地或印地安保留區加工廠,都能合法取得矽化木。

石化森林國家公園資訊

- **網址**：www.nps.gov/pefo
- **開放時間**：除聖誕節外，公園全年開放。入園時間為每日07:00～18:00
- **門票**：壯麗美國年票$80，非商用汽車每車$20(7天有效)，石化森林年票$40
- **設置**：1962年12月9日
- **面積**：884平方公里
- **位置**：亞歷桑那州東北；海拔1,669～1,759公尺
- **時區**：山區時區(亞歷桑那州不實施日光節約時間)
- **最適旅遊季節**：冬末春初風大，風速達64～96公里。夏季有午後暴雷雨，偶見沙塵暴(Dust devil)，7月遊客最多。冬季溫度低，但天空清朗。9、10月可能最適合走訪。但若想觀賞野花，5月及7、8月較佳
- **氣候**：月平均最高溫與最低溫(℃)，請參考下表
- **地圖**：

自駕

- 從綠台國家公園出發，由東往西行：行駛I-40州際高速公路，下311號出口(Exit 311)，抵達彩色沙漠遊客中心(Painted Desert Visitor Center)。南向經28英里的石化森林路(Petrified Forest Road)後，出南門接上US-180國道，西北行18.4英里再遇40號高速路，進入霍爾布魯克(Holbrook)，可續西行往大峽谷。
- 從大峽谷國家公園出發，由西向東行：自霍爾布魯克出發，沿US-180國道東南向19英里，公園南門入園，循石化森林路北上28英里後，遇I-40州際高速路可續東行轉北到綠台國家公園。

遊客中心

彩色沙漠遊客中心及彩虹森林遊客中心(Rainbow Forest Visitor Center)。每天07:00～18:00提供資訊、展覽、書店、洗手間、野餐桌。彩色沙漠遊客中心還販售簡餐、汽油。

生活機能

- **飲食**：除彩色沙漠遊客中心有簡餐，石化森林國家公園裡沒有餐廳，飲食都需要在距離最近的城鎮霍爾布魯克解決。5,000居民的小鎮，餐飲店多集中在納瓦霍(Navajo Blvd)及侯匹(Hopi Drive)兩條街上。麥當勞、漢堡王、Carl's Jr.、Taco Bell、必勝客等速食餐廳外，還有少數美式、墨西哥、義大利風味料理，甚至有一家中式餐廳。市鎮裡還有家Safeway超市和Circle K便利商店。
- **住宿**：小鎮食宿都在相同街區，不到20家旅館，多數為連鎖經營，譬如days Inn、Best Western、Super 8、Motel 6、Quality Inn、Travelodge及Econolodge等，都能透過訂房網站預訂。
- **露營**：公園裡沒有營地，但霍爾布魯克鎮邊緣有一處KOA營地。

通訊

公園內除了遊客中心以外，其他地區訊號不佳，但霍爾布魯克鎮旅館、餐廳裡都有Wi-Fi。

▲沙漠客棧

各月分氣溫 (℃)

月分	1月	2月	3月	4月	5月	6月	7月	8月	9月	10月	11月	12月
最高溫	10.6	14.4	18.3	22.8	27.8	33.3	35	33.3	30	23.9	16.7	10.6
最低溫	-6.1	-3.9	-1.1	2.2	6.1	10.6	15.6	15	10.6	3.3	-2.2	-6.1

主題之旅
科羅拉多高原植物

科羅拉多高原在美國西南部，海拔從1,500～3,350公尺，植物分布因雨量多寡及高度變化，顯示出高地沙漠、灌木叢林、喬木林及針葉林特色。沙漠與森林間，野花也隨著高度和季節，為科羅拉多高原添顏色。

生長在西南沙漠的刺梨仙人掌(Opuntia)、香蕉絲蘭、刺罌粟(Mexican Prickly Poppy)、薊，也美美地出現在大峽谷、石化森林、錫安、綠台國家公園；錫安公園的維琴河邊和大峽谷北緣路旁，各自長著耬斗草，只是北緣的肥壯，錫安的瘦弱；道格拉斯冷杉、白楊高高在上，西黃松則散布於橡木林與針葉林的過渡地帶。松子松、猶他杜松和懸崖玫瑰，似乎特別喜歡在高原貧瘠的石灰岩上逆境求生，甚至毫不猶豫地長在懸崖邊緣。

懸崖玫瑰 (Cliffrose)

懸崖玫瑰枝幹無刺，樹皮卻像歷盡滄桑，纖維被原住民用作製作衣、鞋和繩子的材料。4月奶黃色的花朵一簇簇開滿枝椏，陣陣花香似乎有意招蜂引蝶；6月香消玉殞，卻從花心長出帶毛的種子，準備隨時隨風傳播。

松子松 (Pinyon Pine)

松子松身體矮壯，短葉一束兩針，果實比其他松樹小；開花、結果到果實從綠變棕色並爆開，需18～20個月。由於松果富含脂肪及蛋白質，是原住民珍貴的食物，多在秋季採集，克拉克星鴉(Clark's Nutcracker)卻隨時光顧。

1.懸崖玫瑰 / 2.懸崖玫瑰的種子帶毛 / 3.松子松樹梢上的克拉克星鴉 / 4.松子松

玩樂篇　主題之旅

猶他杜松 (Utah Juniper)

猶他杜松通常與松子松毗鄰而居，樹幹上的深刻紋理，記錄了成長的艱辛，有時甚至生死交纏，更顯得堅忍不拔。其實是刺柏，卻被稱作杜松，藍綠帶霜白的果實稱作「杜松子」，為琴酒的主要調味成分。原住民取杜松的樹皮製鞋，也用作覆蓋屋頂的材料；用樹幹製作挖土的工具，也支撐黏土糊成的房舍。

檞寄生 (Mistletoe)

杜松綠色枝椏間常見黃色植物垂掛依附，一般稱作檞寄生。通常這種寄生植物會侵入宿主組織，吸取水和養分，直到宿主枯竭而死，因而被視為敗類。對杜松與檞寄生關係的研究卻發現，鳥類採食檞寄生種子，順便也食用杜松子，無意間反而助長杜松繁殖，為一向被視為百害無一益的檞寄生翻案。

1.猶他杜松 ／ 2.杜松子 ／ 3,4.檞寄生

5.刺梨仙人掌 ／ 6.刺罌粟 ／ 7.薊 ／ 8.西黃松 ／ 9.白楊 ／ 10.道格拉斯冷杉

洛磯山脈
Rocky Mountains

洛磯山脈是**大堤頓**和**黃石國家公園**的基礎。壯觀的大堤頓公園內，7座逾3,600公尺的高峰，拔地而起且峰峰相連，貫穿其間的湖泊，經由冰川精工細琢，宛若一顆顆晶瑩剔透的綠寶石，倒映著山影；蜿蜒而過的蛇河（Snake River）有意無意地串起湖光山色。

黃石公園是美國、也是世界第一處國家公園。63萬年前火山爆發形成的火山口，造就今日的黃石公園。行走在火山口裡，可以看到水柱沖天的痛快淋漓，聽到泉水噴發的聲音，觀賞藻類彩繪的熱泉，觀察階泉的生、死與再生。「老忠實」是間歇泉的代表，但是，黃石公園不僅有老忠實和間歇泉，還有熱泉、階泉、峽谷、瀑布，以及野生動物、野花，共同營造黃石公園成為聲色的自然饗宴。

黃石公園北邊的**冰川國家公園**與加拿大洛磯山一脈相連。國家公園的冰川多已消融，但湖山依然留著冰川走過的痕跡；冬日冰雪塑造的雪白高牆，往往持續到夏初，刻意在山頭展示曾經的霸氣。

老西部篷車 ▶

黃石國家公園
Yellowstone National Park

地熱景觀舉世無雙

　　黃石公園內有近一萬處地熱，占全球地熱三分之二，並且以間歇泉（Geyser）、熱泉（Hot Springs）、泥泉（Mudpots）、氣洞（Fumaroles）、階泉各種形式展現。1880年代自然學家約翰·穆爾（John Muir）將黃石公園比喻為化學工廠，自然之神便是充滿蒸汽和鍋爐實驗室裡的化學師。

　　黃石公園是火山、冰川和河流共同的創作。很久很久以前，太平洋板塊和北美大陸板塊相撞，創造了北美的山脈，撞擊產生的熱力變成岩漿，分散埋藏在大約40處熱點（Hot Spots）或形成火山；火山裡的岩漿逐漸膨脹最終破殼而出，留下爆破的火山口。黃石公園大部分土地，都落在63萬年前一次火山爆炸形成的火山口，也因此處處地熱，地震頻繁。

1.大稜鏡泉 / 2.水鐘間歇泉 / 3.美洲野牛 / 4.大稜鏡泉 / 5.塔瀑布 / 6.黃石峽谷瀑布

玩樂篇 黃石國家公園

黃石國家公園必遊景點

黃石公園分5區，由228公里(142英里)的大圓環路(Grand Loop Road)串連。西北邊的猛瑪階泉區(Mammoth Hot Springs)以石灰岩熱台階取勝；東北邊羅斯福區(Roosevelt Country)保存老西部風情；東區及東南邊有黃石湖區(Lake Country)的湖光山色；東邊介於羅斯福和湖區的是峽谷區(Canyon Country)可觀賞峽谷、瀑布；間歇泉區(Geyser Country)占據西邊及西南邊，地熱最集中。

除了老忠實，另外還有5處間歇泉可估算噴發時間(見下表)，老忠實遊客中心每天發布預報，11月初～12月中及3月中～4月中，遊客中心關閉無法預告。

間歇泉	位置	平均噴發間隔	誤差	噴發時間	噴發高度
老忠實 Old Faithful	上盆地	68～94分鐘	±10分鐘	1.5～5分鐘	30～55公尺
城堡 Castle	上盆地	13小時30分鐘	±45分鐘	15～20分鐘	24公尺
雛菊 Daisy	上盆地	2小時45分鐘	±30分鐘	3.5分鐘	24公尺
大間歇泉 Grand	上盆地	6小時30分鐘	±60分鐘	8～12分鐘	48公尺
河濱 Riverside	上盆地	6小時30分鐘	±30分鐘	20分鐘	24公尺
大池泉 Great Fountain	下盆地	11小時30分鐘	±2小時	45～60分鐘	22～60公尺

(製表／沈正柔)

1,2.老忠實與等待欣賞噴泉威
力的遊客 / 3.藍星泉 / 4.華人
泉

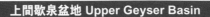

上間歇泉盆地 Upper Geyser Basin

老忠實間歇泉圓環 (Old Faithful Geyser Loop) 步道 1.1公里

老忠實間歇泉：赫赫有名的老忠實就在遊客中心（Visitor Education Center）門前，也是上盆地的地標，黃石公園地熱奇觀中的明星。水柱不是頂高，水量也非最大，但1870年被發現後，老忠實每天都忠實地噴泉18～22次，水柱在30～55公尺間，每次噴發1分半～5分鐘，從不教遊客敗興而歸。

即使已有公式推算平均每93分鐘噴發，老忠實可不一定按表操課，偶爾也會早到或遲到。早到時總是來去匆匆，讓人意猶未盡；晚到時更會賣關子，有意無意吐出小水柱，讓遊客提著心隨之起落，也讓公園管理員捏冷汗；不過所有等待的焦慮，終會為老忠實沖天的水柱清除，老忠實甚至可能加倍演出時間作為補償。

藍星泉(Blue Star Spring)：藍星泉用一池深藍，勾勒出德州地圖。

華人泉(Chinese Spring)：華人泉泉水總是沸沸騰騰。早期黃石公園導覽顯示華人泉曾是間歇泉，水柱高達12公尺。據說，1885年曾有華人在池上搭帳篷開設洗衣店包攬旅館生意，有人看過洗衣工，有人還說工人名叫Joe；也傳說洗衣工是兩名日本人，他們在夏末離去時，還將剩餘的洗衣粉桶子埋在地下，準備次年重返時使用。如今泉邊已無洗衣痕跡，故事卻還在流傳。

玩家充電站

| 黃石國家公園＝火山口 |

走在黃石公園，其實是走在火山口裡。從峽谷區西向諾瑞斯間歇泉盆地(Norris Geyser Basin)，北面的火山口邊緣隱約可見；羅斯福區、諾瑞斯間歇泉盆地到猛瑪階泉區間的食羊族懸崖，都能見到岩漿迅速冷卻形成的玄武岩柱；火洞河峽谷的山壁，也留下火山爆發的註記。

▲ 火山遺跡：食羊族懸崖(Sheepeater Cliff)

瀑布Waterfall

火山口造成後，岩漿圍堵的黃石湖水溢出切割峽谷，往後黃石公園幾經冰川覆蓋，卻消磨不去地熱。1萬5千年前，最後一次冰川期結束，河流開始為土地做最後修飾，源自黃石湖(Yellow-stone Lake)的黃石河(Yellowstone River)，重新賣力切割黃石大峽谷(Grand Canyon of the Yellow-stone)，卻被不肯屈服的火山石硬逼著往下跳，形成上、下瀑布。黃石公園裡其他溪流也努力與岩石奮戰，創造45處大小瀑布，火洞河、吉本河(Gibbon River)與羅斯福區的塔溪瀑布(Tower Fall)，都在路邊展示。

地熱Geothermal

融雪及雨水滲入地下供應地熱烹煮的材料，水經過煮沸後必須經由渠道才能重回地表，地熱、水及渠道組合，創造黃石的地熱景觀。經由裂隙滲入地下的雨或雪水，被地底的岩漿加熱，熱水較輕便往上升，若上升管道順暢，途中又遇到下沉的冷水降低溫度，熱水回到地表時就變成熱泉；若上升管道受壓抑，原已沸騰的水會更熱，

化成氣泡上升，上升時因壓力減小變大的氣泡，便將熱水推舉成噴泉；地底的化學元素若將土石溶解入水，即變成濃密的泥泉；若水源不足地熱乾燒，終將化作氣咻咻的氣洞。

黃石地熱形式多樣，卻僅在湖區與峽谷區間的泥火山區(Mud Volcano)得見硫酸泉(Sulphur Caldron)與泥泉並排。而在公園西北角，地熱、水和溶解石灰岩產生的鈣，聯手創造了猛瑪階泉(Mammoth Hot Springs)。

黃石公園曾經為海洋覆蓋，造山運動舉起黃石公園土地，也提供塑造大階泉的石灰岩。地下熱水與二氧化碳溶成碳酸，碳酸在隨著熱泉上升之際，溶解石灰岩成碳酸鈣，碳酸鈣流上地表，依地勢構築階泉或為階泉鑲邊。成型的階泉像一階階澆滿糖霜的平台，藻類為平台分別抹上薄荷綠、奶油黃、巧克力或橘子醬，增加階泉的顏色。每分鐘大約湧出500加侖熱水，每天溶解2噸石灰岩，大階泉卻永遠無法完工，因為去年活躍的熱泉，今年可能倦勤，缺乏熱水澆灌，階泉便形容枯萎；新冒出地表的熱泉隨時可能另起爐灶，重新塑造階泉。

▲ 氣洞

▲ 泥泉

▲ 間歇泉

噴泉崗圓環 (Geyser Hill Loop) 步道 2.1公里

噴泉崗與老忠實隔火洞河（Firehole River）相望，環形步道沿間歇泉、熱泉之間鋪設，沿著步道可拜訪數個間歇泉及熱泉。

蜂巢間歇泉（Beehive Geyser）：蜂巢間歇泉每天噴發1～2次，持續4～5分鐘，上方開口像是水喉，硬將水柱擠上46～61公尺。

心泉（Heart Spring）：淺藍的心泉外型似心臟，彷彿包涵一泓藍色的憂鬱，很難猜透心事。

獅吼間歇泉（Lion Group）：獅吼泉一組四泉，像獅王、獅后帶領小王子、公主，一家全由地底相通。獅吼泉每天噴發2～3次，每次持續1～7分鐘，高度達21公尺；噴發之前會發聲如獅吼，間歇泉因而獲名。

女巨人間歇泉（Giantess Geyser）：女巨人深居簡出，每年露面2～6次，但每次出來，總讓天搖地動，多支水柱噴發30～60公尺，持續12～43小時。

城堡間歇泉→牽牛花池
(Castle Geyser→Morning Glory Pool) 步道 4.4公里

城堡間歇泉（Castle Geyser）：百年1吋，經年累積礦物質才構築的城堡，透露城堡泉的老資格。多年來城堡間歇泉的習性不斷改變，有時候也要些小脾氣。遊客中心黑板上可能寫著：「城堡泉今晨略有騷動，今天不預測噴發時間。」遊客也不必失望，也許下午一時興起，城堡牆頭會見水柱紛飛，還可能意猶未盡，餘煙裊裊多時。

脊冠池（Crested Pool）：突出的泉華圈起一潭熱水，由於溫度高達93°C，連嗜熱的細菌都無法生存，水色因而清澈，滾水更沿著邊緣翻滾，甚至跳出池面2公尺。

大間歇泉（Grand Geyser）：大間歇泉7～15小時才噴發一次，一旦噴發，水柱可達60公尺，持續9～12分鐘，足以媲美老忠實，大間歇泉的水柱卻較老忠實富變化。

玩樂篇 黃石國家公園

美人池(Beauty Pool)：水溫上升時，美人池的泉水藍得化不開；水溫降低後，四周藻菌賦予的顏色，更使得美人池出落得與眾不同。美人地與隔鄰的七彩池（Chromatic Pool）管道相通，兩池泉水一消一漲，各領風騷。

巨人間歇泉(Giant Geyser)：巨人間歇泉1959年地震以後就已沉寂，如今噴發時間隨性。2007年巨人泉發50次，2010年僅一次。一旦噴發，巨人泉水柱沖天76公尺，持續1小時。

洞窟間歇泉(Grotto Geyser)：洞窟泉像被扭曲的鼻子，鼻孔裡不斷噴出水霧。據猜測，洞窟泉的奇形怪狀，可能因為曾經生長在當地的樹矽化而成。儘管長得醜，洞窟泉一點也不自卑，間隔7小時便意氣風發地不斷噴發，3公尺水柱，可以持續1小時半～15小時，其間會稍作喘息。

河濱間歇泉(Riverside Geyser)：火洞河畔的河濱間歇泉最守時間，卻是個急死人的慢郎中，每次噴發前的暖身就要90～120分鐘，然後才從下孔噴水，在河流上拉出一條彩虹；一旦上孔跟進，彩虹橋便跨越河面，並隨著水柱舞動，盡情地變換七彩畫面。

牽牛花池(Morning Glory Pool)：牽牛花在散落上盆地的熱水池中最引人入勝。一泓泉水清澈見底，天色為水添上淡藍，池的形狀就像朵盛開的牽牛花；周圍黃橙花邊卻因人工破壞形成，近年由於遊客丟垃圾入池阻塞通道，水溫下降，白裡透藍的純淨不再，微生物才得以生長，將牽牛花邊渲染上顏色。

1.蜂巢間歇泉 / 2.心泉 / 3.城堡間歇泉 / 4.脊冠池 / 5.大間歇泉 / 6.美人池 / 7.七彩池 / 8.巨人間歇泉 / 9.洞窟間歇泉 / 10.河濱間歇泉 / 11.牽牛花池

黑砂盆地 (Black Sand Basin) 步道 1公里

黑砂盆地以散落的黑曜石（Obsidian）命名。短短的步道間坐落著彩虹池（Rainbow Pool）、日落池（Sunset Lake），還有綠寶石池及崖岸間歇泉。

崖岸間歇泉(Cliff Geyser)：鐵泉溪（Iron Spring Creek）畔的崖岸泉在眾泉中強出頭，每25～45分鐘便迫不及待地噴水，水柱可達12公尺。

綠寶石池(Emerald Pool)：宛若有綠寶石沉底，綠寶石池的深綠池面，還映著樹影及雲彩。

餅乾盆地圓環 (Biscuit Basin Loop) 步道 1公里

餅乾盆地的藍寶池畔曾經遍布礦物質沉澱形成的「餅乾」（Biscuit），1959年地震時藍寶池受驚嚇，噴射的水柱將「餅乾」沖掉，但名稱存留。

藍寶石池(Sapphire Pool)：藍寶石池是餅乾盆地最美的熱泉，泉水溢出順坡下流，被嗜熱細菌裝點成彩帶。

珠寶間歇泉(Jewel Geyser)：珠寶間歇泉最不甘寂寞，每隔7～10分鐘便演出一場。

芥末泉(Mustard Spring)：以芥末黃色示眾，熱泉經常躍出水面，成為舞動的水珠。

1.崖岸間歇泉 / 2.鐵泉溪 / 3.綠寶石池 / 4.藍寶石池 / 5.珠寶間歇泉 / 6.芥末泉 / 7.大稜鏡泉 / 8.精進間歇泉 / 9.松綠石池 / 10.蛋白石池 / 11.嗜熱族生存之地

玩樂篇 黃石國家公園

中間歇泉盆地 Midway Geyser Basin

大稜鏡泉 (Grand Prismatic Spring)

大稜鏡泉最愛藏在彩色的煙霧裡。1889年華特‧H‧魏德(Walter H. Weed)已經發現,大稜鏡泉繽紛色彩靠細菌及藻類妝點;這些細菌及藻類喜歡生活在熱的環境裡,因而被稱為「嗜熱族」(Thermophiles)。嗜熱族在熱泉、火山邊緣、沙漠或發電廠排水道都能生存,卻沒有一處像大稜鏡泉那麼多采多姿。往仙女瀑布(Fairy Fall)的步道,可以叉出上行366公尺到大稜鏡觀景台。從高處俯視,藏在煙霧裡的大稜鏡泉華麗現形。

精進間歇泉 (Excelsior Geyser)

總是水霧繚繞,偶爾風吹去水氣,便露出火山口包圍的一泓清澈。「Excelsior」拉丁文意「更高」,據說1880年代時,噴泉每20~100分鐘噴發,水柱達106公尺,不但遮天蔽日、震動土地,靠近的遊客都衣衫盡濕。1890年後,精進間歇泉便進入冬眠,直到1985年大夢初醒,一口氣噴發47小時。精進泉雄風不再,如今只能從規模遙想當年,每分鐘4,000加侖熱水流入火洞河,宛若宣洩英雄氣短的鬱悶。鄰近的松綠石(Turquoise Pool)及蛋白石(Opal Pool)兩池熱泉規模遠不如精進泉,卻也都晶瑩剔透。

> **豆知識** **嗜熱族 Thermophiles**
>
> 水溫和季節都影響熱泉裡微生物顏色。泉水越熱,微生物顏色越淺;水溫在75℃時,黃色是主調;隨著水溫降低,橙、綠、棕色便活躍起來。夏天日照時間長,微生物裡的葉紅素會蓋過葉綠素以保護細胞,因此多呈現紅、橙、黃色;冬天日照短,微生物努力製造葉綠素,因而多顯現深綠色。大稜鏡泉最能鮮明顯示熱泉與微生物互動的生命,不但泉邊地上五顏六色,上升的熱煙,也渲染紅、橙、藍、棕,彷彿藝術家為風精心設計的舞台。

1.火洞泉／2.驚奇池／3.硅石
泉／4.大池間歇泉／5.白圓頂
間歇泉／6.彩顏盆

下間歇泉盆地 Lower Geyser Basin

位在中間歇泉盆地以北的大圓環路兩側，東為火洞湖路，沿路散布著間歇泉與熱泉，西為彩顏盆（Fountain Paint Pot）。

火洞湖路 (Firehole Lake Drive)

大池間歇泉(Great Fountain Geyser)：從大圓環路轉入火洞湖路不久，便見到大池間歇泉。大池間歇泉的舞台最大，水柱通常噴發30公尺高，持續45～60分鐘。在噴發前70～100分鐘，大池泉會以滿溢的水，透露即將噴發的消息；一旦休息，要8～12小時以後才恢復活力。

白圓頂間歇泉(White Dome Geyser)：大池間歇泉附近的白圓頂間歇泉似乎已經噴發了數百年，噴出的矽礦堆積成白圓頂，只留下10公分直徑的出口；白圓頂噴發看心情，心情好時每15～30分鐘演出一次，持續2分鐘，不高興就3小時也不見水蹤。一旦噴水，白圓頂噴出的水柱剛好與身長等高。

彩顏盆 (Fountain Paint Pots)

出火洞湖路接上大圓環路時，便見彩顏盆。彩顏盆的熱泉、噴泉、泥泉及氣洞分別沿著步道展示，泥泉因岩石中分解出不同礦物質而呈淡粉、乳白和青藍，地熱將一盆盆顏色煮沸，隨時準備藝術家揮灑。泥泉裡的氣泡，不時企圖跳脫大盆掌握，卻又無法擺脫濃稠的牽連，只能力不從心地跌落，掀起短暫漣漪；也引來氣洞的噓聲。

諾瑞斯間歇泉盆地 Norris Geyser Basin

1,2.陶瓷盆地／3.綠寶石泉／
4.汽船間歇泉

　　諾瑞斯盆地最老，卻也最熱、最活躍，盆地泉水水溫多高於山上的沸點93℃。發掘顯示，地熱於11萬5千年前即已存在，地底三條斷層導致地震頻仍，因此盆地地熱變化無常，清泉瞬間可能變成沸騰的濁水，甚至成噴泉；噴泉也可能停止噴發或步伐雜亂，亂象可能持續幾天、幾星期後又恢復原狀。

　　諾瑞斯盆地的後背盆地及陶瓷盆地兩區，由3.6公里步道相連。

陶瓷盆地 (Porcelain Basin)

環形步道 800公尺

　　站在眺望台往下看，可見幾支間歇泉此起彼落，雖然水柱不高或瞬間即逝，也能感受到地熱活躍。溶解的矽、鐵、砷及水中生長的嗜熱細菌，將盆地妝點成白、橙、紫及綠色。沿著木板步道行走，不時被毫無預警跳出的噴泉嚇著，卻又因為串串跳躍的水珠驚喜。

後背盆地 (Back Basin)

環形步道 2.4公里

　　可從博物館（Museum and Information Station）經綠寶石泉（Emerald Spring），以及汽船間歇泉後原路折返。

汽船間歇泉 (Steamboat Geyser)

　　科學家曾鑽孔到330公尺的地下，發現地溫達237℃，促使汽船間歇泉水柱一噴便逾90公尺，號稱世界第一，還帶著老式輪船打槳的聲音。1911～1961年，汽船間歇泉退隱50年，60年代重新活躍，此後又意興闌珊，斷斷續續噴發。2000年5月以來，汽船間歇泉多數時候只噴發小水柱練身手，釋放更多白煙冉冉升空。

　　最近一次較具規模的噴發在2018年6月4日。汽船間歇泉西南邊的水槽泉（Cistern　Spring）與汽船似乎聲氣相通，汽船噴發時，水槽泉便乾涸。

1.煮魚泉 / 2.大錐泉 / 3.黑
池 / 4.深淵

西姆指間歇泉盆地 West Thumb Geyser Basin

環形步道 800公尺

　　黃石湖西南邊，形狀像人手五指分散外展，最西邊的部分正巧如大姆指因而獲名。西拇指盆地有間歇泉、熱泉及染鍋（Paint Pots），其中煮魚泉最著名，黑池及深淵則見證熱泉的善變和嗜熱細菌的影響。

煮魚泉 (Fishing Cone)

　　煮魚泉水溫可達94℃，1870年瓦絮本（Washburn）探勘隊成員即已描述，時人將黃石湖釣得的鱒魚連竿帶魚放進煮魚泉煮熟食用；1903年，《美國國家地理雜誌》圖文並茂地報導煮魚泉故事後，遊客更是趨之若鶩，到黃石公園穿戴大廚衣帽在煮魚泉前留影，成為風尚。目前煮魚活動已被禁止，但此泉仍因傳說吸引遊人，尤其夏末黃石湖水位低，泉口露出湖面，在夕照餘暉渲染湖水之際更為突出。

大錐泉 (Big Cone)

　　黃石湖的西姆指區，可謂火山口中的火山口；湖邊的大錐泉，最能證明火山活動及泉華積累的過往。此泉面積較煮魚泉大，開口卻小，常巧妙地操控表面張力，緊含一口水，就捨不得吐向湖裡。

黑池 (Black Pool)

　　本來水溫較低，綠色和棕色嗜熱細菌長成厚重的深色；1991年夏天水溫突然升高，深色無法生存，水色因而變淺，黑池甚至數度噴泉，目前也趨於平靜。

深淵 (Abyss Pool)

　　深達16公尺，因水深而浮現不同層次藍、綠色，1987年夏末首見噴發水柱，然後便沉默到1991年秋初；當年底到次年6月更像著魔似的每天數發，滾水翻騰，往後又趨沉寂。

猛瑪階泉區 Mammoth Hot Springs

1.橙泉墩／2.金絲雀泉／3.金絲雀泉／4.自由帽／5.調色盤泉

　　猛瑪階泉區分爲上台地及下台地。上台地有1.5英里單向車道環繞，但僅能通行小轎車。從上台地可以沿木板步道一路下行到下台地，下行前可先往金絲雀泉（Canary Spring）觀景。

上台地 (Upper Terraces)

　　上台地的新高台（New Highland Terrace）自1980年代以來已不活躍，枯樹卻還屹立等待來春；橙泉墩（Orange Spring Mound）被嗜熱細菌妝點上鮮橙的明豔，卻因水源日益減少，眼見一年年衰老。

下台地 (Lower Terraces)

　　金絲雀泉（**Canary Spring**）：上、下台地之交的金絲雀泉在不同的時候呈現不同的情緒。泉水豐沛時，熱泉在台階間雀躍蹦跳，輕煙裊裊；水少時便陷入睡眠，了無生氣。黃色是最醒目的顏色，熱泉也因而獲名；白、橙、棕、綠色在台階上交織時更饒富趣味。

　　自由帽（**Liberty Cap**）：守衛下台地入口的自由帽高11公尺，至少已有2,500歲。曾經塑造自由帽的熱泉已無蹤影，留下自由帽讓人追想法國大革命時期服飾。

　　調色盤泉（**Palette Spring**）：從高處看調色盤並不出色，但泉水澆灌的坡地及階梯，卻是色彩繽紛，有如藝術家打翻了水彩調色盤。

黃石大峽谷 Grand Canyon of the Yellowstone

「看到展現眼前的景觀，我瞭解到自己的渺小、無助，無能對抗甚至瞭解創造自然的全能建築師。」黃石國家公園第一任園長納賽尼爾‧P‧藍福德（Nathaniel P. Langford）記錄下1870年乍見黃石峽谷的感受。

黃石峽谷是由黃石河切割的峽谷，也顯示冰川雕鑿的痕跡。長32公里，寬450～1,200公尺，深逾300公尺。岩壁上的顏色，呈現不同程度的氧化鐵，多數保持黃色，「黃石」因而獲名。

縱然有力切割出峽谷，黃石河面對部分頑固的火山石也無能為力，兩度受挫分別跌落成93公尺的下瀑布（Lower Falls），及33公尺高的上瀑布（Upper Falls），走近瀑布邊緣水聲隆隆，像似黃石河大聲抗議。黃石河兩岸都有車道及步道觀賞峽谷。

1.北緣車道大景點的地圖告示 / 2.下瀑布

南緣車道 (South Rim Drive)

湯姆叔叔步道 800公尺
328階，落差150公尺

從峽谷村（Canyon Village）駕車取大圓環路南向2.3英里，跨過齊田登橋（Chittenden Bridge）進入峽谷南緣車道。沿途景點包括：

上瀑布觀景點(Upper Falls Viewpoint)：從湯姆叔叔步道停車場，即能遠眺上瀑布和齊田登橋。希藍‧M‧齊田登（Hiram M Chittenden）是在黃石公園內造橋修路的工兵隊隊長。

湯姆叔叔觀景點(Uncle Tom's Overlook)：湯姆叔叔是公園早期的導遊，他於1898年建了一條步道，靠木梯及繩索帶領遊客下到谷底，目前這條步道已由鐵網階梯取代，幾乎可以下到河邊，不但能聽到下瀑布的聲音、看到彩虹在瀑布前舞蹈，還能感受襲人的水氣。

藝術家點(Artist Point)：無論當初因誰命名，從藝術家點眺望，下瀑布正好嵌在峽谷之間，森林及藍天作背景，腳下綠水蜿蜒，難怪藝術家點成為黃石公園最上鏡頭景點。

再過齊田登橋回到大圓環路，北向0.7英里，叉路領向上瀑布緣邊（Brink of Upper Falls）。緣邊步道很短，靠近停車場。走到岩石邊緣，只見上瀑布在腳底奔流而下，下午還有機會看到彩虹。返回大圓環路續北行600公尺，進入北緣車道。

1.上瀑布邊緣步道 / 2.峽谷岩壁多黃色，黃石因此命名 / 3.黃石河切出大峽谷 / 4.上瀑布邊緣 / 5.上瀑布

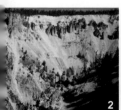

北緣車道
(North Rim Drive)

大景步道 400公尺

下瀑布緣邊步道 800公尺
落差180公尺

眺望點步道 600公尺
落差150公尺

北緣車道約有1.3英里為單行道，行經下瀑布緣邊、眺望點、大景點；與雙向路會合後東南行0.8英里，抵達靈感點。

下瀑布緣邊(Brink of Lower Falls)：從停車場沿步道前進，盡頭即是下瀑布跳入黃石河的起點。平均每秒逾14萬公升的水奔騰而下，磅礡氣勢懾人心魄。

眺望點(Lookout Point)：這是從北緣觀賞下瀑布的最佳地點。從眺望點沿步道可往下走至紅石點（Red Rock Point），接近下瀑布。雖然紅石點距離下瀑布沒湯姆叔叔觀景步道近，瀑布水量豐沛時，也能全身溼濕。

1.下瀑布 / 2.下瀑布邊緣

大景點(Grand View)：從眺望點走步道可達。主要觀賞黃石河蜿蜒於峽谷，也能聽到遠處傳來下瀑布的吼聲。

靈感點(Inspiration Point)：伸入峽谷，得以遙望下瀑布。約50階下到觀景台，可坐在椅子上觀賞峽谷，空氣中依稀能嗅到硫磺味。

南北緣步道
(South & North Rim Trails)

南緣步道 2.8公里　北緣步道 4.8公里

南緣步道(South Rim Trail)：起自齊田登橋附近的瓦匹堤湖步道起點（Wapiti Lake Trailhead），止於藝術家點。沿黃石河南岸觀賞瀑布、峽谷和黃石河。

北緣步道(North Rim Trail)：與南緣步道同一起點，但沿黃石河北岸步行，經上、下瀑布邊緣，依序行經眺望點、大景點，止於靈感點。

 豆知識

黃石湖 Yellowstone Lake

位於海拔2,375公尺，面積350平方公里，水深平均42公尺，黃石湖是北美最大高山湖之一。

黃石河從黃石湖向北流經的海頓谷(Hayden Valley)曾是湖床，如今水光中仍見過境的加拿大雁(Canada Goose)、白鵜鶘(White Pelican)和天鵝等；水流滋養的草場，是美洲水牛(Bison)的食堂，也是觀賞野牛群的最佳地點。

黃石湖年平均水溫僅5℃，冬季除了藏有地熱的湖面外，大多結冰，即使夏季也不適合游泳，倒是可行船及垂釣。湖裡有原生的切喉鱒(Cutthroat Trout)及外來的湖鱒(Lake Trout)，釣魚需買執照，釣到的魚也必須當場釋回。

4天3夜
自駕

行程規畫

羅斯福區1夜,老忠實區2夜,行車主要繞著8字型的大圓環路(Grand Loop Road)。

Day 1

1　**入北門**
(North Entrance)
→ 往南 5 英里

2　**猛瑪階泉區**
(Mammoth Hot Springs)
→ 往東 18 英里

3　**羅斯福區:拉馬谷賞野生動物**
(Tower-Roosevelt:Lamar Valley)

Day 2

1　**羅斯福區**
(Tower-Roosevelt)
→ 往南 19 英里

2　**峽谷區**
(Canyon Village)
→ 往南 16 英里 (經過海頓谷 Hayden Valley)

3　**湖區**
(Lake)
→ 往南 21 英里

4　**西姆指**
(West Thumb)
→ 往西北 17 英里

5　**老忠實間歇泉**
(Old Faithful Geyser)

Day 3

1　**老忠實遊客中心**
(Old Faithful Visitor Center)
→ 往北 6.7 英里

2　**中間歇泉盆地**
(Midway Geyser Basin)
→ 往北 2.5 英里

3　**火洞湖路**
(Firehole Lake Drive)
→ 單行道,2 英里

4　**彩顏盆**
(Fountain Paint Pot)
→ 往南 6.1 英里

5　**餅乾盆地**
(Biscuit Basin)
→ 往南 1.8 英里

6　**黑砂盆地**
(Black Sand Basin)
→ 往南 2.2 英里

7　**老忠實遊客中心**
(Old Faithful Visitor Center)

Day 4

1　**老忠實遊客中心**
(Old Faithful Visitor Center)
→ 往北 6.7 英里

2	麥迪遜資訊中心 (Madison Information Station) → 往北 14 英里	4	猛瑪階泉區 (Mammoth Hot Springs) → 往北 5 英里
3	諾瑞斯間歇泉盆地 (Norris Geyser Basin) → 往北 21 英里	5	出北門 (North Entrance)

黃石國家公園資訊

- **網址：** www.nps.gov/yell
- **開放時間：** 猛瑪階泉區訪客中心全年開放。峽谷區、老忠實區訪客中心於4月下旬開放。黃石公園其他各區開放時間視道路開通與否而異，大抵在5月中旬前後，關閉時間則在9月底～10月中之間
- **門票：** 壯麗美國年票$80；非商用汽車每車$35(15人以下，7天)；公園年票$70
- **設置：** 1872年3月1日
- **面積：** 8,991平方公里
- **位置：** 跨懷俄明(96%)、蒙大拿(3%)、愛達荷(1%)等三州，大部分在懷俄明州境內
- **時區：** 山區時區
- **最適旅遊季節：** 從平均溫度來看，6～8月顯然較適合旅遊黃石公園，而且公園內道路及設施都開放；但是，這時也是遊客最多，公園最擁擠的時節。如果一定要在暑假旅遊，最好避開10:00～15:00的高峰時段。4月底～5月底的黃石，大地回春，熊結束冬眠，野生動物產崽；9～10月，公園設施逐漸關閉，馬鹿開始發情，秋色渲染山坡。黃石的冬季旅遊適合在12月中～3月中進行，雖然天寒地凍，仍有少數設施開放，白雪覆蓋的黃石景色特殊
- **氣候：** 月平均最高溫與最低溫(℃)，請參考下頁
- **地圖：**

機場

由於黃石公園離西海岸較遠，搭飛機到附近城市租車遊覽，可節省不少時間。距離黃石公園最近的機場，包括由南邊入門的傑克森機場(JAC)，及北門或西門入園的博茲曼機場(BZN)。

- **Jackson Hole Airport (JAC)：**
  1. 位置：傑克森鎮(Jackson)北邊9英里，在大堤頓國家公園內。距離黃石公園南門49英里。
  2. 航空公司：聯航(UA)、美航(AA)、達美(DL)。美國西岸洛杉磯、舊金山、西雅圖都有班機往傑克森機場，但都不直飛，分別由科羅拉多州丹佛(DEN)、德州達拉斯(DFW)、猶他州鹽湖城(SLC) 轉機。
  3. 租車公司：航廈內有Avis、Budget、Enterprise、Hertz；傑克森鎮有Alamo、National、Dollar、Thrifty。
  4. Wi-Fi：免費
  - www.jacksonholeairport.com
- **Bozeman Airport (BZN)：**
  1. 位置：在黃石公園西北邊。距離黃石公園西門90.4英里；北門92英里。
  2. 航空公司：聯合、美航、達美、阿拉斯加(AS)。美國西岸洛杉磯、舊金山、西雅圖，都有班機往博茲曼機場，但大多要轉機。從洛杉磯及舊金山出發，聯航由科羅拉多州丹佛(DEN)、美航由德州達拉斯(DFW)、達美由猶他州鹽湖城(SLC)轉機。倒是阿拉斯加航空從西雅圖(SEA)有直飛班機。

3. 租車公司：Alamo、National、Avis、Budget、Enterprise、Dollar、Thrift、Hertz。
4. Wi-Fi：免費
http www.bozemanairport.com

- **住宿：** 公園內旅館資訊請參考右頁。
  http 訂房：www.yellowstonenationalparklodges.com
- **露營：** 公園內營地資訊請參考右頁。
  http 訂位：www.yellowstonenationalparklodges.com

遊客中心

遊客中心開放時間因季節變化，本頁下方表列為夏季(5月底～9月初)時間。資訊如有異動，請以官網公告為主。

生活機能

- **飲食：** 黃石公園內的餐廳多附屬於旅館，提供多樣用餐選擇。喜歡悠閒度假的旅客，可以選擇餐廳坐下慢慢享受餐點；講求速簡的旅客，可以在自助取餐的食堂(Cafeteria)用餐；或者在三明治店(Deli或Bake Shop)購買麵包、沙拉及飲料。餐廳之外，黃石公園有52處野餐區設有桌椅，甚至有烤架，戶外野餐也是選項之一。另外，多處雜貨店(General Store)也販售漢堡等快餐。詳細資訊請參考右頁。
  1. 多數餐廳採取先到先坐方式待客，少數餐廳晚餐要求預訂。
  2. 「西部篷車牛排大餐」是黃石公園獨特的用餐設計，搭乘篷車前往野外晚餐，營火上燒的咖啡，牛仔高歌助興，體驗老西部時光。
  3. 公園西門外的西黃石鎮(West Yellowstone)及北門外的賈迪納鎮(Gardiner)，也有不少餐廳或速食。

通訊

- **手機：** 架設在猛瑪階泉、西黃石、老忠實、葛蘭村、湖村及瓦絮本山(Mount Washburn)的塔台，提供以上地區及北門、西門附近有限服務。夏季遊客眾多，不時會當機，因此不要過度依賴手機，通常只能收發簡訊。
- **Wi-Fi：** 猛瑪階泉區的遊客中心(Albright Visitor Center)可免費上網，猛瑪旅館前廳、老忠實冬雪客棧、湖區客棧簡餐廳(Cafeteria)及葛蘭村客棧能付費使用無線上網，但網速不快，有時也無法連線。
- **衛星電話：** 衛星定位的公用電話(Satellite Phones)比較穩定，但如果未能定位傳輸，也會中斷或無法通話。
- **郵局：** 如果要寄送明信片，Canyon Village、Lake Village、Grant Village、Old Faithful的郵局，5～9月或10月開放；Mammoth Hot Springs郵局全年營業。

醫療

猛瑪階泉區設有全年開放的診所(Medical Clinic)，湖區及老忠實區診所僅夏季提供服務。

各月分氣溫 (℃)

月分	1月	2月	3月	4月	5月	6月	7月	8月	9月	10月	11月	12月
最高溫	-1.9	1.1	4.2	9.6	15.7	21	26.4	26	19.9	13.2	3.8	-0.8
最低溫	-12.4	-10.5	-8.2	-3.3	1.3	5.1	8.2	7.4	2.8	-1.4	-7.1	-11.2

公園內遊客中心

遊客中心	方位	開放季節	備註
猛瑪階泉區 Mammoth Hot Springs	西北	全年	10/1～5/25：09:00～17:00 5/26～9/30：08:00～19:00
老忠實區 Old Faithful	西南	4月底～11月初	夏季08:00～20:00
葛蘭村 Grant Village	南	5月底～10月初	夏季08:00～19:00
釣魚橋 Fishing Bridge	東南	5月底～10月初	夏季08:00～19:00
峽谷村 Canyon Village	東	4月底～11月初	夏季08:00～20:00

公園內餐廳　*晚餐須預訂。

地區	餐廳	營業項目	開放時間	備註
峽谷區				
Canyon Lodge	Eatery	早、午、晚	5月中～10月中	-
	Falls Cafe	早、午、晚	5月底～10月初	-
	M66 Grill	早、午、晚*	5月中～10月中	-
	Washburn Lookout	早簡餐、咖啡	5月中～10月中	-
葛蘭村				
Grant Village	旅館餐廳 (Dinning Room)	早、午、晚*	5月底～9月底	-
	Lake House Restaurant	早、晚	6月初～9月中	黃石湖畔
湖區				
Lake Hotel	旅館餐廳 (Dinning Room)	早、午、晚 *	5月中～10月初	湖景
	Deli (三明治)	早簡餐、咖啡	5月中～10月初	-
	Cafeteria (自助取餐)	早、午、晚	6月中～9月底	湖景
猛瑪階泉區				
Mammoth Hotel	旅館餐廳 (Dinning Room)	早、午、晚	4月底～11月初	4星綠色餐廳
Mammoth	Terrace Grill	早、午、晚	4月底～10月中	-
老忠實區				
Old Faithful Inn	Bear Paw Deli	早、午、晚	5月初～10月初	-
Old Faithful Inn	旅館餐廳 (Dinning Room)	早、午、晚	5月初～10月初	-
Old Faithful Snow Lodge	Geyser Grill	午、晚	4月底～11月初	-
Old Faithful Snow Lodge	Obsidian Dining Room	午、晚	4月底～10月中	-
Old Faithful Lodge	Cafeteria & Bake Shop	早、晚	5月中～9月底	早餐在烘焙店
羅斯福區				
Roosevelt Lodge & Cabins	旅館餐廳	早、晚	5月底～9月初	-
Old West Diner Cookout	老西部篷車露天炊煮	晚 *	6月初～9月初	-

公園內旅館

旅館	開放時間	房間數	約略價格	備註
Canyon Lodge & Cabins	5月中～10月中	520	$280～342	-
Grant Village Lodge	5月底～9月底	300	$254	-
Lake Yellowstone Hotel & Cabins	5月中～10月初	296	$277～416	公園內最早旅館(1891)
Lake Lodge Cabins	6月中～9月初	186	$95～235	-
Mammoth Hot Springs Hotel & Cabins	4月底～11月初	257	$144～289	冬季(12月中～3月初)營業
Old Faithful Inn	5月初～10月初	327	$306～360	國家歷史建築(1904)
Old Faithful Lodge Cabins	5月中～9月底	96	$96～159	-
Old Faithful Snow Lodge & Cabins	4月底～10月中	100	$218～287	冬季(12月中～3月初)營業
Roosevelt Lodge & Cabins	5月底～9月初	80	$96～152	-

＊公園內旅館如果客滿，距離最近的城鎮在西門外的西黃石 (West Yellowstone) 及北門外的賈迪納 (Gardiner)。

公園內營地

營地	開放時間	單位(個)	約略價格	海拔(公尺)	備註
Bridge Bay	5月中～9月中	423	$24.25	2,377	沖水馬桶
Canyon	5月底～9月底	273	$29.5	2,407	沖水馬桶、洗澡、洗衣
Grant Village	6月初～9月中	430	$29	2,377	沖水馬桶、洗澡、洗衣
Madison	4月底～10月中	278	$24.25	2,073	沖水馬桶

＊黃石公園內共 12 處營地，以上 4 處必須預訂，其他先到先得。詳情請見網址 www.nps.gov/yell → Plan Your Visit。

大堤頓國家公園
Grand Teton National Park

1

高山插雲，湖泊清澈

　　國家公園設置主要為保護大堤頓山系。大堤頓（4,197公尺）是山系中最高峰，平行排列的中堤頓（3,902公尺）、南堤頓（3,814公尺）及歐文山（Mount Owen，3,940公尺）等，至少9座超過3,700公尺。這些山不是由山坡緩慢上升，而是從谷地拔起1,500～2,100公尺，更顯挺拔。

　　冰川將山頂鑿成尖峰，跌落山腳的冰磧石圍成湖泊，與山系一起列入保護。蛇河（Snake River）蜿蜒於谷地，與湖泊共同創造草木繁榮的濕地，吸引野生動物。山光水色和野生動物共構大堤頓的自然景觀。

　　早於1萬1千年前，原住民已在大堤頓地區採集漁獵，他們看堤頓山是「很多尖塔」；1810～1840年，歐洲白人進入谷地捕獵水獺皮毛，他們看堤頓山是「三個乳頭」（les trois tétons），

「teton」（堤頓）因此獲名。1880年代後期，拓荒移民進入谷地墾殖，由於土地只適合種植牧草，牧場逐漸散布在谷地中，至今仍有留存，成為國家公園的人文風景。

6

1.從傑克森湖望向堤頓山系／2.莫連山／3.堤頓山峰入雲／4,5.傑克森鎮廣場／6.教堂群

大堤頓國家公園必遊景點

大堤頓國家公園以高山、碧湖和野生動物取勝。基本上，沿西邊的堤頓公園路(Teton Park Road)可觀賞連串湖景，其中叉出的珍妮湖景觀道，更貼近湖邊；另外，叉出的信號山路(Signal Mountain Road)可登高攬勝。東邊的US-26/89/191國道則與蛇河(Snake River)平行，可沿途瀏覽河濱生態；叉出的摩門道(Morman Row)則記錄公園人文歷史。

湖光山色 Lakes

大堤頓及附近高山，在公園多處路邊觀景點(Turnout)都得見，而在堤頓公園路(Teton Park Road)的莫連山、珍妮湖景觀道(Jenny Lake Scenic Drive)的教堂群(Cathedral Group)路邊觀景點，可能距離較近，可以看得較真切。

大堤頓國家公園逾百大小湖泊錯落，其中6湖規模較大，包括傑克森湖、雷湖、珍妮湖、布萊德雷、塔加特湖、菲爾普斯湖。這些湖都是海拔2,000公尺以上的高山湖。

傑克森湖 (Jackson Lake)

傑克森湖為公園第一大湖，長24公里、寬11公里、深134公尺，水源
來自蛇河。湖中有數個小島，馬鹿島(Elk Island)最大。1911年即建水庫
將湖面加深並擴大，至今水庫仍供給艾達荷農地灌溉。觀賞傑克森湖的
地點如下：

■從黃石公園南下，可在眺望點(Jackson Lake Overlook)停車賞湖。
■考特灣(Colter Bay)的湖濱步道(Lakeshore Trail)，來回3.2公里，沿湖觀
　山。
■坐落湖濱的傑克森湖客棧(Jackson Lake Lodge)。

雷湖、線湖 (Leigh Lake & String Lake)

雷湖、線湖、珍妮湖自北向南連成一串，都有步道，長短
難易各異。觀賞雷湖、線湖較容易的路線，是從「線湖野餐
區」沿「線湖東緣步道」瀏覽線湖再到雷湖，來回2.9公里。

珍妮湖 (Jenny Lake)

環湖步道 11.3公里
落差275公尺

珍妮湖是公園第二大湖，長3.5公里、寬1.9公里、深
130公尺，收納了雷湖及線湖的湖水，比傑克森湖小巧精
美。大堤頓國家公園瀑布少見，但在珍妮湖西岸卻有支60
公尺高的隱瀑(Hidden Falls)。

珍妮湖環湖步道11.3公里，若只走到隱瀑而不繞湖，
來回4.3公里。另一路徑是從湖東碼頭，搭船到湖西(參考
網址Jennylakeboating.com)，從湖西碼頭到隱瀑來回1.6公
里，爬升60公尺，還可從較高處欣賞珍妮湖。6月中～9月
初，公園管理員每天都有定時導覽，每次限額25名，先要
到遊客中心取號，然後乘船渡湖。

布萊德雷湖、塔格特湖、菲爾普斯湖
(Brandley Lake、Taggart Lake & Phelps Lake)

三湖各有步道，其中塔格特湖在夏季有提供管理員帶
領的導覽，來回4.8公里，可按導覽時間在步道口(Tag-
gart Lake Trailhead)集合。

野生動物 Wild Life

　　湖河營造的生態環境，使公園成為包括熊、駝鹿（Moose）、馬鹿（Elk）及叉角羚（Pronghorn）等野生動物的天堂。觀賞野生動物最好的時間是清晨和黃昏，最佳地點包括牛軛彎（Oxbow Bend）、柳坪（Willow Flats）、馬鹿牧場坪(Elk Ranch Flats)、羚羊坪（Antelope Flats）及蛇河沿岸。

馬鹿庇護區 (National Elk Refuge)

　1912年以來，每年冬季，逾5,000頭馬鹿及一些野牛、大角羊會集中在馬鹿庇護區過冬，白頭鷹（Bald Eagle）和黑嘴天鵝（Trumpeter Swan）也來湊熱鬧。觀賞動物的地點主要在庇護路（Refuge Road）沿線。

http 庇護區：www.fws.gov/refuge/national_elk_refuge

人文風景 Historic Sites

　　公園內幾處歷史區，存留了拓荒者聚落，見證墾殖先民的毅力，也都列入國家史跡名錄。

米納擺渡 (Menor's Ferry Historic District)

　1892年，比爾‧米納（Bill Menor）在蛇河西岸經營擺渡生意，協助人車渡河。白色石灰粉刷的木屋，除供居住，還設置商店供應雜貨；他也經營燻肉房保存肉類，生產蔬菜販售。1918年毛德‧諾貝爾女士(Maud Noble)接手生意，持續到1927年跨河橋樑完成。500公尺步道，可瀏覽經修葺留存的米納擺渡及周遭設施，包括基督變容堂（Chapel of the Transfiguration），也可光顧商店購買雜貨。

摩門道 (Mormon Row Historic District)

　1890年代，摩門教會派遣教徒向外開闢新社區，一群教徒在格羅斯凡特河（Gros Ventre River）北邊形成聚落，開鑿渠道務農，社區還設學校及教堂。在保存的農舍穀倉中，莫頓（Moulton）父子精心建築的穀倉以堤頓山系為背景，成為攝影者最愛捕捉的鏡頭。

2天1夜
自駕

行程規畫

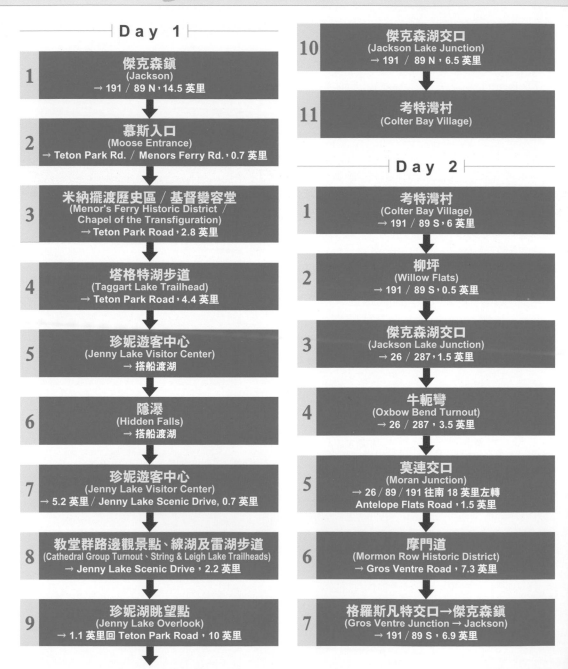

├─ Day 1 ─┤

1 傑克森鎮
(Jackson)
→ 191 / 89 N，14.5 英里

2 慕斯入口
(Moose Entrance)
→ Teton Park Rd. / Menors Ferry Rd.，0.7 英里

3 米納擺渡歷史區 / 基督變容堂
(Menor's Ferry Historic District / Chapel of the Transfiguration)
→ Teton Park Road，2.8 英里

4 塔格特湖步道
(Taggart Lake Trailhead)
→ Teton Park Road，4.4 英里

5 珍妮遊客中心
(Jenny Lake Visitor Center)
→ 搭船渡湖

6 隱瀑
(Hidden Falls)
→ 搭船渡湖

7 珍妮遊客中心
(Jenny Lake Visitor Center)
→ 5.2 英里 / Jenny Lake Scenic Drive, 0.7 英里

8 教堂群路邊觀景點、線湖及雷湖步道
(Cathedral Group Turnout、String & Leigh Lake Trailheads)
→ Jenny Lake Scenic Drive，2.2 英里

9 珍妮湖眺望點
(Jenny Lake Overlook)
→ 1.1 英里回 Teton Park Road，10 英里

10 傑克森湖交口
(Jackson Lake Junction)
→ 191 / 89 N，6.5 英里

11 考特灣村
(Colter Bay Village)

├─ Day 2 ─┤

1 考特灣村
(Colter Bay Village)
→ 191 / 89 S，6 英里

2 柳坪
(Willow Flats)
→ 191 / 89 S，0.5 英里

3 傑克森湖交口
(Jackson Lake Junction)
→ 26 / 287，1.5 英里

4 牛軛彎
(Oxbow Bend Turnout)
→ 26 / 287，3.5 英里

5 莫連交口
(Moran Junction)
→ 26 / 89 / 191 往南 18 英里左轉
Antelope Flats Road，1.5 英里

6 摩門道
(Mormon Row Historic District)
→ Gros Ventre Road，7.3 英里

7 格羅斯凡特交口→傑克森鎮
(Gros Ventre Junction → Jackson)
→ 191 / 89 S，6.9 英里

大堤頓國家公園資訊

- ■**網址**：www.nps.gov/grte
- ■**開放時間**：公園全年開放，但冬季部分道路封閉
- ■**門票**：壯麗美國年票$80；非商用汽車每車$35(15人以下，7天)；公園年票$70
- ■**設置**：1929年2月26日
- ■**面積**：1,255平方公里
- ■**位置**：懷俄明州西北角，黃石國家公園南邊
- ■**時區**：山區時區
- ■**最適旅遊季節**：5月底～9月底氣候較合適。夏初草木繁茂，午後偶有雷陣雨，綠意盎然；金秋色彩斑爛，馬鹿發情，山水中有熱鬧
- ■**氣候**：月平均最高溫與最低溫(℃)，請參考下頁
- ■**地圖**：

機場

可經由傑克森機場(JAC)與鹽湖城機場(SLC)前往。
- ■**Jackson Hole Airport (JAC)**：詳見黃石國家公園資訊P.253。
- ■**Salt Lake City Airport (SLC)**：
  1.**位置**：距離傑克森鎮290英里。
  2.**航空公司**：聯合、美航、達美、阿拉斯加都有從洛杉磯及舊金山直飛鹽湖城機場班機，航班頻繁。
  3.**租車公司**：航廈內Alamo、Avis、Budget、Dollar、Enterprise、Hertz、National、Thrifty。

公共交通

- ■**鹽湖快捷車(Salt Lake Express)**：
  1.**時間**：每天早晚各有一班車從鹽湖城機場到傑克森鎮，傑克森鎮返鹽湖城機場為每天早上一班車，耗時7～9.5小時。
  2.**網址**：saltlakeexpress.com，起迄站選擇Salt Lake City (Airport)、Jackson (Downtown)。

遊客中心

珍妮湖遊客中心(Jenny Lake Visitor Center)、考特灣遊客中心(Colter Bay Visitor Center)、奎格湯瑪斯發現及遊客中心(Craig Thomas Discovery and Visitor Center)、傑克森谷及大黃石遊客中心(Jackson Hole & Greater Yellowstone Visitor Center)都在5月底～9月初08:00～19:00開放。

生活機能

- ■**飲食**：傑克森鎮面積只有7.64平方公里，因為靠近堤頓及黃石國家公園，還有冬季滑雪設施，因而成為觀光小鎮，旅店餐館遍布。一旦進入國家公園，餐館多依附旅館經營，大抵在5月底～9月底營業。詳細資訊請參考下頁。
- ■**住宿**：公園內旅館資訊請參考下頁。
  http 訂房：www.gtlc.com，signalmountainlodge.com
- ■**露營**：公園內營地資訊請參考下頁。
  http 訂位：www.gtlc.com

通訊

公園內手機可能有訊號，無線網路相當有限，最多只能在旅館大廳或餐廳使用，而且網速慢。

醫療

Jackson Lake Lodge內有醫療設施，但也只限於旅館營業時提供服務。FaceBook查詢Grand Teton Medical Clinic。

各月分氣溫 (℃)

月分	1月	2月	3月	4月	5月	6月	7月	8月	9月	10月	11月	12月
最高溫	-3.3	-0.5	4.1	9.6	16	21.5	27	26.2	20.7	13.2	3.5	-3
最低溫	-17.3	-16	-1.1	-5.4	-0.7	2.9	5.3	4.3	0.05	-4.9	-10.2	-16.8

公園內餐廳

地區	餐廳	營業項目	開放時間
Colter Bay	Ranch House	早、午、晚餐	5月底～9月底
	John Colter Cafe Court	午、晚餐	5月底～9月初
Jackson Lake Lodge	Mural Room	早、午、晚餐	5月中～10月初
	Pioneer Grill	早、午、晚餐	
	Blue Heron Lounge	酒吧	
Jenny Lake Lodge	Lodge Dining Room	早、午、晚餐(均須預訂)	6月初～10月初
Headwater Lodge	Lodge Dining Room	早、午、晚餐	6月初～9月底
Signal Mountain Lodge	Peak's Restaurant	晚餐	5月中～9月底
	Trapper Grill	早、午、晚餐	
	Deadman's Bar	酒吧	

公園內旅館

旅館	開放時間	房間數	約略價格	備註
Colter Bay Village	5月底～9月底	208	$72～257	靠近Jackson Lake
Jackson Lake Lodge	5月中～10月初	385	$329～387	靠近Jackson Lake
Jenny Lake Lodge	6月初～10月初	37	$513	靠近Jenny Lake
Headwaters Lodge & Cabins	6月初～9月底	92	$227～320	位於黃石及大堤頓公園間
Signal Mountain Lodge	5月初～10月中	79	$217～242	www.signalmountainlodge.com

公園內營地

營地	開放時間	單位	約略價格	備註
Jenny Lake	5月底～9月底	49	$29 / $14.5 *	先到先得。只接受現金及支票
Gros Ventre	5月初～10月初	300	$29 / $14.5 *	先到先得
Colter Bay	5月底～9月底	335	$31 / $15.5 *	先到先得。沖水馬桶、洗衣、洗澡
Headwaters	6月初～9月底	175	$37.5 / $20 *	必須預訂。沖水馬桶、洗衣、洗澡
Lizard Creek	6月中～9月初	60	$30	先到先得。www.signalmountainlodge.com
Signal Mountain	5月中～10月中	81	$32	先到先得。www.signalmountainlodge.com

* Golden Age、Interagency Senior 長者優惠價。

*公園餐廳、旅館與營地之資訊如有異動，請以官方公告為準。本書其他國家公園亦同。

主題之旅
洛磯山植物

由於海拔和緯度都較高，洛磯山的樹種以黑松和杉林為主；黃石公園裡以美國黑松居多，約占8成，落葉木則由白楊主場，或叢聚成林，或點綴於黑松間為金秋添色。可能因雪水豐沛和接近日照，亞高山的野花更明媚；或許是苦於生長季節短，趁著天暖恣意爆發熱情，吸引蟲媒傳宗接代。夏季洛磯山的野花，為大地鋪蓋織錦，讓遊客流連忘返。

美國黑松 (Lodgepole Pine)

美國黑松身材瘦高，因為趕著長高與同儕爭搶陽光，根本來不及壯碩軀幹。雖然雌雄毬果同株，美國黑松每年春末夏初傳粉，總要大肆鋪張，搞得滿天、滿池黃綠色花粉；即使授粉圓滿，若無森林大火，還是功虧一簣。

美國黑松很少活過200歲，除了松線蟲為害，主要因森林火災死亡。然而，火卻在美國黑松生命循環中扮演關鍵角色，因為松果只能靠烈火燒爆，才得以釋放種子繁殖，也只有大火清除濃密老林，才能提供美國黑松需要的陽光與土壤。

道格拉斯冷杉 (Douglas Fir)

道格拉斯冷杉以英國植物學家大衛‧道格拉斯（David Douglas）命名。說是冷杉，道格拉斯冷杉其實不似冷杉長在樹頂端且正襟危坐，卻更像雲杉垂掛枝椏。道格拉斯冷杉樹幹皮厚有助防

火，最老已達1,300歲；針葉隱隱透露樹香，最常用作聖誕樹。偶爾氣候特殊，道格拉斯冷杉枝椏於初夏會出現白色結晶糖，原住民稱為「樹奶」。

1.美國黑松身材高瘦 / 2.道格拉斯冷杉的針葉與果實

亞高山冷杉 (Subalpine Fir)

亞高山冷杉綠色針葉像塗抹了白霜還帶點灰藍，原住民將針葉磨成粉狀，用作香粉，摻和鹿油，可以當髮油護髮；枝葉製成香，點燃或懸於牆上，據說能避凶趨吉。冷杉果實喜歡端坐樹梢，秋天松鼠採食卻會留下滿地狼藉。

亞高山帶的長冬短夏及冰雪冷風，逼使冷杉必須痀僂著身子求生，冷杉卻也能絕處逢生，貼近地面的枝椏逐漸伸入土壤成根，在周圍長出一圈小樹，眾星拱月宛若盆栽。

英格曼雲杉 (Engelmann Spruce)

英格曼雲杉因德國植物學家喬治・英格曼（George Engelmann）獲名，更以耐寒著稱，即使不時要經歷嚴冬-60°C氣溫的考驗，英格曼雲杉還是能活過1,000歲。雲杉也是多用途木材，纖密的木質適合製作獨木舟、枕木，易產生共鳴的特質成為鋼琴、小提琴材料；鹿喜歡啃食雲杉嫩枝，松鼠和鳥也分食果實。

白楊 (Quaking Aspen)

白楊年年為洛磯山帶來燦爛秋色，也提供馬鹿冬天食糧，更是製造木槳、木碗、木筷及紙漿的材料。白色外皮下還有一層青綠樹皮，正好提供馬鹿冬天食糧；而白皮上的白粉據說可過濾紫外線，原住民也樂得用作防曬粉。

白楊母株每年生產上百萬種子隨風飄送，種子因不帶養分又欠缺外膜保護，生命短暫無力繁殖，只有靠自體分離（clone）繁衍。白楊從淺根中長出新芽，由於出自自體分離，每株新樹一模一樣，樹葉春天同時發芽，秋天同步變色，而且由於白楊雌雄各自成株，雌株只分離雌株，雄株分離出來的新樹一定是雄株。

野花 (Wild Flowers)

　如果鍾情野花，名列前茅的國家公園肯定要包括冰川國家公園。冰川退縮或大火過後，火草(Fireweed)搶先爲土地添桃紅；高山雪融，冰川百合(Glacier Lily)領先塗抹山坡成鮮黃。彩筆(Paintbrush)永遠展現令人驚豔的鮮紅或紫紅，耬斗草(Columbine)低頭綻放含蓄的淡黃。

　沿著向陽大道(Going-to-the-Sun Road)行車，不時要停車徘徊觀賞路旁野花；同樣是火燒後先驅植物的熊草(Bear Grass)，更在焦黑的森林中欣欣向榮。黃石間歇泉步道旁，最引人目光的是紫藍色的流蘇龍膽(Fringed Gentian)，大堤頓公園也可見其色彩繽紛地生長在湖濱。

1.熊草 / 2.流蘇龍膽 / 3.火草 / 4.冰川百合 / 5.彩筆 / 6.耬斗草 / 7.流星花 / 8-12.洛磯山脈常見的路邊野花

冰川國家公園
Glacier National Park

美國的阿爾卑斯山

　　雖然號稱「冰川」國家公園，1850年代存在的150條冰川現今都已消融，目前僅有26條，而且因溫室效應日益縮小，估計到2030年，冰川國家公園冰川都將消失。

　　冰川不見了，冰川走過的痕跡卻留在山壁，顯現在清澈碧綠的湖心，而在冰川及冬雪融化的過程中，公園處處都見瀑布，冰川挖鑿的谷地及草場，夏天繁花似錦。

　　冰川國家公園的風景被一條50英里的公路串起，1932年修築完成的「向陽大道」（Going-to-the-Sun Road），被稱是土木工程奇蹟，列名國家歷史名勝、國家史跡名錄以及國際土木工程歷史古跡。自1933年7月15日啟用以來，一直是冰川國家公園動脈，引領遊客進入國家公園核心。

　　隨著向陽大道開通而誕生的紅色巴士（Red Buses）車隊，也成為國家公園一道風景線。1936～1939年，福特汽車出產的旅遊巴士便在國家公園使用，其中以冰川國家公園的車隊最龐大也最持久。2002年重新出場的巴士已改成自動排檔，外型依舊，也仍然載著乘客遨遊於冰川國家公園山水之間。

　　向陽大道開通前，火車是最重要的大眾交通工具，大北方鐵路公司（Great Northern Railway）大力鼓吹國家公園設置，並以「西部的阿爾卑斯山」招攬旅遊。1913年開始為服務旅客而建造的旅館，如千冰川旅館、麥當納湖客棧，或是公園東南邊境的冰川公園客棧，都刻意突顯瑞士風格，至今仍在使用，也成為歷史篇章。

　　1932年，冰川國家公園與加拿大的華特頓湖（Waterton Lake）國家公園聯手，組成國際和平公園（International Peace Park），裨益分享資源，成為唯一和異國合作的美國國家公園。

1.向陽大道沿途風景／2.向陽大道上的紅色巴士／3.野雁島／4.黑熊
／5.舞蹈聖瀑

冰川國家公園主要景觀都在向陽大道上，北面的千冰川
(Many Glacier)也具湖光山色，路旁常見黑熊出沒，還有
著名的千冰川旅館。公園東南的兩麥迪生(Two Medicine)
自成一區，河、湖、瀑布錯落。

向陽大道 Going-to-the-Sun Road

聖瑪莉遊客中心 (Saint Mary Visitor Center)

免費穿梭車最東的起站。
07:00首班車往西行到羅根隘
口（Logan Pass），18:00末班
車出發，趕上羅根隘口19:00
最後班車回程或往西至艾普
加村（Apgar Village）。

▲聖瑪莉遊客中心站

日出碼頭 (Rising Sun Boat Dock)

穿梭車西行第二站下車,乘船遊覽聖瑪莉湖(Saint Mary Lake),可近距離觀賞野雁島(Wild Goose Island)。位於湖中的野雁島很小,在群山環伺中卻顯得脫俗。可在貝寧瀑布(Baring Falls)登陸,上行500公尺到日裂峽谷遊覽,再接上穿梭車續西行。

日裂峽谷 (Sunrift Gorge)

穿梭車西行第三站。觀賞日裂峽谷只要行走30公尺。峽谷很窄,貝寧溪水流經變得更急迫,一路轉折下行,造就貝寧瀑布。

聖瑪莉瀑布 (St. Mary Falls)  賞瀑步道 單程2.9公里

穿梭車西行第五站。1.3公里步道,可觀賞聖瑪莉瀑布;再前行1.6公里即抵達維吉尼亞瀑布(Virginia Falls)。聖瑪莉瀑布約10公尺高,分三級跳躍;維吉尼亞瀑布也分層次,高度約15公尺。

傑克森冰川眺望點 (Jackson Glacier Overlook)

穿梭車西行第六站。傑克森冰川規模在公園僅存的冰川中排名第七,可以從向陽大道上遠眺。

1.聖瑪莉湖 / 2.貝寧瀑布 / 3.日裂峽谷 / 4.傑克森冰川 / 5.向陽大道最高點:羅根隘口 / 6.向陽大道邊的水濂 / 7.翠柏步道上可欣賞森林及不同植物 / 8.翠柏步道的小瀑布 / 9.麥當納湖客棧

羅根隘口 (Logan Pass) 隱湖自然步道 單程4.1公里

穿梭車西行第八站。位於海拔2,025公尺,是向陽大道最高點,也是大分水嶺。遊客中心後面的步道,單程2.2公里,爬升140公尺,可抵達隱湖眺望點(Hidden Lake Overlook),沿途克里門山(Clements Mountain,2,670公尺)相伴,野花遍地,地鼠不時出洞窺伺,也有機會邂逅大角羊和山羊。繼續前行單程1.9公里,下行落差238公尺,可到隱湖(Hidden Lake)湖邊。

雪崩溪 (Avalanche Creek)

穿梭車西行第十站。1.3公里的翠柏步道(Trail of the Cedars)繞溪而行,沿木板步道可欣賞太平洋水氣栽培的翠柏(Cedar)及鐵杉(Western Hemlock)。高聳濃密的森林中還有楓及木棉樹(Cottonwood),底層由蕨類營造青綠。

麥當納湖客棧 (Lake McDonald Lodge)

穿梭車西行第十一站。1913年建築的瑞士風格旅館,坐落麥當納湖邊。麥當納湖是冰川國家公園西邊最大湖泊,爲冰川遺留;由於水深又少微生物,水色清澈。旅館內部裝飾以原住民及狩獵爲主題,除提供餐飲住宿,也可安排遊船及紅色巴士遊覽。

艾普加遊客中心 (Apgar Visitor Center)

東向免費穿梭車每天07:00從此處發車,末班爲16:15。附近的艾普加村,提供住宿餐飲,並設有紀念品店,成爲冰川西(West Glacier)熱鬧的小聚落。

5

6

7

8

9

2天1夜 自駕

行程規畫

千冰川區在聖瑪莉遊客中心西北邊，可以說是冰川國家公園的核心，連串碧湖倒影山色，冰川隱約可見。區內可以騎馬、泛舟、健行，即便呆坐千冰川旅館陽台觀景，也能悠然自得。

進入千冰川區的道路兩旁是野生動物活躍的地區，春末常見大角羊舔食礦物質，夏末熊出沒採食成熟的漿果，站崗哨的地鼠不時發聲示警。

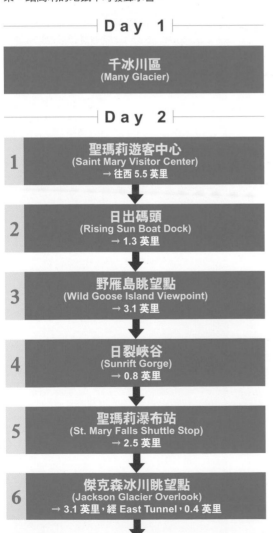

| Day 1 |

千冰川區
(Many Glacier)

| Day 2 |

1 聖瑪莉遊客中心
(Saint Mary Visitor Center)
→ 往西 5.5 英里

2 日出碼頭
(Rising Sun Boat Dock)
→ 1.3 英里

3 野雁島眺望點
(Wild Goose Island Viewpoint)
→ 3.1 英里

4 日裂峽谷
(Sunrift Gorge)
→ 0.8 英里

5 聖瑪莉瀑布站
(St. Mary Falls Shuttle Stop)
→ 2.5 英里

6 傑克森冰川眺望點
(Jackson Glacier Overlook)
→ 3.1 英里，經 East Tunnel，0.4 英里

7 午餐溪
(Lunch Creek)
→ 0.6 英里

8 羅根隘口
(Logan Pass)
→ 0.3 英里

9 歐柏林彎
(Oberlin Bend)
→ 2.7 英里

10 大彎
(Big Bend)
→ 0.3 英里

11 哭牆
(Weeping Wall)
→ 4.1 英里 經 The Loop，0.6 英里
經 West Tunnel，7.8 英里

12 雪崩溪
(Avalanche Creek)
→ 3.4 英里

13 麥當納湖眺望點
(McDonald Creek Overlook)
→ 2 英里

14 麥當納湖客棧
(Lake McDonald Lodge)
→ 8.2 英里

15 艾普加村
(Apgar Village)

玩家充電站

玩樂篇 冰川國家公園

| 自駕 |

　　同樣行駛向陽大道，自駕不受限於穿梭車站的定點停靠，觀景安排可以較具彈性；缺點是公園景點停車位有限，因此請盡量提早出發，也可避免人潮。自駕可增加的景點從東向西包括：

- **野雁島(Wild Goose Island)**：可從路邊觀賞野雁島。
- **午餐溪(Lunch Creek)**：地勢從波拉克山(Pollack Mountain)一路向下開展，彷若露天劇場，溪水沿著天然石階下跌成一階階瀑布。由於水多，瀑布兩邊夏天遍布野花。遊客喜歡一面野餐一面觀景，午餐溪因而獲名。

- **歐柏林彎(Oberlin Bend)**：短程步道可以觀景，常見山羊逗留。
- **大彎(Big Bend)**：最佳觀景點之一，可以觀賞公路兩邊的山，預覽哭牆。

- **哭牆(Weeping Wall)**：一面較長的山壁，春夏山上融雪傾瀉而下，造成瀑布組成的水濂，路面還設排水孔協助排水；秋後流水減少，山壁留下淚痕。由東向西行經哭牆，務必記得關窗。

- **麥當納溪眺望點(McDonald Creek Overlook)**：溪床有層層落差，溪水流經形成重重小瀑布，當地人稱舞蹈聖瀑(Sacred Dancing Cascade)。

1.野雁島 / 2.午餐溪 / 3.哭牆 / 4.舞蹈聖瀑

行家祕技

其他遊覽方式

　　若不想自駕或搭乘穿梭車，付費的紅色巴士和小巴遊覽也許比較悠閒。

http Sun Tours：www.glaciersuntours.com

http Red Bus Tours：www.glaciernationalparklodges/red-bus-tours

　　乘船遊湖觀山是另一種旅遊方式，可搭船遊覽的地區包括聖瑪莉湖、麥當納湖、兩麥迪生湖、千冰川區的湍流(Swiftcurrent)及約瑟芬(Josephine)湖。

http Boat Tours：www.glacierparkboats.com

冰川國家公園資訊

■**網址：** www.nps.gov/glac
■**開放時間：** 公園全年開放，大部份設施5月底～9月初開放
■**門票：** 壯麗美國年票$80；非商用汽車每車$35(15人以下，7天)；公園年票$70
■**設置：** 1910年5月11日
■**面積：** 4,101平方公里
■**位置：** 蒙大拿州西北，美國與加拿大交界處
■**時區：** 山區時區
■**最適旅遊季節：** 公園位於高寒地帶，雖有向陽大道穿越，但因積雪豐厚，大道全線通車大多在7月初～9月中，這段期間以外，無法到達最高點羅根隘口，必須從東、西兩邊分別進入，但也只能到達限定景點。因此，最適合旅遊的季節只有野花遍地的夏季
■**氣候：** 月平均最高溫與最低溫(℃)，請參考右頁圖表
■**地圖：**

機場

■距離冰川國家公園最近的機場，位於卡利斯貝爾(Kalispell)的冰川國際機場(FCA，網址www.iflyglacier.com)，從機場到西門的艾普加遊客中心僅26英里。
■阿拉斯加航空從西雅圖有直飛班機，達美及聯航分別停經鹽湖城和丹佛轉機。
■冰川國際機場內的租車公司包括Avis、Budget、Hertz、National、Alamo；機場外圍有Dollar、Enterprise、Thrifty。

公共交通

■**美鐵：** 美鐵從西雅圖到芝加哥的Empire Builder路線，停經西冰川(West Glacier)，行程14.5小時。冰川公園承包商Xanterra提供從火車站到Village Inn at Apgar和Lake McDonald Lodge兩處旅館的接駁車，車費分別為$6與$10。
■**公園內免費穿梭車：**

1.冰川國家公園的免費穿梭車多在7月初～9月初運行。從西到東，或從東到西全程15站，來回7小時，在羅根隘口轉車。
2.西線從艾普加遊客中心到羅根隘口，行程1.5～2小時；07:00起每15～30分鐘一班。東線從聖瑪莉遊客中心到羅根隘口，行程1小時；07:00起每40分鐘一班。

遊客中心

■**艾普加遊客中心(Apgar Visitor Center)：** 距離西門(West Entrance)2英里，5月中～10月中每天開放，其餘季節僅週末開放。西線免費穿梭車起、終站，提供公園資訊、飲水、沖水馬桶、書店及Wi-Fi，還有管理員定時導覽。
■**羅根隘口遊客中心(Logan Pass Visitor Center)：** 配合向陽大道(Going-to-the Sun Road)開放時間運作，約在6月中～9月下旬。提供公園資訊、飲水、沖水馬桶、書店，還有管理員定時導覽。位於公園道路最高點，也是觀賞野花最佳地點。
■**聖瑪莉遊客中心(Saint Mary Visitor Center)：** 5月底～10月初每天開放。東線免費穿梭車起、終站，提供公園資訊、飲水、沖水馬桶、書店及Wi-Fi，還有管理員定時導覽。

生活機能

■**飲食：** 公園內餐廳都附屬旅館，大部分提供三餐，也有酒吧及咖啡吧。詳細資訊請參考右頁。
■**住宿：** 公園內旅館資訊請參考右頁。
　🌐 訂房：www.glaciernationalparklodges.com
■**露營：** 公園內營地資訊請參考右頁。
　🌐 訂位：www.recreation.gov

通訊

　冰川國家公園地理位置偏遠，手機很難收訊；無線網路有限，即使在Many Glacier Hotel和Lake McDonald Lodge大廳，以衛星連線也不容易，艾普加及聖瑪莉遊客中心較易連線。兩處旅館房間設有電話，長途電話話費因地而異。

玩樂篇 冰川國家公園

各月分氣溫 (℃)

月分	1月	2月	3月	4月	5月	6月	7月	8月	9月	10月	11月	12月
最高溫	0	2.2	5.5	10.5	15.5	20	25.5	25.5	19	11.7	3.3	-0.5
最低溫	-9.4	-8.3	-5.5	-2.2	2.2	5.5	8.3	7.7	3.9	0.5	-5	-9.4

公園內餐廳

地區	餐廳	營業項目	開放時間
Many Glacier Hotel	The Ptarmigan Dining Room	早、午、晚餐	6月初～9月中
	Swiss Lounge	餐廳附設酒吧	
	Heidi's Snack Shop	咖啡、零食	
Swiftcurrent Motor Inn	Nell's Restaurant	早、午、晚餐，披薩、三明治	6月中～9月中
Rising Sun Motor Inn	Two Dog Flats Grill	早、午、晚餐，披薩、三明治	6月中～9月中
Lake McDonald Lodge	Jammer Joe's Grill & Pizzeria	午、晚餐，漢堡、披薩、三明治；午餐自助餐	5月中～9月底
	Lucke's lounge	11:30～22:00漢堡、沙拉、三明治	
	Russell's Fireside Dining Room	早、午、晚餐	

公園內旅館

旅館	開放時間	房間數	約略價格	備註
Apgar Village Lodge	5月中～9月底	48	$115	www.glacierparkinc.com。穿梭車站
Village Inn At Apgar	5月底～10月初	36	$171	穿梭車站
Lake McDonald Lodge	5月中～9月底	100	$163～222	國家歷史建築(1913年建)。穿梭車站
Motel Lake McDonald	6月初～9月中	28	$159	www.glacierparkinc.com
Many Glacier Hotel	6月初～9月中	214	$207～248	1915年建，位於Swiftcurrent Lake邊
Swiftcurrent Motor Inn	6月中～9月中	88	$102～177	靠近Many Glacier Hotel
Rising Sun Motor Inn	6月中～9月初	72	$163～177	位於St. Mary Lake邊

公園內營地

營地	開放時間	單位(個)	約略價格	備註
Apgar	4月底～10月初	194	$20	冬季11/1～3/31。穿梭車站。沖水馬桶
Avalanche	6月底～9月中	87	$20	穿梭車站。沖水馬桶
Fish Creek	6月初～9月初	178	$23	可預訂。沖水馬桶、洗澡
Many Glacier	5月中～9月底	109	$23	6/15～9月初，半數營地可預訂。沖水馬桶
Rising Sun	6月初～9月初	84	$20	先到先得。沖水馬桶、洗澡
St. Mary	5月中～10月底	148	$23	冬季11/1～4月中；6/1～9月初可預訂。沖水馬桶、洗澡

＊冰川國家公園共存 13 處營地，多數設施較簡陋，先到先得。詳情請見網址 www.nps.gov/glac → Plan Your Visit。

＊公園餐廳、旅館與營地之資訊如有異動，請以官方公告為準。本書其他國家公園亦同。

主題之旅
美國國家公園動物

美國國家公園設置為保護特殊地質、生態及人文，也成為野生動物生活樂土，遊客進入國家公園，多少會期待邂逅野生動物。然而野生動物並非特約演員，即使在美國本土動物種類及數量最多的黃石公園，想與野生動物不期而遇，也要天時、地利和幾分運氣。

野生動物習慣在清晨及黃昏出現覓食，因此有更多機會見面；春天是觀賞新生動物的季節，夏、秋空氣中瀰漫求偶繁衍的殷切。動物出現的地點也有規律可循，例如野牛多在草場，山羊或大角羊多在岩壁險坡，鼠兔或地鼠喜歡住在亂石堆。

馬鹿 (Elk)

馬國鹿是國家公園最常見的動物，黃石公園數目更逾萬。由於臀部毛色較淺，原住民稱牠們為「白屁股」（Wapiti）。在大峽谷和黃石公園，常見馬鹿穿梭在公園森林、草場及旅館間，如入無人之境，尤其最愛棲身猛瑪階泉區旅館及遊客中心庭院。

奧林匹克及海紅杉國家公園的羅斯福馬鹿（Roosevelt Elk），在北美4種馬鹿中身材最壯，頭及足部毛色較深，常見於雨林或草場。

只有公鹿生長頭角，每年冬末頭角脫落，鹿角於春天鑽出，經過一夏培養，到秋天正好用作爭取交配權的武器。秋天是雄馬鹿耀武揚威季節，肥壯的雄鹿不時昂首嘶鳴，一方面展示威風以贏得母鹿青睞，一面也向其他同性宣示版圖主權；情急時更嘶鳴終宵擾人清夢。可見於大峽谷、黃石、奧林匹克與海紅杉國家公園。

1.馬鹿／2.羅斯福馬鹿

駝鹿 (Moose)

駝鹿是鹿科老大，平均體重在350～400公斤，頂在頭上厚重扁平的鹿角，幾乎遮蔽顏面。柳樹、灌木細枝和水生植物是駝鹿的主要食物，每天攝入逾30公斤，因此在河、湖邊灌木叢出現的可能性最大。可見於大堤頓與黃石國家公園。

黑尾鹿 (Blacktailed Deer)

黑尾鹿外型與騾鹿(見P.133)相當，明顯的區別在尾巴毛色全黑。大平洋西北的奧林匹克國家公園暴風脊上，吃草的黑尾鹿以雪山為背景；瑞尼爾山公園的森林邊緣，清晨常與黑尾鹿不期而遇。常見於這兩處國家公園。

山羊 (Mountain Goat)

山羊全身長長的白毛，配上一對光滑黑角，公羊、母羊一樣打扮，只有靠纏在母羊腳邊的小羊，能被用來區分山羊性別。高山懸崖是山羊的天然護衛，偶爾金鷹(Golden Eagle)會衝向懸崖奪走羔羊；雪崩、落石及飢荒則是山羊天敵。常見於冰川與瑞尼爾國家公園。

叉角羚 (Proghorn)

美洲僅存的羚羊，唯一角上另有叉角的有蹄動物，血源更接近長頸鹿。生活在美國多處國家公園，眼睛位置高且直徑達5公分，視角達320度，因此能看到數里外的危險，警覺性高，不易被看見。成年叉角羚幾乎沒有天敵，奔跑時速可達95公里，可惜不善於跳高，遷徙會受阻於人為架設的鐵絲網。常見於布萊斯峽谷、大堤頓與黃石國家公園。

大角羊 (Bighorn Sheep)

公羊頭頂的大角是大角羊最突出的標記，重量可達到體重13%；角上明顯的輪環像是大樹年輪，透露大角羊年齡。母羊毛色同於公羊，身材較小，頭角像一彎小牙月。大角是爭取交配權的利器，雄羊會先側身互比大角，如果即能分出高下，可以免去戰爭；否則頭角對撞的決鬥登場，會持續到分出勝負。

洛磯山的大角羊較壯碩，錫安公園見到的大角羊是沙漠大角羊，大角尺寸及身材都較小，但在陡坡上奔走的技巧毫不遜色。常見於黃石與錫安國家公園。

1.沙漠大角羊／
2.洛磯山大角羊

美洲野牛 (Bison)

黃石公園近5,000頭野牛,是美洲最大的陸居哺乳類群體。野牛最愛成群逗留黃石河流經的海頓谷(Hayden Valley),和羅斯福區東邊拉馬谷地(Lamar Valley)寬闊草原。春日成年野牛冬衣還未褪盡,雄牛零零落落埋頭啃草,棕紅皮毛的小野牛緊跟著媽媽討奶,或追逐嬉戲於草場;夏天是繁殖季節,數百上千野牛群聚草原,或是沐浴消暑或臨水攬鏡;公牛喜歡在土坑裡翻滾,營造特殊氣味吸引異性。

郊狼 (Coyote)

從沙漠到高山都能生存,郊狼是狼的近親,但卻不容於狼;研究顯示,黃石公園的灰狼復育成功,郊狼數目明顯減少。

美國西南部原住民有不少郊狼的傳說故事,有時是英雄,有時是狡猾的騙子;郊狼的智商不低,但在《嗶嗶鳥與威利狼》(Wile E. Coyote and the Road Runner)的卡通影片中卻是個兇惡的笨蛋。可見於死亡谷、優勝美地與黃石國家公園。

鼠輩 (Rodents)

鼠輩在國家公園裡不少見,雖然都稱作地鼠(Ground Squirrel),但有些在草場打洞,有些則窩居石堆;小小的花栗鼠(Chipmuck)花紋直畫到鼻尖,永遠有消耗不盡的精力;黃石公園的黃腹土撥鼠(Yellow-bellied Marmot)體型最大,卻最膽小;錫安公園的河濱步道是丐幫的地盤,岩黃鼠(Rock Squirrel)沿路討食。

也住在石堆的鼠兔(Pika),圓滾滾的身體無尾、短腿,配上圓耳,臉上成撮長鬚,看起來像地鼠,血緣卻接近兔。因為小巧,很難被發現;一旦看見,總見牠忙碌進出洞穴收藏糧草,以便寒天慢慢消化。

1.地鼠 / 2.花栗鼠 / 3.黃腹土撥鼠 / 4.岩黃鼠 / 5.鼠兔

鳥類 (Birds)

國家公園鳥類也有數百種,走鵑(Roadrunner,即嗶嗶鳥)像沙漠的一溜煙,即使不見威利狼追逐,也瞬間即逝。美洲知更鳥(American Robin)屬於鶇科,又稱作旅鶇,常見活躍於國家

公園山林。而鳥類中最常見的還是渡鴉（Raven）及鴉科成員，包括灰噪鴉（Grey Jay）、克拉克星鴉（Clark's Nutcracker）及黑嘴鵲（Black-billed Magpie）、暗冠藍鴉（Steller's Jay）。

渡鴉隨遇而安也無所不吃，最容易生存，全身漆黑其貌不揚，大嗓門特別引人注意。原住民說不完大鳥鴉的傳奇故事，看似長短腳的渡鴉卻一點也不神奇，唯一能相信的是渡鴉能用言語傳播消息，只要發現野生動物屍體，很快就會見到成群聚集。

灰噪鴉與克拉克星鴉外表相似，星鴉身材較胖，灰臉、黑喉，長喙特別為撿食松子或蛀蟲設計；灰噪鴉小巧，臉毛較白、短喙，比克拉克星鴉安靜，但兩種鴉對野餐桌上的食物同樣感興趣，甚至大膽地掠食遊客手上食物。黑嘴鵲最特別的是長過身體的尾翼，翩然落地後，牠塗抹了藍珠光的尾翼更炫。暗冠藍鴉叫聲不容忽視，尤其在優勝美地山林間，鳥未到就先聽到牠們製造的噪音。

蜂鳥 (Hummingbird)

蜂鳥是小小鳥，本事卻不小，心臟每分鐘跳逾千次，翅膀每秒鐘前後揮動50次，還能在空中懸停探蜜；為了求生，冬天往中南美，春天回加州，並循著花開的進度向北或向山上遷徙，追尋花蜜的飛行里程500～2,000英里。

300多種蜂鳥都只生活在美洲，大部分於熱帶，美國大約能看到20種。無論牲別，蜂鳥都會占地盤，驅逐入侵者時，飛行時速能達到40～60英里；同樣的快速度也用在求偶的追逐，尤其雄鳥的俯衝演出，媲美飛行員特技表演。

1.走鵑 / 2.美洲知更鳥 / 3.渡鴉 / 4.克拉克星鴉 / 5.灰噪鴉 / 6.黑嘴鵲 / 7.暗冠藍鴉 / 8.蜂鳥

通訊與應變篇
Communication &
Emergencies

在美國如何打電話、上網、寄信，發生緊急狀況怎麼辦？

確保手機在國外也能連通網路，該使用台灣電信公司的國際漫遊，還是美國電信業者提供的服務？到哪裡購買？行李、護照、錢財遺失，或需要求醫購買藥物，該如何處理？提供事前防範與事後處理措施、聯絡管道，讓損失降到最低。

打電話、上網、郵寄

備好手機與網路，讓旅遊更安心

手機與上網

使用台灣電信公司國際漫遊

遊走美國，一般旅館、餐廳，基本都提供無線上網，若在路途中需要通訊，那就需要手機漫遊，或是購買美國境內供手機使用的預付卡。

台灣電信公司的國際漫遊服務多為日租型或定量型，最大好處是原機原號，不需要另外插SIM卡。漫遊相關資訊，可上各家電信運營商網址或到門市查詢。

http 中華電信：www.emome.net
http 遠傳電信：www.fetnet.net
http 台灣大哥大：www.taiwanmobile.com
http 台灣之星：www.tstartel.com
http 亞太電信：www.aptg.com.tw

使用美國電信公司SIM卡

預付卡是在美國通訊最方便的工具，購買一張美國電信公司SIM卡，內容可包含上網、撥接電話（手機、座機）、發收簡訊，不需要註冊個資，到期自動失效。更方便的是，在台灣即可購買預付卡並在臨行前開卡，在店家、機場或郵寄至家中，先行取卡，下飛機前即可插卡使用。

如果只購買「預付上網卡」，大多不包括語音撥出及接聽、簡訊收發服務，不過只要能上網，即可接上社交網站或通訊APP，語音及簡訊問題迎刃而解。也有預付卡提供上網及語音、簡訊服務，但要注意語音撥出、接聽及簡訊收發範圍的限制；上網則因流量及網速價格各異。

美國4大電信業者為AT&T、T-Mobile、Verizon、Sprint。一般來說，Verizon覆蓋範圍較廣，其次為AT&T；T-Mobile較適合在都會區使用。但美國國家公園內訊號都不強，有使用點的限制（詳見各國家公園資訊）。

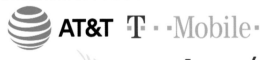

在台灣預購美國電信公司SIM卡

多數都有三種尺寸（Standard／Micro／Nano），零售商可協助行前開卡，抵達美國後即可使用。由於AT&T、T-Mobile與台灣，在全面進入4G前都採用「全球移動通訊系統」（GSM），因此坊間出售的預付卡也以兩家公司為主，至少可使用於3G手機。但若要使用4G LTE，就必須檢查手機型號是否相容。台灣出售美國電信預售卡網站：

http 翔翼通訊：www.aerobile.com
http citimobi：www.citimobi.me
http kkday：kkday.com

在美國商店購買預付卡

零售商可能收取開卡費（Activation fee）。若自行上網購買，電信商可能要先查驗手機識別碼（IMEI，International Mobile Equipment Identity），符合條件才會出售。手機識別碼可播手機「＊＃06＃」，查出15個數字的號碼。

如果是合約機被鎖卡無法使用，可臨時購買符合銷售預付卡公司要求的手機，價格介於$19.99～299.99，台灣手機不適用Verizon網路的問題，也可以因此解決。

購買預付卡的考量因素

■手機支援的頻段：

行動通訊已進入4G階段，台灣電信商採用的多為「頻分雙工」（FDD）技術，僅亞太及遠傳有「時分雙工」（TDD）頻段，購買預付卡前，先要知道手機頻率及頻段是否相容。

台灣主要電信商使用的頻段為700、900、1800、2100、2600MHz等，美國4家主要電信商採用頻段為700、850、1700、1900MHz，與台灣不盡相同，因此不是所有台灣手機都能在美國使用。

■網速：

所謂上網「吃到飽」並不表示全程（如5天、7天）高速，大多在相當流量後（如4GB、6GB）仍可上網，但網速會變成128或256Kbps，若預付卡包含「無限高速上網」則例外。

■預付卡服務內容：

多有天數及流量限制，小部分方案允許延長時間及加值。若行程有可能變動，或使用量大，宜考慮購買可延期及儲值的方案。美國平價商場如Target、Walmart及超市多有出售儲值卡。

■支援其他3C設備：

除了手機外，若還要使用平板、筆記型電腦等設備，可以選擇熱點分享方案，或另外租用網路分享器。

路上觀察｜移動虛擬營運商MVNO

美國4家主要電信運營商另外設有移動虛擬運營商(Mobile Virtual Network Operator)擴展版圖，如AT&T的Cricket Wireless，T-Mobile的Metro PCS，Sprint的Boost Mobile／Virgin Mobile。另有不具無線網路基礎設施的虛擬電信廠商，向傳統電信廠商批發通信服務後，制定具有自己特點的套餐提供給消費者，例如Ultra Mobile、Lycamobile都使用T-Mobile網路。

有線電話

由於手機日益普遍，在美國使用公共電話的機會大幅減低，甚至公共場所都不設置電話。不過，國家公園因為地處偏遠，手機通訊未必方便，透過衛星傳播的電話反而較可靠。而一般公用電話可投幣或使用信用卡付費撥打。

撥打美國境內電話

一般美國電話號碼包含3位數字的區碼（area code）及7位數字號碼，若在區碼相同的範圍內利用普通電話通話，只要撥打7位電話號碼；如果區碼不同，要先撥1，然後依序撥區碼及號碼。

以撥打至加州的海紅杉國家公園707-464-6101為例，從區碼相同的範圍只要撥打464-6101，從不同區碼的範圍則要撥打1-707-464-6101。

撥打台灣電話

從美國打電話回台灣，先撥國際碼011，再撥國碼886，區碼去0（如台北撥2），再加上電話號碼。打手機程序相同，手機號碼前的0免撥。例如太雅出版社的電話是(02)2882-0755，從美國撥打方式為011-886-2-2882-0755。手機號碼0999-123-456，從美國撥打方式為011-886-999-123-456。

郵寄

若要從美國郵寄明信片回台灣、中國或港澳，郵資為$1.15，但明信片限制最大尺寸為長6吋（15.24公分）、高4.25吋（10.80公分）。

部分國家公園設有郵局如黃石、優勝美地，有些公園遊客中心也能郵寄明信片。公園外的城鎮多設有郵局，有些藥妝店如CVS、Walgreens或超市如Ralphs、Albertsons也賣郵票，只要輸入所在地的郵遞區號，即可查到提供郵政服務的商家。

http 美國郵政總局：www.usps.com
http 簡體中文網頁：zh.usps.com

▲優勝美地公園郵局　　　▲黃石公園郵局

物品遺失、求醫

瞭解對應方法，從容處理

行李延誤或遺失

櫃檯申訴＋申請理賠

抵達目的地時若未發現行李，應於出關前持行李收據向機場行李櫃檯人員申訴並要求查詢。若行程牽涉到兩家或以上航空公司運送時，應向行程終點的最後一家航空公司申報。

櫃檯人員會要求旅客填寫行李意外報告，包括行李箱的顏色、質料、品牌、購買日期和金額以及行李內容。處理後再透過以下管道申請理賠：

■**信用卡公司**：如果使用Visa或Mastercard信用卡購機票或付團費，信用卡通常附帶旅遊綜合保險，補償行李延誤或遺失。延誤或遺失定義（例如遲到4或6小時為延誤，24或48小時為遺失）及補償金額因發卡銀行及所持信用卡等級

而異。重要的是，因行李延誤或遺失而購買生活必需品的收據必須保留，連同航空公司簽發的行李延誤或遺失證明一同提供，申報理賠。

■ **保險公司**：若購買的旅行平安保險也附有行李延誤或遺失條款，同樣可以申請理賠。

■ **航空公司**：若未使用信用卡付費也未買保險，依據國際航空協定的規定，航空公司每公斤行李最多只賠償$20，以經濟艙行李重量上限20～23公斤計算，不過$400～460。

貼心 小提醒

行李損壞

若行李在運送途中損壞，也要在未出關前即向櫃檯申報。航空公司多會先送交特約廠商免費修理，若無法修復，則會以該行李箱的使用情況予以賠償。

護照遺失

警局報案＋駐外使館申請補發

在國外遺失護照，可持當地警察機關「遺失報案證明文件」向鄰近駐外館處申請護照遺失補發。駐外館處會依地區或申請人個別情形要求提供證明文件（ **請注意** 請事先電洽該館處，說明申辦者資格條件，以確認應備文件）。

若當地警察機關尚未發給或不發給遺失報案證明，可以以「遺失護照說明書」代替。已逾效期的護照在國外仍須申報遺失始能申請補發。

若因遺失護照急需使用，不及等候內植晶片護照補發，或依護照條例第二十六條獲發專供返國使用之護照，每本收費$10，請見網址www.roc-taiwan.org/ussea/post/1410.html。

在美國補辦護照或尋求急難救助，可聯絡台北經濟文化辦事處。外交部在美西的洛杉磯、舊金山、西雅圖都設有辦事處，請利用以下網址查詢相關資訊。

外館資訊看這裡

洛杉磯經濟文化辦事處
http www.roc-taiwan.org/uslax
i 業務範圍：佛瑞斯諾(Fresno)以南的加州，亞歷桑那州、新墨西哥州

舊金山經濟文化辦事處
http www.roc-taiwan.org/ussfo
i 業務範圍：佛瑞斯諾(Fresno)以北的加州，內華達州、猶他州

西雅圖經濟文化辦事處
http www.roc-taiwan.org/ussea
i 業務範圍：華盛頓、奧勒岡、蒙大拿、懷俄明、愛達荷、阿拉斯加州

旅外國人急難救助免付費專線

若在美國遭遇緊急情況，可向外交部緊急聯絡中心求助。外交部的旅外國人急難救助全球免付費專線電話號碼為：

011-800-0885-0885 (您幫幫我，您幫幫我)*

若在公用電話撥打，無撥號音時，仍要投幣或用電話卡。付費專線電話為：

011-886-800-085-095 (您幫我，您救我)

＊美國申請之行動電話／公用電話無法撥打，市內電話限AT&T、Sprint、Verizon市話客戶可免費撥打；若以國內行動電話門號撥打，則須另自付國際漫遊電話費用。

信用卡遺失

備分卡號＋通知發卡公司或銀行

出國前最好將信用卡號碼記下隨身攜帶，與信用卡分開存放，若信用卡不幸遺失，國內銀行有24小時服務的掛失電話，但都是長途付費電話。

如果持用的是Visa或Mastercard，可在當地撥通免費的全球服務專線，專線可代轉到發卡銀行，

協助掛失或申請緊急替代卡。如果不諳英語，至少要會說：「Mandarin, Please.」（請講華語），全球服務專線人員會幫忙找尋適當人選提供協助。

發卡公司美國免費協助電話

http Visa：1-800-847-2911

http Mastercard：1-800-627-8372

旅行支票遺失

留下號碼與購買記錄＋聯絡客服

較爲廣泛使用的「美國運通旅行支票」，在台灣發行7種幣制，包括面額50、100及500的美金支票，可在指定金融機構或郵局購買。抵達美國後，可在指定銀行、旅館和貨幣兌換商號兌換現金，或在特定商店直接使用。銀行之外，其他兌換地點可能會收取手續費，直接使用則可找零。

購得旅行支票首先要支票左上角，以中文或英文簽名；兌換時，在收納支票者面前於左下角複簽姓名。若未初簽或已雙簽，旅行支票失竊都無法申請補發。另外，要記下支票號碼，同時保留購買記錄，記錄要與支票分開存放。

若在美國旅途中遺失旅行支票，應立即電話聯絡旅行支票服務中心，提供有效身分證明，告知失竊支票號碼、購買日期及地點，申請補發，服務人員會協助就近補發。

美國運通美國免費協助電話

☎ 1-800-221-7282

傷病求醫

就醫與買藥

在美國如有緊急就醫需求，可撥打**911**叫救護車送醫；也可直接到地區醫院或其他大型醫院掛號急診。醫師會先實施檢查，如需住院，院方會要求提供醫療保險資料，先與保險公司聯繫。

診所通常不設藥局，醫師看診後只開處方（Prescription），憑處方到藥局（Pharmacy）買藥，美國的超市、折扣百貨店，如Walmart、Target或藥妝店如CVS、Walgreens均設有藥局。在藥局提交處方後，通常要1小時後才能在藥房櫃檯取藥。一般成藥在藥局外的貨架即可自取結帳。

申請理賠

■如已在國內購買旅遊保險，應隨身攜帶英文保險資料，看診與買藥費用均應先自行墊付，取得繳費單據與買藥發票再向保險公司申報。

■衛福部健保署也辦理「國外就醫自墊醫療費用核退」業務，詳情請查看網址www.nhi.gov.tw，點選「一般民眾」→「自墊醫療費用核退」。

美國國家公園就醫

在國家公園內受傷，若手機無訊號，可就近使用公共電話撥**911**。優勝美地、大峽谷及黃石公園設有診所，全年或季節性提供服務，詳細資訊請見下表。

國家公園	位置	服務時間	電話	網址
優勝美地	谷地村Yosemite Village 和Majestic旅館之間	全年 （週末及國定假日休）	209-372-4637	www.nps.gov/yose/planyourvisit/ymc.htm
大峽谷	南緣峽谷村 South Rim Village	全年	928-638-2551	www.nps.gov/grca/planyourvisit/medical_services.htm
黃石	猛瑪階泉區	全年	307-344-7965	www.nps.gov/yell/planyourvisit/hours.htm
	老忠實區	5月中～10月初	307-545-7325	
	湖區	5月中～9月底	307-242-7241	

＊資訊如有異動，請以實際狀況為主。（製表／沈正柔）

So Easy! 年度銷售排行榜冠軍旅遊書系

So Easy 自助旅行書系

亞洲地區

310 開始在緬甸自助旅行
作者／詹依潔

305 開始在澳門自助旅行
作者／凱恩(Kahn)

304 開始在馬來西亞自助旅行
作者／黃偉雯(瑪杜莎)

303 開始在日本自助旅行
作者／牛奶杰

100 開始在關西自助旅行
作者／King Chen

098 開始在土耳其自助旅行
作者／吳靜雯

094 開始在沖繩自助旅行
作者／酒雄

092 開始在上海自助旅行
作者／葉志輝

091 開始到日本開車自助旅行
作者／酒雄

089 開始在泰國自助旅行
作者／吳靜雯

087 開始在釜山自助旅行
作者／亞莎崎

079 開始在越南自助旅行
作者／吳靜雯

076 開始在中國大陸自助旅行
作者／徐德誠

075 開始在北京自助旅行
作者／沈正柔

060 開始在香港自助旅行
作者／古弘基

035 開始在新加坡自助旅行
作者／王之義

023 開始在韓國自助旅行
作者／陳芷萍‧鄭明在

歐美地區

311 開始在法國自助旅行
作者／陳翠霏‧謝珮琪

307 開始在冰島自助旅行
作者／林佩儀

306 開始在普羅旺斯自助旅行
作者／曾一純

302 開始在瑞典自助旅行
作者／潘錫鳳‧陳羿廷

301 開始在西班牙自助旅行
作者／區國銓‧李容菜

099 開始在紐約自助旅行
作者／艾瑞克

096 開始在愛爾蘭自助旅行
作者／陳琬蓉

090 開始在加拿大自助旅行
作者／沈正柔

086 開始在北歐自助旅行
作者／武蕾‧攝影／盧奕男

085 開始在挪威自助旅行
作者／林庭如

083 開始在希臘自助旅行
作者／林少凡

082 開始在歐洲自助旅行
作者／蘇瑞銘‧鄭明佳

072 開始在瑞士自助旅行
作者／蘇瑞銘

034 開始在荷蘭自助旅行
作者／陳奕伸

027 開始在義大利自助旅行
作者／吳靜雯

026 開始在美國自助旅行
作者／陳婉娜

025 開始在德國自助旅行
作者／林呈謙、時小梅

024 開始在英國自助旅行
作者／李芸德

紐澳地區

309 開始在紐西蘭自助旅行
作者／舞菇、老包、Jeff Chen

073 開始在澳洲自助旅行
作者／張念萱

So Easy 專家速成書系

亞洲地區

080 遊韓國行程規劃指南
作者／Helena(海蓮娜)

歐美地區

308 開始到義大利購物&看藝術
作者／吳靜雯

097 開始搭海外郵輪自助旅行
作者／胖胖長工

078 指指點點玩美國
作者／謝伯讓‧高薏涵

077 指指點點玩義大利
作者／吳靜雯

074 英國茶館小旅行
作者／英倫老舖

071 窮，才要去紐約學藝術
作者／洪緹婕

069 記住巴黎的甜滋味
作者／林佳瑩

065 荷蘭最美
作者／楊若蘭

046 開始到維也納看莫札特
作者／王瑤琴

031 開始遊法國喝葡萄酒
作者／陳麗伶

填線上回函，送 "好禮"

感謝你購買太雅旅遊書籍！填寫線上讀者回函，
好康多多，並可收到太雅電子報、新書及講座資訊。

 好康 1

 好康 2

每單數月抽10位，送珍藏版「祝福徽章」

方法：掃QR Code，填寫線上讀者回函，
就有機會獲得珍藏版祝福徽章一份。

填修訂情報，就送精選「好書一本」

方法：填寫線上讀者回函，並提供使用本書後的修
訂情報，經查證無誤，就送太雅精選好書一本(書
單詳見回函網站)。

＊同時享有「好康1」的抽獎機會

開始到美國國家公園
自助旅行

t.cn/ExHsOFb

＊「好康1」及「好康2」的獲獎名單，我們會
　於每單數月的10日公布於太雅部落格與太
　雅愛看書粉絲團。

＊活動內容請依回函網站為準。太雅出版社保
　留活動修改、變更、終止之權利。

太雅部落格 http://taiya.morningstar.com.tw

有行動力的旅行，從太雅出版社開始

太雅22週年慶

登錄發票，抽好禮，
首獎 CASIO 美肌運動防水相機

凡於 **2019.1.1-9.30** 期間購買太雅旅遊書籍（不限品項及數量）上網登錄發票，即可參加抽獎。

精緻好禮等你拿

抽好禮 登錄發票

CASIO美肌運動
防水相機
（型號：EX-FR100L）

首獎 **3**名

普獎 **100**名

M Square旅用瓶罐組
（100ml*2＋50ml*2＋圓罐*2）

掃我進活動頁面

	活動時間 2019/01/01～ 2019/09/30
	發票登入截止時間 2019/09/30 23:59
網址 taiya22.weebly.com	**中獎名單公布日** 2019/10/15

活動辦法

- 於活動期間內，購買太雅旅遊書籍（不限品項及數量），憑該筆購買發票至太雅22週年活動網頁，填寫個人真實資料，並將購買發票和購買明細拍照上傳，即可參加抽獎。
- 每張發票號碼限登錄乙次，即可獲得1次抽獎機會。
- 參與本抽獎之發票須為正本（不得為手開式發票），且照片中的發票上須可清楚辨識購買之太雅旅遊書，確實符合本活動設定之活動期間內，方可參加。
  *若電子發票存於載具，請務必於購買商品時告知店家印出紙本發票及明細，以便拍照上傳。
◎主辦單位擁有活動最終決定權，如有變更，將公布於活動網頁、太雅部落格及「太雅愛看書」粉絲專頁，恕不另行通知。